Lo que la gente dice sobre
Sopa de pollo para el alma inquebrantable...

"Se trata de un libro inteligente en el cual se deja bien claro que ningún obstáculo en la vida es tan poderoso como para que un carácter fuerte, un corazón valeroso y un buen sentido del humor no lo puedan vencer."

Eunice Shriver
Fundadora de las Olimpiadas Especiales y vicepresidenta ejecutiva de la Fundación Joseph P. Kennedy Jr.

"Se sabe que nada es más importante que la persistencia y la perseverancia. *El alma inquebrantable* es una lectura emotiva."

James Redfield
Autor de *The Celestine Prophecy*

"Somos muchos los que atiborramos nuestro cuerpo pero matamos de hambre a nuestra alma. Ahora, directo de la cocina de Dios llega *Sopa de pollo para el alma inquebrantable.* Lo recomiendo ante todo para quienes han aprendido que no podemos vivir sólo de pan."

Jack Anderson
Corresponsal de noticias

"Con los maravillosos relatos de *Sopa de pollo para el alma* se me ha facilitado mucho la búsqueda de ejemplos edificantes, desafiantes y que sirvan de inspiración para el sermón dominical. La congregación siempre quiere saber la fuente de los relatos. Estas narraciones de la vida real son un gran estímulo para las almas hambrientas."

Dennis G. Wood
Presidente de Purpose Ministries

"Mis sueños se frustraron a los 18 años de edad, cuando me quedé totalmente paralítico por la polio. Con el tiempo mis sueños se hicieron realidad gracias al estímulo de personas como las de *Sopa de pollo para el alma inquebrantable.*"

Dan Miller
Conferencista motivacional y autor de *Living, Laughing and Loving Life!*

"*Sopa de pollo para el alma inquebrantable* es una maravillosa recopilación de relatos inspiradores que le enseñan a uno cómo lograr que su vida sea provechosa al creer en sí mismo, en la grandeza de la gente y en la bondad de Dios."

Ruth Stafford Peale
Presidenta de Guideposts, Inc.

"Todos los relatos de *Sopa de pollo para el alma inquebrantable* se leen con entusiasmo, se reflexionan en calma y se usan mucho, un verdadero logro que reafirma la vida."

Rabino Earl A. Grollman, DHC, Doctor en Teología
Autor de *Living When a Loved One Has Died*

"*Sopa de pollo para el alma inquebrantable* es una recopilación de narraciones cortas que inspiran, conmueven y son profundamente significativas. Estas anécdotas proporcionan ejemplos del indomable espíritu humano. Abra su corazón con este libro y su vida se verá enriquecida por siempre."

Doctor Nilufer P. Medora
Profesor de estudios sobre la familia y desarrollo infantil

"Gracias por *Sopa de pollo para el alma inquebrantable.* Todos pasamos tarde o temprano por momentos difíciles. Este libro muestra cómo otros salieron adelante y cómo uno puede salir también."

Harold H. LeCrone Jr., doctor en filosofía
Psicólogo y autor de *Striking Out at Stress*

"Los relatos de *Sopa de pollo para el alma inquebrantable* son increíbles. La gente necesita una dieta bien equilibrada, y este extraordinario libro de *Sopa de pollo* cubre al máximo dicho requerimiento."

Ronnie Marroquin
Presidente de Rutherford Publishing, Inc.

"Aquí tenemos un libro que puede proporcionar esperanza a quienes buscan esperanza, valor a quienes necesitan valor y una nueva visión y comprensión respecto a cómo vivir al máximo cada día."

Venita VanCaspel Harris
Autora de *Money Dynamics for the 1990s,* y fundadora de Van Caspel & Company, Inc.

SOPA DE POLLO PARA EL ALMA INQUEBRANTABLE

Relatos que inspiran para vencer los desafíos de la vida

Jack Canfield
Mark Victor Hansen
Heather McNamara

HCI Español
Un sello de
Health Communications, Inc.
Deerfield Beach, Florida

www.hcibooks.com
www.chickensoup.com

Título original: CHICKEN SOUP FOR THE UNSINKABLE SOUL

ISBN-13: 978-0-7573-0171-1

ISBN-10: 0-7573-0171-1

Editor: HCI Español
Un sello de Health Communications, Inc.
3201 S.W. 15th Street
Deerfield Beach, FL 33442-8190

Diseño de la portada por Lisa Camp
Diseño del interior del libro por Lawna Patterson Oldfield

Contenido

Agradecimientos XI
Comparta con nosotros XV
Introducción XVII

1. AFRONTAR EL RETO

El mejor regalo de mi madre *Marie Ragghianti* 2
El gato más feo del mundo *Penny Porter* 8
Soldaditos *Rachel Berry* 14
La travesía que me arrancó del silencio
William L. Rush 18
El vuelo del cola-roja *Penny Porter* 22
Albert *Magi Hart* 32
El caballo bailarín *Lori Bledsoe, como se lo narró a Rhonda Reese* 34
Los diez puntos de Tina *Tom Krause* 40
No desistas *Clinton Howell* 42
Toca el tambor *Carol Barre* 43
La carta *Julane DeBoer, como se lo narró a Bill Holton* 47
Sólo haz lo que puedas *D'ette Corona* 51

2. VIVIR LOS SUEÑOS

Arriésguese a ejercitar la imaginación
Marilyn King, como se lo narró a Carol Kline 54
La niña que se atrevió a desear
Alan D. Shultz 57

Perseverancia *Anne Stortz* 60
Nunca te des por vencido *Jason Morin* 61
Cómo ser nuevo y diferente *Patricia Lorenz* 64

3. EL PODER DEL AMOR

No hay amor más grande *Coronel John W. Mansur* 72
Dharma *Deborah Tyler Blais* 74
Querido Jesse *Paula Bachleda Koskey* 79
La otra madre *Diane Payne* 82
Lavar osos de peluche *Jean Bole* 85
Amar tanto *Cynthia M. Hamond* 88
El ángel que jugaba a buscar y traer *Susan McElroy* 91
Ben *Terry Boisot* 96
Un niño muy especial venido del cielo *John y Edna Massimilla* 99
Flores de lavanda *Charles A. Hart* 101

4. EL PODER DEL APOYO

La conexión Ludenschide *Penny Porter* 108
El día que por fin lloré *Meg Hill* 114
El sonido de una mano aplaudiendo *Tim Hansel* 117
La alegría de ser útil *Phillip Gulley* 118
El escritor *Willy McNamara* 121
Tzippie *Ruchoma Shain* 123
La visita de mamá *Victoria Robinson* 126
Margaret de Nueva Orleans *Sara Cone Bryant* 131
Constructor de puentes *Will Allen Dromgoole* 134
La cinta amarilla *Nikki Willett* 136
Y, y, y *Robin L. Silverman* 139

5. INTUICIONES Y LECCIONES

El día en la playa *Arthur Gordon* 144
Una lección con las imágenes que pintan las nubes *Joyce A. Harvey* 150
Anhelo sensorial *Deborah E. Hill* 153
El regalo de cumpleaños *Mavis Burton Ferguson* 155
La señora George *William L. Rush* 157
Un tazón de humildad *Linda LaRocque* 161
Viento bajo mis alas *Karyl Chastain Beal* 164
Aflicción *Abraham Lincoln* 169
Cómo lo asimilé *Mike Cottrill, como se lo narró a Bill Holton* 170
Como yo *Emily Perl Kingsley* 174

6. SOBRE EL VALOR Y LA DETERMINACIÓN

La voz de la víctima *Richard Jerome* 179
¿Barreras u obstáculos? *Irvine Johnston* 184
Un tributo al valor *Victoria Robinson* 186
Riley *Jeffrey Weinstein* 190
Usted también puede vencer la adversidad y ser un ganador *Abigail Van Buren* 193
Superman aprende a andar en bicicleta *Robert Tate Miller* 195
El consejo de un padre *Christopher de Vinck* 198
Visión desde las alturas *Erik Weihenmayer* 201
Oda a los campeones *Tom Krause* 207
Una solicitud creativa *The Best of Bits & Pieces* 208
Nunca diga: "renuncio" *Bob Hoppenstedt* 209
Lucha y victoria *Lila Jones Cathey* 215
Madres de niños discapacitados *Erma Bombeck* 221

7. SOBRE LA ACTITUD

Ganador del tercer lugar *Bettie B. Youngs* 224
Los retadores del beisbol *Darrell J. Burnett* 227
No te preocupes, sé feliz *Mindy Pollack-Fusi* 231
El velorio *Melva Haggar Dye* 236
El poder del perdón *Chris Carrier* 240
Feliz cumpleaños *Willanne Ackerman* 243
Modales *Paul Karrer* 246
Nacida para vivir, nacida para amar *Eileen Goltz* 247
Modales en la mesa *Adele Frances* 250
Espejo, espejo en la pared *Karen Klosterman* 254

8. UNA CUESTIÓN DE PERSPECTIVA

Willy el grandote *Nancy Bouchard* 258
Sólo estoy jugando *Anita Wadley* 260
El cántaro agrietado *Willy McNamara* 262
Una bandada de gansos *Fred Lloyd Cochran* 264
Un paseo en trineo *Robin L. Silverman* 266
La colina *Betty J. Reid* 269
El punto intermedio *Dennis J. Alexander* 271
Platico conmigo *Phil Colburn* 275
Ilusiones que obstaculizan *Heidi Marotz* 277
Mi nuevo par de ruedas *Darlene Uggen* 280
¿Qué debo temer? *David L. Weatherford* 282

9. SABIDURÍA ECLÉCTICA

¿Qué tiene tu papá? *Carol Darnell* 286
Cíclope nos robó el corazón *Penny Porter* 289
Un acto de fe *Walter W. Meade* 294
El globo de Benny *Michael Cody* 299

Uno, Dos, Tres *Henry Cuyler Bunner* 300
Las manos de mamá *Janie Emaus* 302
El juego *Christa Holder Ocker* 305
Pícaros ocasos *Milly VanDerpool* 309
Dos hermanos *Willanne Ackerman* 313

¿Más sopa de pollo? 315
Apoyo para nuestros semejantes 317
¿Quién es Jack Canfield? 319
¿Quién es Mark Victor Hansen? 321
¿Quién es Heather McNamara? 322
Colaboradores 324
Permisos 340

Agradecimientos

Requerimos más de tres años para escribir, recopilar y editar *Sopa de pollo para el alma inquebrantable*. Ha sido una tarea regocijante, aunque a menudo difícil, y quisiéramos dar las gracias a las siguientes personas, cuyas contribuciones lo hicieron posible.

A nuestros compañeros de vida, Inga, Patty y Rick, así como a nuestros hijos, Christopher, Oran, Kyle, Elisabeth y Melanie, quienes nos brindaron su apoyo por meses a lo largo del proceso de recopilar este libro.

A Georgia Noble, por ser una persona tan bella y por compartir tu corazón con nosotros.

A Patty Aubery, quien siempre nos respondió cuando la necesitamos, y por mantener en pie y funcionando la oficina central de *Chicken Soup for the Soul* en medio de lo que siempre parece un tornado de actividad.

A Nancy Autio, amiga nuestra, te agradecemos tu invaluable retroalimentación y tu impecable trabajo en la investigación y obtención de permisos.

A Katy McNamara-Abatemarco, quien leyó muchos de los relatos e ideó los títulos que mejor definieran los que se incluyeron en este libro.

A Cristi Leahs, quien realizó un extraordinario trabajo en la lectura e investigación de relatos. Apreciamos profundamente tu apoyo, amistad y amable atención a este proyecto.

A Leslie Forbes, por un trabajo extraordinario al iniciar el proceso de los permisos y ayudar cuando y donde se le necesitara. A D'ette Corona, una nueva adquisición de Chicken Soup Enterprises, por involucrarse al final de este proyecto y hacer lo que pudiera por ayudar.

A Peter Vegso, de Health Communications, Inc., por su persistente visión respecto a la dirección y valor de los libros *Sopa de pollo,* y por su incansable apoyo para hacer llegar estos relatos a gente de todo el mundo.

A Veronica Valenzuela, Robin Yerian, Lisa Williams, Laurie Hartman y Deborah Hatchell por su labor para asegurar que todo funcionara bien durante la producción de este libro.

A Rosalie Miller, quien logró que toda la comunicación fluyera con eficiencia a lo largo de este proyecto, al mismo tiempo que triunfaba sobre sus propios obstáculos.

A Teresa Esparza, quien coordinó de manera brillante todas las conferencias, viajes y apariciones en radio y televisión de Jack durante este periodo.

A Christine Belleris, Matthew Diener, Lisa Drucker y Allison Janse, nuestros editores en Health Communications, Inc., por lograr que este libro alcanzara su elevado grado de excelencia. Ustedes han otorgado un enorme valor a la serie *Sopa de pollo.* Asimismo les damos las gracias porque nunca vacilaron en el departamento de apoyo.

A Erica y Maryanne Orloff, Ann Reeves y Eric Wing por su brillante trabajo en la edición e interés en los relatos de este libro.

A Randee Feldman, director de *Sopa de pollo para el alma* en Health Communications, Inc., por su experta coordinación y apoyo a todos los proyectos de *Sopa de pollo.*

A Terry Burke y el equipo de ventas, a Kelly Maragni y el equipo de comercialización de Health Communications, Inc., por sus magníficos esfuerzos de venta y comercialización.

A Lisa Camp de Health Communications, Inc., por ser tan paciente al trabajar con nosotros y por su cooperación en el diseño de la portada de este libro. A Lawna Oldfield y Dawn Grove por la excelente tipografía del libro.

Asimismo, queremos mostrar nuestro agradecimiento a las siguientes personas que llevaron a cabo la monumental tarea de leer el manuscrito preliminar del libro, nos ayudaron a hacer la selección final e hicieron comentarios invaluables para mejorar el libro: Tamy Aberson, Willanne Ackerman, Jerry Acuña, Fred Angelis, Nancy Autio, Christine Belleris, Bonnie Block, Nora Bridges, Julie Brookhart, Dave y Marsha Carruthers, Diana Chapman,

Linda Rohland Day, Mary Jane West Delgado, Eldon Edwards, Nancy Richard Guilford, Elinor Hall, Sandra Hutchins, Allison Janse, Bettie Kapiloff, Robin Kotok, Tom Krause, Lillian Lamb, Cristi Leahs, Audrey Lohr, Barbara LoMonaco, Robert MacPhee, Danny y Laura McNamara, Joan McVittie, Suzanne Ohler, Judie Sinclair, Milly VanDerpool, Danene Van Hecker y Dottie Walters.

A los más de cinco mil suscriptores de "Daily Soup" que respondieron con sugerencias maravillosas a nuestra solicitud de un título. ¡Todos ustedes constituyeron una parte integral para decidir el título de este libro!

A los coautores de *Sopa de pollo*: Patty y Jeff Aubery, Nancy Autio, Marty Becker, Dan Clark, Tim Clauss, Barbara De Angelis, Mark y Chrissy Donnelly, Irene Dunlap, Patty Hansen, Jennifer Read Hawthorne, Kimberly Kirberger, Carol Kline, Hanoch y Meladee McCarty, Maida Rogerson, Martin Rutte, Marci Shimoff y Barry Spilchuk.

A Larry y Linda Price, quienes además de mantener operando adecuadamente la Fundación para la Autoestima de Jack continúan dirigiendo el proyecto de Cocinas de Sopa para el Alma, que distribuyen cada año miles de ejemplares gratuitos de *Sopa de pollo para el alma* entre prisioneros, instituciones de rehabilitación, albergues para personas sin hogar, albergues para mujeres maltratadas y en escuelas de centros urbanos densamente poblados.

A Kim Weiss, magnifica persona, excelente publicista y un gran amigo. Y a su diligente y consciente equipo, Larry Getlen y Ronni O'Brien.

A Rick Frischman de Planned Television Arts y Newmann Communications, quien sigue ayudándonos a mantener nuestros libros en las listas de libros más vendidos.

A Claude Choquette y Tom Sand, quienes logran que año tras año todos nuestros libros se traduzcan a más de veinte idiomas en todo el mundo.

Asimismo, queremos dar las gracias a las más de ocho mil personas que se dieron tiempo para enviar relatos, poemas y otras piezas para su consideración. Todos ustedes saben quiénes son. Aunque muchos de los relatos enviados fueron maravillosos, no todos encajaban en la estructura general del libro. No obstante, muchos serán utilizados en volúmenes posteriores de la serie *Sopa de pollo para el alma.*

Debido a la magnitud de este proyecto, es probable que hayamos omitido nombres de personas que nos ayudaron a lo largo del camino. En tal caso lo lamentamos. Por favor queremos que sepan que de verdad los apreciamos a todos.

Estamos infinitamente agradecidos con todas las manos y corazones que hicieron posible este libro. ¡Los amamos a todos!

Comparta con nosotros

Nos encantará escuchar sus comentarios sobre este libro. Por favor, háganos saber cuáles fueron sus relatos favoritos y cómo afectaron su vida. Díganos si quiere ver más o menos de algo en el siguiente libro, y por favor coméntenos si algún relato dio como resultado que usted cambiara de algún modo.

Asimismo, le invitamos a que nos envíe relatos en inglés que le gustaría ver publicados en futuras ediciones de *Sopa de pollo para el alma inquebrantable.* Nos puede enviar relatos, poemas y tiras cómicas que usted haya escrito o que haya leído en periódicos, boletines de noticias, revistas, pizarrones informativos o en cualquier otro lugar.

Creemos que el siguiente libro será incluso mejor porque serán muchos más los que lo conozcan y someterán sus relatos a consideración.

Escríbanos y envíe sus propuestas a:

Chicken Soup for the Unsinkable Soul
P.O. Box 30880-U
Santa Barbara, CA 93130
fax: 805-563-2945

También puede enviar su relato o un correo electrónico visitando nuestra página Web en: *www.chickensoup.com.*

Introducción

Alma inquebrantable. Persona tan firme que afronta los retos con esperanza, humor y corazón. Persona que no se quebranta o doblega. Vea perseverancia. Vea tenacidad. Vea también victoria.

Desde que se publicó el primer libro de *Sopa de pollo para el alma,* los lectores han insistido en que su capítulo favorito es "Cómo vencer los obstáculos".

No es de sorprender, ya que todos afrontamos obstáculos: algunos son pequeños contratiempos que nos pueden hacer tropezar por un rato hasta que nos levantamos de nuevo; otros aparecen como nubes de mal agüero que hacen que hasta el alma más valiente busque protección. La manera como uno afronta estos obstáculos determina el curso de su vida; si vivirá con temor e ira, o con aceptación y alegría.

Recopilamos *Sopa de pollo para el alma inquebrantable* para ayudar a los lectores a vencer los obstáculos en su vida diaria, ya sea que afronten una pérdida emocional, luchen contra una enfermedad, experimenten los altibajos de alcanzar el sueño de toda su vida o que estén tratando de ser mejores personas.

Desde lo cómico hasta lo heroico, desde lo extraordinario hasta lo cotidiano, todos los relatos enfatizan la victoria sobre la adversidad. Por ejemplo, usted compartirá el triunfo de un osado escalador que subió a uno de los montes más desafiantes del mundo a pesar de ser ciego; de una mujer madura que se inició en una nueva carrera profesional y se transformó en una columnista premiada; de una niña con problemas de tartamudeo que recuperó su voz en un festival escolar; y de una joven madre que de un momento a otro quedó paralítica, pero que prefirió buscar lo positivo y desechar la compasión.

Con cada cambio de página, en capítulos como "Afrontar el reto" y "Vivir los sueños", se sorprenderá de cómo hay quienes se han arriesgado y conservado su fe aunque otros les dijeran: "¡No se puede!"

Los capítulos "Sobre la actitud" y "Una cuestión de perspectiva", le enseñarán a ver la vida a través de los ojos de la esperanza, a ver un contratiempo como un posible escalón hacia algo grandioso, y a apreciar las cosas que uno tiene.

Comprenderá el inapreciable valor del apoyo incondicional al leer El poder del amor y El poder del apoyo. Esperamos que estos relatos lo animen a recurrir a sus semejantes cuando necesite ayuda y a abrir su corazón a quien necesite una mano amiga.

Y por último, Sabiduría ecléctica comprueba que muchas veces los obstáculos son nuestros mejores maestros: iluminan nuestra fortaleza, nos recuerdan las áreas que necesitamos mejorar, nos enseñan a tener fe en nosotros mismos y nos obligan a aceptar cosas que están más allá de nuestro control.

Le ofrecemos este libro como un obsequio y esperamos que para usted sea un instrumento de fortaleza y un constante recordatorio de que usted *tiene* el poder de alcanzar sus sueños.

1

AFRONTAR EL RETO

Un barco en puerto está seguro, pero no es para eso para lo que se construyen los barcos.

Grace Hopper

El mejor regalo de mi madre

El optimismo es un alegre concepto mental que le permite a una tetera silbar, aunque el agua hirviendo le llegue hasta la nariz.

Anónimo

Tenía yo diez años cuando un tumor en la columna vertebral dejó paralítica a mi madre. Antes de eso, había sido una mujer vibrante y llena de vida, activa al grado de que mucha gente lo consideraba insólito. Incluso siendo yo muy pequeña, me impresionaban sus logros y belleza. Pero a los 31 años su vida cambió, al igual que la mía.

De la noche a la mañana, así nos pareció, quedó confinada a una cama de hospital. Un tumor benigno la había dejado incapacitada, aunque yo era demasiado joven para comprender la ironía de la palabra "benigno", ya que ella nunca volvería a ser la misma.

Todavía tengo imágenes vívidas de ella antes de la parálisis. Siempre fue sociable y con frecuencia recibía invitados. A menudo se le veía horas enteras preparando bocadillos y llenando la casa de flores, que recogíamos frescas de las jardineras que cultivaba en el patio lateral. Sacaba la música popular de aquella época y reacomodaba los muebles para hacer espacio y que los amigos se animaran a bailar. De hecho, era a mamá a quien más le gustaba el baile.

Hipnotizada, la observaba vestirse para las fiestas nocturnas. Todavía hoy recuerdo nuestro vestido favorito, una falda negra con corpiño de encaje oscuro, el marco perfecto para su cabello rubio. Yo me emocioné tanto como ella el día que llevó a casa unas zapatillas de encaje negro y tacón alto. De seguro esa noche mi madre fue la mujer más hermosa del mundo.

A mi parecer, ella podía hacer cualquier cosa, ya fuera jugar tenis (ganó torneos en la universidad) o coser (confeccionaba toda nuestra ropa) o tomar fotografías (ganó un concurso nacional) o escribir (era columnista de un periódico) o cocinar (sobre todo platillos españoles, para mi padre).

Luego, aunque ya no pudo hacer nada de eso, afrontó su enfermedad con el mismo entusiasmo que había mostrado para todo lo demás.

Palabras como "minusválida" y "terapia física" llegaron a ser parte de un extraño mundo nuevo al que nos introdujimos juntas, y las pelotas de goma para jugar que luchaba por apretar asumieron una mística que nunca antes poseyeron. Gradualmente comencé a ayudar a cuidar de la madre que siempre había cuidado de mí. Aprendí a peinar mi cabello y el suyo. Con el tiempo, se nos hizo rutina llevarla en silla de ruedas a la cocina, donde me instruía en el arte de mondar zanahorias y papas, y de marinar con ajo fresco, sal y trozos de mantequilla una buena carne para asar.

Cuando oí hablar por primera vez de un bastón, me opuse: "No quiero que mi hermosa madre use bastón". Pero todo lo que dijo fue: "¿No prefieres que camine con bastón a que no lo haga?"

Cada logro era un acontecimiento para ambas: la máquina de escribir eléctrica, el auto con volante y frenos de potencia, su regreso a la universidad, donde obtuvo una maestría en educación especial.

Aprendió todo lo que pudo sobre los discapacitados y con el tiempo fundó un grupo de apoyo activista llamado Los Minusválidos. Un día, sin decir mucho de antemano, nos llevó a mis hermanos y a mí a una de sus reuniones. Nunca había visto tanta gente con tantas discapacidades. Regresé a casa, en introspección silenciosa, reflexionando sobre lo afortunados que éramos. Después de aquella ocasión nos llevó muchas veces más y, con el tiempo, con el tiempo, ver a un hombre o una mujer sin piernas o brazos ya no nos conmocionaba. También nos presentó con víctimas de parálisis cerebral, recalcando que muchos de ellos eran tan brillantes como nosotros, o hasta más. Y nos enseñó a comunicarnos con los retrasados mentales, señalándonos que a menudo eran mucho más afectuosos que la gente "normal". Entretanto, mi padre siguió amándola y apoyándola.

Tenía yo once años cuando mamá me dijo que ella y papá tendrían un bebé. Tiempo después supe que sus médicos le habían insistido en que se practicara un aborto terapéutico, una opción que rechazó con vehemencia. Al poco tiempo fuimos madres, ya que me transformé en una madre sustituta para mi hermana Mary Therese. De inmediato aprendí a cambiarle los pañales, a alimentarla y a bañarla. Aunque mamá mantenía la disciplina materna, para mí fue un paso enorme después de jugar con muñecas.

Hay un momento que hasta hoy recuerdo: el día en que Mary Therese, de dos años, se cayó y raspó la rodilla, se echó a llorar y pasó de largo ante los brazos extendidos de mamá para refugiarse en los míos. Demasiado tarde vislumbré el destello de dolor en el rostro de mamá, pero todo lo que dijo fue: "Es natural que haya corrido hacia ti, la cuidas tan bien".

Mi madre aceptó su estado con tal optimismo, que yo rara vez sentí tristeza o resentimiento. Aunque jamás olvidaré el día en que mi complacencia se desmoronó. Mucho tiempo después de que la imagen de mi madre en tacones altos había caído en el olvido, hubo una fiesta en casa. Para entonces, yo ya era adolescente, y cuando vi a mi madre sonriente sentada a un lado, mirando a sus amigos bailar, me conmovió la cruel ironía de sus limitaciones físicas. De pronto, me vi transportada a los días de mi niñez, y de nuevo se me presentó la imagen de mi radiante madre bailando.

Me pregunté si mamá también recordaría. Sin pensarlo, me dirigí hacia ella y entonces vi que aunque sonreía, sus ojos estaban anegados de lágrimas. Salí del salón corriendo hacia mi recámara, escondí la cara en mi almohada y lloré copiosamente, todas las lágrimas que ella jamás derramó. Por primera vez me enfurecí contra Dios y contra la vida y sus injusticias hacia mi madre.

El recuerdo de la sonrisa resplandeciente de mi madre no desapareció. Desde ese momento vi su habilidad para sobreponerse a la pérdida de tantos anhelos pasados y su energía para mirar hacia delante, cosas que yo daba por sentadas como un gran misterio y una poderosa inspiración.

Cuando crecí y entré al campo de los centros de rehabilitación social, mi madre se interesó en trabajar con los prisioneros. Llamó a la penitenciaría y pidió enseñar redacción creativa a los internos. Recuerdo que cuando llegaba se apiñaban a su alrededor y parecían quedar atrapados con cada una de sus palabras, como lo hacía yo de niña.

Cuando ya no pudo ir a la prisión, mantuvo correspondencia con algunos internos.

Un día me pidió que le enviara una carta a Waymon, un prisionero. Le pregunté si la podía leer antes y estuvo de acuerdo, sin darse cuenta, creo, de la revelación que sería para mí.

Decía así:

> *Querido Waymon,*
>
> *Quiero que sepa que desde que recibí su carta he pensado mucho en usted. Menciona lo difícil que es estar tras las rejas y mi corazón lo acompaña. Pero cuando leí que yo no puedo imaginar lo que es estar en prisión, me vi impulsada a decirle que está en un error.*
>
> *Hay diferentes tipos de libertad, Waymon, diferentes tipos de prisión. A veces, nosotros mismos nos imponemos nuestras prisiones.*

Cuando, a los 31 años de edad, desperté un día para encontrarme totalmente paralizada, me sentí entrampada, desconcertada con la sensación de estar aprisionada en un cuerpo que ya no me permitiría correr por una pradera, bailar o sostener a mi hijo en brazos.

Por mucho tiempo me quedé ahí nada más, luchando por aceptar mi enfermedad, tratando de no sucumbir a la autocompasión. Me pregunté si en verdad valía la pena vivir bajo tales condiciones, o si no sería mejor morir.

Pensé en este concepto de prisión porque me parecía que había perdido todo lo que más cuenta en la vida. Estaba próxima a la desesperación.

Pero entonces, un día se me ocurrió que, en realidad, todavía había algunas alternativas abiertas para mí y que tenía la libertad de elegir entre ellas. ¿Sonreiría cuando volviera a ver a mis hijos o lloraría? ¿Ofendería a Dios o le pediría que fortaleciera mi fe?

En otras palabras, ¿qué haría con el libre albedrío que me dio y que todavía era mío?

Tomé la decisión de luchar en tanto tuviera vida, de vivir a plenitud, de tratar de hacer que mis experiencias aparentemente negativas fueran positivas, de buscar maneras de trascender mis restricciones físicas acrecentando mis límites mentales y espirituales. Podía elegir entre ser un modelo positivo para mis hijos o podía languidecer y morir, tanto emocional como físicamente.

Hay muchos tipos de libertad, Waymon. Cuando perdemos un tipo de libertad, simplemente debemos buscar otro.

Usted y yo tenemos la fortuna de poseer la libertad de seleccionar entre buenos libros, cuáles leer y cuáles hacer a un lado.

Usted puede ver los barrotes de su prisión o puede mirar a través de ellos. Puede ser modelo para los internos más jóvenes o se puede juntar con los buscapleitos. Puede amar a Dios y tratar de conocerlo o le puede dar la espalda.

De algún modo, Waymon, usted y yo estamos en esto juntos.

Para cuando terminé de leer la carta de Waymon, las lágrimas habían nublado mi vista. Sin embargo, por primera vez veía a mi madre con mayor claridad.

Y la comprendía.

Marie Ragghianti

El gato más feo del mundo

La debilidad de carácter es el único defecto que no se puede enmendar.

François de La Rochefoucald

La primera vez que vi a Smoky ¡estaba en llamas! Mis tres hijos y yo llegamos al basurero en las afueras de nuestro pueblo, en el desierto de Arizona, para quemar la basura de la semana, cuando al acercarnos al hoyo que ardía en rescoldos, escuchamos los gritos desgarradores de un gato sepultado entre la basura humeante.

De pronto, una caja de cartón grande, cerrada con alambre, estalló en llamas y explotó. Con un largo y penetrante maullido, el animal ahí aprisionado salió proyectado en el aire como un cohete llameante y cayó dentro del cráter lleno de cenizas.

—¡Mamá, haz algo! —gritó la pequeña Jaymee, de tres años, al tiempo que ella y Becky, de seis, se inclinaban hacia el hoyo humeante.

—Es imposible que siga vivo —exclamó Scott, de catorce años. Pero las cenizas se movieron y un gatito, chamuscado al punto de no reconocérsele, milagrosamente luchó por salir a la superficie y se arrastró hacia nosotros en agonía.

—¡Yo lo saco! —gritó Scott. Al pararse mi hijo con las cenizas hasta las rodillas y envolver al gatito con mi bufanda, me pregunté cómo es que no gritaba al aumentar su dolor. Después supimos que momentos antes habíamos escuchado su último maullido.

De regreso en el rancho, estábamos curando al gatito, cuando entró Bill, mi esposo, agotado de un largo día de reparar cercas.

—Papá, encontramos un gatito quemado —anunció Jaymee.

Cuando vio a nuestro paciente, esa familiar mirada de "¡oh, no, no otra vez!", cruzó su rostro. Esta no era la primera vez que lo recibíamos con un animal herido. Aunque Bill siempre gruñía, no soportaba ver sufrir a ningún ser viviente, así que ayudaba fabricando jaulas, percheros, corrales y entablillados para los zorrillos, conejos y pájaros que traíamos a casa. Sin embargo, esto era diferente. Este era un gato y a Bill definitivamente no le gustaban los gatos.

Lo que es más, este no era un gato común. Donde había habido pelaje, quedaban ámpulas y una goma negra pegajosa. No había orejas. Tenía la cola quemada hasta el hueso. Habían desaparecido las garras que habrían atrapado a algún ratón confiado. Asimismo, habían desaparecido los cojinetes de las patas que habrían dejado pisadas reveladoras en las cubiertas de nuestros autos y camiones empolvados. Nada que pareciera un gato había quedado, excepto dos enormes ojos azul cobalto suplicando que lo ayudáramos.

¿Qué podíamos hacer?

De pronto recordé nuestra sábila y sus supuestos poderes curativos para quemaduras. Así que pelamos las hojas, cubrimos al gatito con tiras viscosas de sábila y vendajes de gasa, y lo colocamos en la canasta de Pascua de Jaymee. Todo lo que podíamos ver era su carita, como una mariposa en espera de emerger de su capullo de seda.

Tenía la lengua severamente quemada y en el interior de su boca había tantas ampollas, que no podía lamer, así que con un gotero le dimos leche y agua. Después de un tiempo comenzó a comer por sí solo.

Lo llamamos Smoky.

Después de tres semanas ya no quedaba sábila. Entonces cubrimos a Smoky con un ungüento que dio un curioso matiz verde a su cuerpo. Se le cayó la cola, no le quedó un solo pelo, pero los niños y yo lo adorábamos.

No así Bill. Aunque Smoky, por su parte, lo desdeñaba. ¿Por qué? Porque Bill era un fumador de pipa armado con cerillos y encendedores que lanzaban fuego y ardían. Cada vez que encendía uno, Smoky se atemorizaba, y antes de salir huyendo hacia el tubo de ventilación de la recámara desocupada le volcaba su taza de café y las lámparas.

—¿No puedo tener algo de paz en este lugar? —refunfuñaba.

Con el tiempo, Smoky se mostró más tolerante con la pipa y su dueño. Se acomodaba en el sofá y miraba a Bill echar bocanadas de humo. Un día Bill me miró y rió entre dientes:

—Maldito gato, me hace sentir culpable.

Al finalizar su primer año, la piel de Smoky parecía un guante desgastado de soldador. Scott era famoso entre sus amigos por poseer la mascota más horrible del país, tal vez del mundo.

Lenta e inexplicablemente, Bill llegó a ser el preferido de Smoky. Y no tardó mucho en que yo advirtiera un cambio en Bill. Ahora rara vez fumaba en casa, y una noche de invierno, para mi sorpresa, lo encontré sentado en su sillón con el gatito acomodado sobre su regazo. Antes de que yo hiciera algún comentario, murmuró un lacónico:

—Creo que tiene frío, sin pelaje, tú sabes.

"Pero a Smoky", me dije, "le gusta el frío. ¿No dormía frente a los tubos de ventilación y sobre el frío piso de losas mexicanas?"

Tal vez a Bill le empezaba a gustar un poco este animal de apariencia extraña.

No todos compartían nuestros sentimientos hacia Smoky, sobre todo personas que jamás lo habían visto. Los rumores llegaron a un grupo que se autodenominaba protectores de animales, y un día llegó a nuestra puerta uno de sus miembros.

—He recibido numerosas llamadas telefónicas y cartas de mucha gente —manifestó la señora—. Personas preocupadas por un pobre gatito quemado que ustedes tienen en su casa. Dicen —su voz bajó una octava— que sufre. ¿No sería mejor que terminara su martirio?

Yo me enfurecí, pero Bill, peor.

—Quemado sí está —respondió—, pero que sufra, mírelo usted misma.

—Ven acá, gatito —lo llamé. Nada de Smoky—. Tal vez esté escondido —manifesté, pero nuestra huésped no contestó. Cuando giré y la vi, la piel de la mujer era plomiza, la boca le colgaba abierta y dos dedos señalaban.

Amplificado diez veces en su desnudo esplendor, Smoky miraba colérico a la visitante desde su escondite atrás de nuestro acuario de 660 litros de agua. En lugar de la "pobre criaturita quemada que sufre" que esperaba ver la mujer, el tiranosauro Smoky la miraba de reojo a través de una bruma verde acuática. Sus quijadas abiertas exponían colmillos como sables que centelleaban amenazadores a la luz neón. Al instante se retiró la mujer, sonriendo ahora, un poco avergonzada y bastante aliviada.

Durante el segundo año de Smoky, sucedió algo maravilloso: le comenzó a salir pelaje. Pelos blancos muy pequeños, más suaves y delicados que los de los polluelos, que poco a poco crecieron más de siete centímetros para transformar a nuestro horrible gatito en una pequeña borla de humo.

Bill siguió disfrutando de su compañía, aunque eran un par muy poco armónico, el corpulento ranchero maltratado por la intemperie viajando por todos lados con una pipa sin encender apretada entre los dientes y acompañado por la pequeña borla blanca de pelusa. Cuando descendía del camión para revisar el ganado, dejaba el aire acondicionado en el frío máximo para comodidad del gatito, cuyos ojos azules lagrimeaban, la nariz rosa fluía, pero ahí se quedaba sentado, sin parpadear, en éxtasis. Otras veces lo sacaba, y apretándolo contra su chaqueta de dril, lo llevaba consigo.

Smoky tenía tres años el día que acompañó a Bill a buscar un becerro perdido. Bill buscó horas enteras, y cada vez que salía a investigar, dejaba la puerta del camión abierta. Los pastizales estaban secos y quebradizos, las plantas rodadoras y hierbas, marchitas. En el horizonte amenazaba una tormenta y el becerro no aparecía. Desanimado, sin pensar, Bill sacó de su bolsillo su encendedor y giró la rueda de encendido. Una chispa cayó al suelo y, en segundos, el campo estalló en llamas.

Desesperado, Bill se olvidó del gato, y sólo hasta que el fuego quedó bajo control, encontró al becerro y regresó a casa, lo recordó.

—¡Smoky! —gritó—. Debió haber saltado fuera del camión. ¿Regresaría a casa?

No. Y sabíamos que jamás encontraría su camino a casa estando a 3 kilómetros de distancia. Para empeorar las cosas, había comenzado a llover tan fuerte, que no pudimos salir a buscarlo.

Bill, desquiciado, se culpaba. Lo buscamos al día siguiente deseando que maullara para pedir ayuda, pero también sabíamos que estaba a la disposición de los depredadores. No tenía caso.

Habían pasado dos semanas y Smoky no aparecía. Temíamos que para entonces ya estuviera muerto porque había comenzado la temporada de lluvias, y los halcones, lobos y coyotes tenían familias que alimentar.

Luego llegó la peor tormenta que haya vivido nuestra región en 50 años. Por la mañana las inundaciones cubrían kilómetros enteros, dejando aislados a animales salvajes y al ganado en islotes diseminados de tierra alta. Conejos, ardillas, ratas del desierto y mapaches asustados esperaban a que las aguas descendieran. Entretanto, Bill y Scott vadeaban con el agua hasta las rodillas para regresar y poner a salvo a los becerros que gritaban a voz en cuello con sus madres.

Las niñas y yo mirábamos todo prestando mucha atención, cuando de pronto Jaymee gritó:

—¡Papá! Por ahí hay un pobre conejito. ¿Puedes alcanzarlo?

Bill vadeó hasta el lugar donde estaba el animal, pero cuando se estiró para ayudarlo, el animalito se encogió de miedo.

—No lo puedo creer —gritó Bill—. ¡Es Smoky! —se le quebró la voz—. Pequeño Smoky.

Los ojos se me inundaron de lágrimas cuando el patético gatito se arrastró hacia las manos extendidas del hombre al que había llegado a amar. Bill presionó el cuerpecillo tembloroso contra su pecho, le habló con dulzura y con delicadeza limpió el lodo de su cara. Entretanto, los ojos azules del gatito se aferraron a los de él mostrándole su comprensión. Lo había perdonado.

Smoky regresó de nuevo a casa. Nos sorprendió su paciencia mientras le lavábamos el pelaje. Le dimos de comer huevos revueltos y helado, y para nuestro regocijo, pareció recuperarse.

Pero Smoky nunca fue en verdad fuerte. Una mañana, cuando apenas tenía cuatro años, lo encontramos inmóvil en el sillón de Bill. Su corazón sencillamente dejó de latir.

Al envolver su cuerpecillo en uno de los pañuelos rojos de Bill y colocarlo en una caja de zapatos de niño, pensé en todas las cosas que nuestro precioso Smoky nos había enseñado, cosas sobre confianza, afecto y luchar contra la adversidad cuando todo indica que no hay posibilidades de ganar. Nos hizo recordar que no es el exterior lo que cuenta, sino lo que hay en el interior, muy dentro del corazón.

Penny Porter

Soldaditos

Mi intención era mudar a mi tropa a un mejor paraje, no a la línea de fuego. Yo era una madre soltera de 27 años, con cuatro hijos, y solía pensar en mí como la valiente comandante de mi prole. De hecho, nuestra vida a menudo reflejaba el aspecto austero de un campamento militar. Vivíamos los cinco apiñados en un apretado cuartel, un departamento de dos cuartos en Nueva Jersey, con mucha disciplina y bastantes carencias. No tenía los medios para obtener ninguna de las finuras y lujos que otros padres se permitían, y con excepción de mi madre, ningún otro miembro de nuestra familia participaba en la vida de mis hijos.

Eso me dejaba como comandante en jefe. Muchas noches permanecí despierta en la cama, planeando estrategias para obtener más cosas para mis hijos. Aunque nunca se quejaban de lo que les hacía falta y parecían complacerse con mi amor, yo siempre estaba alerta para mejorar su sencilla vida. Cuando encontré un departamento de cinco cuartos en una casa de tres pisos —el segundo y tercero serían totalmente nuestros— no dejé ir la oportunidad. Por fin nos podríamos extender. La casa incluso tenía un gran patio trasero.

La casera prometió tenernos todo listo en un mes. Acepté las reparaciones, le pagué en efectivo el primer mes de renta, la misma cantidad por el seguro y corrí a casa a informar a mi tropa que nos mudaríamos. Se emocionaron mucho y esa noche todos nos acomodamos en mi cama para planear lo que haríamos en nuestro nuevo hogar.

A la mañana siguiente le notifiqué a mi casero mi cambio y comencé a empacar. Llenamos algunas cajas con la precisión de una máquina bien aceitada. Mi corazón se alegraba de ver a mi tropa en acción.

Pero luego comprendí mi error de estrategia. No tenía las llaves de la nueva casa, y después de hacer día tras día llamadas telefónicas sin recibir respuesta, y de que búsquedas infructuosas no me facilitaron el acceso a la casa, comencé a sentir terror. Espié la casa y llamé a la compañía de servicios públicos; ahí me informaron que alguien más acababa de contratar servicios para la misma dirección. Me habían engañado.

Desesperanzada, miré los rostros de mis hijos expectantes y traté de encontrar las palabras adecuadas para darles a conocer la desagradable noticia. Aunque ellos no se alteraron, yo luché contra mis lágrimas de desilusión.

Además de sentirme derrotada, tuve que afrontar obstáculos todavía peores. El contrato del departamento en el que vivíamos quedó anulado y no podía rentar otro lugar porque había pagado mucho por la casa. Mi madre nos quería ayudar, pero en su pequeño departamento no se permitían niños. Desesperada, pedí ayuda a una amiga veterana en estas lides: una madre soltera con cinco hijos, tan luchadora como yo. Hizo todo lo que pudo por ser hospitalaria, pero nueve niños en cuatro habitaciones... Bueno, es de imaginar.

Después de tres semanas todos nos rebelamos. Teníamos que salir de ahí. No tenía más opciones, no había nuevas instrucciones. Estábamos a la fuga. Almacené nuestros muebles, guardé nuestra ropa de invierno en la parte trasera de nuestro auto amarillo e informé a mis soldaditos que por el momento ya no teníamos más lugar para acampar que nuestro auto.

Mis hijos, de seis y diez años, me miraron a los ojos y escucharon con atención.

—¿Por qué no nos podemos quedar con la abuela? —preguntó el mayor. A esa pregunta siguieron algunas otras sugerencias de personas con quienes nos podríamos quedar. En cada caso tuve que proferir la dura verdad.

—La gente tiene su propia vida, cariño. Nosotros tenemos que manejar esto solos, y lo vamos a hacer.

Pero si mi jactancia los apaciguó, a mí no me convenció. Necesitaba fuerza. ¿Dónde podía obtener ayuda?

Sabiendo que era hora de recogernos para la noche, reuní a mi tropa y marchamos hacia el auto. Los niños estaban tranquilos y obedecieron, pero mis pensamientos estaban enfrascados en una feroz contienda ¿Por qué tenía que hacerles esto? ¿Qué más *podía* hacer?

Inesperadamente fue mi propia tropa la que me dio la fuerza que necesitaba. Al vivir en nuestro auto durante las siguientes cuatro semanas, bañándonos por las mañanas en el departamento de mi madre y comiendo en locales de comida rápida, los niños parecieron disfrutar la extraña rutina. Jamás perdieron un día de escuela, jamás se quejaron y nunca cuestionaron mis decisiones. Estaban tan seguros de la erudición de su comandante, que hasta yo me llegué a sentir valiente. ¡*Podíamos* manejar esto! Cada noche nos estacionábamos en un lugar diferente, áreas bien iluminadas cerca de edificios de apartamentos. Cuando las noches enfriaron, los niños se acurrucaron en el asiento trasero que, desdoblado, se hacía cama, para compartir el calor humano y las mantas. Yo me sentaba adelante y vigilaba dormitando, y de cuando en cuando encendía el motor para poner en marcha la calefacción.

Cuando gané suficiente para rentar algo, en ningún departamento me aceptaron con cuatro niños, así que nos instalamos en un hotel. Era como disfrutar de una licencia fantástica. Nos emocionamos y deleitamos con el calor, las camas, la seguridad. Buscábamos entre nuestros víveres qué cocinar y aprendimos a preparar sabrosas comidas en una hornilla portátil de dos quemadores. En la tina de baño enfriábamos los lácteos. (Los hoteles tienen mucho hielo).

Finalmente, muchos meses después, la casera de la casa prometida me envió una orden de pago con todo lo que se me debía, y muchas disculpas. Utilicé el dinero para rentar por fin otro departamento.

Eso fue hace trece años. Ahora comparto el mando con un esposo, y nuestros hijos habitan una maravillosa casa grande. Cada mañana, cuando inspecciono a mi tropa, ahora de mi altura, mirándome a los ojos, vuelvo a pensar en el horrible enemigo de la desesperación que combatimos y vencimos juntos. Y luego doy gracias a Dios por mis soldaditos: una pequeña cuadrilla tenaz y valiente que jamás titubeó en su temerosa marcha. Su valentía fue de la calidad de los más grandes héroes.

Rachel Berry

La travesía que me arrancó del silencio

Nada puede impedir que el hombre con una actitud mental correcta alcance su objetivo; y nada en el mundo puede ayudar al hombre que persiste en una actitud mental incorrecta.

Thomas Jefferson

Mi aventura comenzó en octubre de 1966, cuando la señorita Neff, mi terapeuta ocupacional, me llevó a su cuarto sin ventanas y con olor a rancio. Era una mujer de 30 años, apenas arriba de metro y medio de estatura, pero que podía hacer que los estudiantes de la Escuela Dr. J. P. Lord para Discapacitados Físicos, conocidos por su falta de cooperación, temblaran de miedo en sus sillas de ruedas. Siendo yo uno de ellos, me sentí morir de miedo cuando llegó por mí para una visita no programada.

En aquella época se me consideraba un niño espantoso que no hacía lo que sus terapeutas le indicaban. Parecía rebelde por mi enorme falta de coordinación. Incluso después de años de terapia ocupacional, física y de lenguaje, seguía sin hablar, caminar o usar mis manos.

A veces me preguntaba: "¿Por qué he de hacer el esfuerzo?" La señorita Neff les dijo a mis padres:

—Siempre tratamos de hacer lo que hemos hecho en otras situaciones similares, y si eso no funciona, buscamos algo nuevo —pero nada, ni viejo ni nuevo, funcionaba conmigo.

Sea como fuere, ahí estaba yo siendo empujado por la señorita Neff dentro de su consultorio cuando ni siquiera era hora de mi terapia. Me sentía petrificado (como Daniel dirigiéndome a una cueva llena de leones, sólo que en silla de ruedas). ¿Qué había hecho mal esta vez? ¿Finalmente se habían rendido conmigo? ¿Me iban a correr de la escuela?

La señorita Neff me colocó ante su escritorio de acero y luego se sentó en su silla frente a mí. En lugar de regañarme, como me lo había temido, me mostró algunos diagramas mimeografiados de lo que parecía una honda grande pero mal formada, redondeada en la horqueta. Me pareció ridículo. Luego me mostró otro diagrama con un muchacho escribiendo a máquina con este artefacto en la cabeza.

Durante la convención de maestros de ese año, la señorita Neff, junto con el terapeuta de lenguaje, el terapeuta físico de la escuela y la señora Clanton, mi nueva maestra de clase, asistieron a otra escuela especial en la ciudad de Iowa. Ahí vieron a un estudiante que usaba un palo en la cabeza para mecanografiar su tarea escolar.

—Este es un palo para la cabeza —profirió severa—. No es un juguete ni un arma. Pensamos que si quieres tú podrías usarlo, pero será un trabajo duro. Y si alguna vez te veo usándolo para molestar a alguien, te lo quito y lo coloco en este escritorio. ¿Entendido?

Asentí rígidamente con la cabeza.

—Ahora bien —continuó—, en la próxima reunión de padres le daré a tu madre algunas instrucciones para que hagas ejercicios y fortalezcas el cuello. Sugiero que los hagas en casa todos los días, de preferencia por la mañana cuando estás fresco. Será un trabajo agotador, pero tú podrás hacerlo.

Después de que la señorita Neff me sermoneó, la señora Clanton, quien a diferencia de todos mis terapeutas no había presenciado todos mis fracasos, sencillamente añadió:

—Creo que puedes hacerlo, ¿o no?

Asentí con la cabeza, y así comenzó mi travesía desde mi solitario confinamiento. Todos los días, antes de irme a la escuela, hacía mis ejercicios de cuello. Después de que un amigo de la familia me hizo artesanalmente un palo para la cabeza, practiqué usándolo en la escuela para pasar las hojas de un libro encuadernado con espiral; para señalar palabras en un elaborado pizarrón para lenguaje que ideó mi terapeuta del habla y, claro, para hacer mis encantadores ejercicios para el cuello. No les puedo hacer una descripción diaria de mi primer goce real del éxito. Fue como un sueño. Hasta esta aventura con el palo para la cabeza, todo lo que mi terapeuta había intentado había fallado por mi falta de coordinación, lo que hacía que me rindiera frustrado. Pero esto era diferente.

La señora Clanton creía en mí. Si ella hubiera dicho que yo podía volar, habría saltado del edificio Empire State sin dudarlo y habría batido mis larguiruchos brazos hasta que me hubiese estrellado en la acera. Era tanto amiga como maestra. Todavía recuerdo cuando ella jugaba beisbol con mi clase para compensar una hora de recreo bastante aburrida cuando nos teníamos que sentar a ver un juego inaudible. Así que me esforcé por complacerla, sin importarme las muy pocas decepciones de este proyecto.

Mi maestra y terapeutas pensaban que yo era inteligente porque durante mis lecciones observaban mis ojos y expresiones faciales. Pero como la señora Clanton decía a mis padres:

—No tenemos forma de probar sus conocimientos en las diferentes materias.

El clímax de esta exitosa aventura llegó cuando la señorita Neff me colocó en una silla de madera con brazos y respaldo recto. Me ató porque yo no podía equilibrarme solo. Me colocó en la cabeza una banda con un punzón insertado y luego me movió hacia una vieja máquina de escribir negra. Juraría que Thomas Edison usó esa máquina. De hecho, entonces pensé que él mismo la había hecho, y sigo pensándolo.

La señorita Neff me indicó que encendiera el viejo cacharro. Para nuestra sorpresa, lo hice, y ¡rápido! Me animó a que mecanografiara mi nombre, y lo hice. Me dijo que escribiera el alfabeto, y ¡lo hice! Para entonces ya habían sido llamados al cuarto de terapia ocupacional el terapeuta de lenguaje, el terapeuta físico y la señora Clanton, para que compartieran mi victoria sobre el silencio.

La gente reunida en ese cuarto de terapia ocupacional sin ventanas y con olor rancio pensó que mi comunicación había alcanzado el máximo que se podía. Qué equivocados estábamos. A lo largo de los años mi habilidad para comunicarme se ha enriquecido y aumentado gracias a la era de la computación.

Aunque esta aventura puede ser mínima en comparación con escalar el Monte Everest o cruzar el océano en una balsa, fue igual de importante. Con ella Dios me permitió conquistar montañas más elevadas y cruzar mares más vastos, ahora que me había ayudado a demoler las fronteras del silencio que me retuvieron durante once años.

William L. Rush

El vuelo del cola-roja

Cuando te enfrentes a un reto, busca un camino, no una salida.

David L. Weatherford

El halcón colgaba del cielo como suspendido de una malla invisible, con sus poderosas alas extendidas e inmóviles. Era como ver un espectáculo de magia, hasta que, de pronto, el hechizo se deshizo por un balazo detonado desde el auto detrás de nosotros.

El sobresalto me hizo perder el control de la camioneta. Nos derrapamos de manera violenta, nos deslizamos lateralmente, atravesamos el borde de grava hasta que nos detuvimos a unos centímetros de una cerca de alambre de púas. Mi corazón latía agitadamente cuando un auto a toda velocidad nos rebasó, la boca de acero del rifle todavía fuera de la ventana. Pero lo que nunca olvidaré es la sonrisa de satisfacción en el rostro del muchacho que había apretado el gatillo.

—¡Caramba, mamá, qué susto! —Scott, de catorce años, estaba sentado a mi lado—. ¡Pensé que disparaban contra nosotros! ¡Pero mira! ¡Mató a ese halcón!

De regreso al rancho desde Tucson por la Interestatal 10 de Arizona, habíamos estado admirando un extraordinario par de halcones cola-roja descendiendo en picada sobre el desierto de Sonora. Haciendo cabriolas y lanzándose en picada a velocidades asombrosas sobre los cactus las hermosas aves se imitaban una a la otra en su vuelo.

De pronto, un halcón cambió de rumbo y se remontó hacia las alturas, donde revoloteó por un instante sobre la interestatal como retando a su camarada a unírsele en la diversión. Pero el estallido del rifle dio fin a su juego, transformando el momento en una explosión de plumas lanzadas contra el ocaso rojo y naranja del sol.

Horrorizados, miramos la espiral del cola-roja rumbo a la tierra, girando y sacudiéndose en dirección al carril por el que se acercaba un camión con remolque. Los frenos rechinaron. Pero fue demasiado tarde. El camión golpeó al ave, arrojándola al carril del centro.

Scott y yo saltamos de la camioneta y corrimos al lugar donde yacía el ave atropellada. Por el tamaño del halcón, supusimos que sería un macho. Estaba de espaldas, tenía un ala destrozada doblada por debajo del cuerpo, el poderoso pico abierto y los redondos ojos amarillos dilatados por el dolor y el miedo. Se le habían desprendido las garras de la pata izquierda, y en la cola, donde una vez había centelleado contra el cielo sudoccidental un brillante abanico de plumas como cometa color cobre lustroso, sólo quedaba una pluma roja.

—Tenemos que hacer algo, mamá —exclamó Scott.

—Sí —murmure—. Tenemos que llevarlo a casa.

Por una vez me alegré de que Scott fuera bien arreglado, con la chaqueta negra de cuero que tanto le gustaba, porque cuando se le acercó, el aterrorizado halcón lo atacó con la única arma que le quedaba: un pico encorvado tan afilado como un punzón. Para protegerse, Scott tiró su chaqueta sobre el ave, la envolvió con fuerza y la llevó a la camioneta. Cuando alcancé las llaves que seguían colgadas en el encendido, se nos duplicó la tristeza del momento. De algún lugar allá en el cielo que oscurecía, escuchamos los agudos chillidos lastimeros del otro halcón.

—¿Qué hará ese ahora, mamá? —preguntó Scott.

—No sé —contesté suavemente—. Siempre he oído que se aparean por toda la vida.

En el rancho nos topamos con nuestro primer problema: sujetar al desesperado halcón sin que nos lastimara. Con unos guantes de soldador, lo colocamos sobre paja dentro de un huacal para naranjas y deslizamos unas tablillas sobre su lomo.

Una vez que el ave quedó inmovilizada, retiramos las astillas de hueso de su ala destrozada y le tratamos de flexionar el ala donde había estado la articulación principal, aunque sólo se dobló a la mitad. A pesar del terrible dolor, el halcón nunca se movió. La única señal de vida era un movimiento ocasional del tercer párpado sobre los ojos vidriosos por el terror.

Sin saber qué hacer después, telefoneé al Museo del Desierto de Sonora-Arizona. Cuando describí la condición del cola-roja, el curador se mostró condescendiente.

—Sé que sus intenciones son buenas —manifestó—, pero lo mejor es la eutanasia.

—¿Quiere decir matarlo? —le pregunté, inclinándome y acariciando con suavidad al ave de plumas castaño rojizo a salvo en el huacal de madera en el piso de mi cocina.

—Jamás volverá a volar con un ala tan lastimada —me explicó—. Se morirá de hambre. Los halcones necesitan tanto sus garras como su pico para desgarrar su alimento. Lo siento mucho.

Al colgar, supe que tenía razón.

—Pero el halcón ni siquiera ha tenido la oportunidad de pelear —argumentó Scott.

"¿Pelear por qué?" me pregunté. "¿Para agazaparse en una jaula? ¿Para jamás volver a volar?"

De pronto, con la ciega fe de la juventud, Scott tomó la decisión por nosotros.

—Tal vez, gracias a un milagro, vuelva a volar algún día —exclamó—. ¿No vale la pena intentarlo?

Durante tres semanas el ave jamás se movió, comió o bebió. Lo obligamos a tomar agua introduciéndola en su pico con una jeringa hipodérmica, pero la patética criatura sólo permanecía ahí mirando, sin parpadear, apenas respirando. Entonces llegó la mañana cuando los ojos del cola-roja se cerraron.

—¡Mamá, está... muerto! —Scott apretó sus dedos bajo las plumas sin brillo. Sabía qué estaba buscando, rezando por sentir un latido, y el recuerdo de un auto a toda velocidad y un muchacho sonriendo con un rifle en sus manos retornó como una obsesión.

—Tal vez un poco de whisky —sugerí. Era un último recurso, una técnica que habíamos usado antes para obligar a algún animal a respirar. Lo forzamos a abrir el pico y vertimos una cucharadita del líquido por la garganta del halcón. Al instante se le abrieron los ojos y su cabeza cayó en el tazón de agua que estaba en la jaula.

—¡Míralo, mamá! ¡Está bebiendo agua! —exclamó Scott, con lágrimas centelleando en sus ojos.

Para cuando anocheció, el halcón había comido algunas tiras de carne espolvoreadas con arena para facilitar la digestión. Al siguiente día, con las manos todavía protegidas con los guantes de soldador, Scott quitó al ave del huacal y ésta con mucho cuidado sostuvo con la garra sana un leño, donde se tambaleó y balanceó hasta que la garra se aferró. Cuando Scott soltó al ave, el ala sana se flexionó lentamente en posición de vuelo, pero la otra permaneció rígida, surgía de su lomo como un bumerán. Contuvimos el aliento hasta que el halcón se sostuvo erecto.

El animal observaba cada movimiento que hacíamos, pero la mirada de miedo había desaparecido. Viviría. Ahora, ¿aprendería a confiar en nosotros?

Con el permiso de Scott, su hermana de tres años, Becky, nombró a nuestro visitante Hawkins. Lo colocamos dentro de un corral con malla de eslabones que se elevaba a tres metros de altura y estaba abierto por arriba. Ahí estaría a salvo de gatos monteses, coyotes, mapaches y lobos. En una esquina del encerradero montamos una rama de manzanita a diez centímetros del piso. Prisionero de sus heridas, el ave inválida se colocaba ahí día y noche, mirando al cielo, observando, escuchando, esperando.

Al pasar de otoño a invierno, Hawkins comenzó a mudar de plumas. A pesar de una dieta a base de carne, lechuga, queso y huevos, perdió casi todas las plumas del cuello. Otras más desaparecieron del pecho, lomo y alas, mostrando por todos lados cuadros de suave pelusa. Al poco tiempo se veía como un viejo calvo acurrucado en un edredón de parches.

—Tal vez le ayuden algunas vitaminas —sugirió Scott—. Me desagradaría verlo perder esa pluma roja de la cola. Se ve chistoso como está.

Las vitaminas parecieron ayudar. Un cierto brillo apareció en las plumas de las alas, hasta imaginamos un destello en esa pluma de la cola.

Con el tiempo, la creciente confianza de Hawkins se transformó en afecto. Nos agradaba mimarlo con bocadillos como salchichón y tasajo de res remojado en agua azucarada. Pronto el halcón, cuyo pico ya estaba lo bastante fuerte como para mordisquear el hueso de la pierna de una liebre grande o triturar el cráneo de una rata de desierto, había dominado el toque de una mariposa. Becky lo alimentaba con los dedos desprotegidos.

A Hawkins le gustaba jugar. Su juego favorito era ver quién tiraba con más fuerza. Con el pico prensaba de un lado un calcetín viejo y uno de nosotros tiraba del otro extremo, él siempre ganaba y se rehusaba a soltarlo aunque Scott lo levantara en el aire y lo girara como carrusel. El juego favorito de Becky era la ronda. Ella y yo nos tomábamos de las manos y girábamos alrededor del corral de Hawkins mientras sus ojos nos seguían hasta que su cabeza había girado 180 grados. De hecho ¡nos miraba de espaldas!

Llegamos a encariñarnos con Hawkins. Le hablábamos; acariciábamos sus plumas de satín. Habíamos salvado y domado a un animal salvaje. Pero, *¿ahora qué?* ¿No deberíamos regresarlo al cielo, al mundo donde pertenecía?

Scott debió de haberse preguntado lo mismo, incluso cuando paseaba a su mascota posada en la muñeca como cualquier orgulloso halconero. Un día, subió la rama de Hawkins a unos cincuenta centímetros de altura, sólo para que sobrepasara la cabeza del ave.

—Si tiene que esforzarse para treparse, tal vez se haga más fuerte —manifestó.

Al advertir la diferencia de altura, Hawkins evaluó el cambio desde todos los ángulos. Se alborotó y castañeteó el pico, luego saltó, falló, aterrizó en el cemento y siseó con desagrado y dolor. Lo intentó una y otra vez con el mismo resultado. Justo cuando pensamos que se daría por vencido, se lanzó hasta la rama, se agarró primero con el pico y luego con la garra y se esforzó hasta que por fin se paró derecho.

—¿Viste eso, mamá? —exclamó Scott—. Trató de usar su ala inválida. ¿Viste?

—No —respondí. Pero vi algo más, la sonrisa en el rostro de mi hijo. Sabía que todavía esperaba un milagro.

Cada semana, después de eso, Scott subía la rama un poco más, hasta que Hawkins se sentó orgulloso a poco más de un metro de altura. Que satisfecho se veía, henchido de orgullo, arreglándose las plumas andrajosas. Pero un metro fue su límite, no pudo saltar más arriba.

La primavera trajo calor y aves: palomas, codornices, correcaminos y reyezuelos de los cactus. Pensábamos que Hawkins disfrutaría los trinos y gorjeos, pero en lugar de eso, sentimos tristeza en nuestro pequeño halcón. Apenas si comía e ignoraba las invitaciones a jugar, prefiriendo sentarse con la cabeza ladeada y escuchar.

Una mañana lo encontramos posado, con el ala sana extendida y la inválida estremeciéndose en vano. Todo el día permaneció en esa posición, emitiendo un chirriante grito lastimero desde el fondo de su garganta. Finalmente vimos lo que le perturbaba: arriba en el cielo, sobre su corral, otro cola-roja planeaba.

"¿Su pareja?", me pregunté. "¿Cómo podía ser? Estábamos por lo menos a 48 kilómetros de donde habíamos encontrado a Hawkins, mucho más allá del campo normal de vuelo de un halcón. ¿De algún modo lo siguió su pareja hasta aquí? O gracias a algún secreto de la naturaleza, ajeno a nuestra comprensión, ¿sencillamente supo dónde estaba?"

—¿Qué hará cuando comprenda que no puede volar? —preguntó Scott.

—Me imagino que se desanimará y se alejará —manifesté con tristeza—. Tendremos que esperar y ver.

Nuestra espera fue breve. A la mañana siguiente Hawkins se había ido. Algunas plumas rotas y restos de pelusa cubrían el corral, silenciosas muestras de una lucha desesperada.

Las dudas nos atormentaron. ¿Cómo habría logrado salir? La única posibilidad es que sencillamente se hubiera logrado elevar metro y medio hasta el borde, que se hubiera asido del alambre primero con el pico y luego con la garra sana, y después hubiera caído desde tres metros al suelo.

¿Cómo sobreviviría? No podía cazar. Ya se había visto que era casi imposible que se afianzara al mismo tiempo de su rama y agarrara una tira de carne con sólo una garra. ¿Y los coyotes y gatos monteses? Nuestro inválido halcón sería presa fácil. Nos sentimos desconsolados.

Una semana después, no obstante, ahí estaba Hawkins posado sobre la pila de leños junto a la puerta de nuestra cocina. Sus ojos centelleaban con una brillantez que nunca antes había visto, y tenía el pico abierto.

—¡Tiene hambre! —grité. El ave le arrebató a Scott de la mano un paquete de salchichón y se lo comió con avidez.

Al terminar, Hawkins saltó con dificultad al suelo y se preparó para partir. Lo miramos cómo se lanzaba, revoloteaba y caía en saltos cortos por el pastizal, un ala agitándose con fuerza, la otra, una carga inútil. Volando frente a él, su pareja arremetía en picada y subía, alborotando y silbando su estímulo, hasta que él alcanzó la seguridad temporal de una arboleda.

Durante toda la primavera, Hawkins regresó para que lo alimentáramos. Luego, un día, en lugar de tomar su alimento, se replegó, y de su garganta surgió un extraño graznido. Le hablamos con dulzura como solíamos hacerlo, pero de pronto golpeó con el pico. El halcón que había confiado en nosotros durante casi un año, ahora se mostraba temeroso. Supe que estaba listo para regresar a su vida silvestre.

Con el paso de los años, ocasionalmente veíamos a un solo cola-roja sobrevolando nuestros pastizales, y mi corazón saltaba de esperanza. ¿Habría sobrevivido Hawkins de algún modo? Y si no era así, ¿había valido la pena intentar mantenerlo vivo como lo hicimos?

Nueve años más tarde, cuando Scott tenía 23 años, se encontró con un viejo amigo en Phoenix, que había vivido cerca de nuestro rancho.

—No vas a creer esto, Scott —declaró—, pero cuando fui a casa, en Navidad, creo que vi a tu halcón descansando en un roble achaparrado allá por el arroyo seco. Estaba todo maltrecho, con el ala rota como la de Hawkins.

—Tienes que ir a ver, mamá.

Al otro día me dirigí hacia el norte hasta que los caminos de tierra se transformaron en veredas zigzagueantes de ganado y luego ni siquiera eso. Cuando una barricada de matorrales espinosos y arbustos de rosas silvestres me cerraron el camino, llegó el momento de caminar. Finalmente un claro entre el laberinto me condujo al lecho arenoso de un río retorcido; paraíso de lagartos, sapos, tarántulas, víboras y pequeños roedores del desierto. También era terreno ideal para que un halcón se alimentara.

Flanqueada por la exuberante vegetación espinosa en las márgenes, caminé horas sin ver trazas de Hawkins. Pero la esperanza le juega tantas bromas a los ojos, oídos y mente, que confieso que hubo momentos en que el susurrar de las hojas, los muérdagos amontonados columpiándose en ramas elevadas y las sombras moviéndo-se contra troncos de árboles nudosos encendían mi fantasía para extenderla el siguiente segundo. Esperar encontrarlo era demasiado.

Comenzaba a enfriar cuando me sentí observada. De pronto me encontré mirando directo a los ojos de una enorme cola-roja hembra. Descansando en un mezquite a menos de cinco metros de distancia, estaba perfectamente oculta por el follaje otoñal que la rodeaba.

"¿Podía esta magnífica criatura ser la compañera de Hawkins?" Me pregunté. Quise tanto creer que sí, asegurarle a Scott que había visto el ave que había cuidado de su pareja, que había buscado comida para alimentarlo y que lo mantenía a salvo. ¿Pero cómo estar segura?

¡Y entonces lo vi!

En una rama baja, abajo de la sombra oscura y grande del ave mayor, descubrí un pequeño halcón encorvado. Cuando vi el ala doblada, la orgullosa cabeza calva y la garra desecada, mis ojos se inundaron de lágrimas. Estaba viviendo un momento mágico: un momento para reflexionar en el poder de la esperanza; un momento para orar por el muchacho del rifle; un momento para bendecir al muchacho que tuvo fe.

Sola en este lugar silvestre e inalterado, conocí el poder de creer, porque había sido testigo de un milagro.

—Hawkins —murmuré, deseando acariciar las plumas andrajosas, pero sólo aventurándome a girar a su alrededor—. ¿En verdad eres tú?

Como un silencioso eco llegó mi respuesta cuando los

ojos amarillos siguieron mis pasos hasta que me miraron de espaldas, y los últimos rayos de sol bailaron en una pluma roja.

Entonces, finalmente, lo supe, y lo mejor de todo, mi hijo lo sabría. *Había* valido la pena intentarlo.

Penny Porter

Albert

Soy sólo uno, pero de cualquier modo soy uno; no puedo hacer todo, pero de cualquier modo puedo hacer algo; y porque no puedo hacer todo, no me rehusaré a llevar a cabo algo que puedo hacer.

Edward Everett Hale

Trabajar en un hospital con pacientes que han sufrido un ataque reciente de apoplejía era un asunto de todo o nada. Comúnmente estaban o muy agradecidos de estar vivos, o sencillamente se querían morir. Una rápida mirada lo decía todo.

Albert me enseñó mucho sobre la apoplejía.

Una tarde, haciendo mi ronda, lo vi acurrucado en posición fetal. Era un hombre viejo, pálido, marchito, con mirada de muerto y la cabeza medio escondida bajo una manta. Ni se movió cuando me presenté, ni dijo nada cuando informé que "pronto" estaría la cena.

En la sala de enfermeras, una ayudante me narró un poco de su historia. No tenía a nadie. Había vivido demasiado. Su esposa había muerto a los 30 años, sus cinco hijos estaban lejos.

Bueno, tal vez lo podía ayudar. Yo era enfermera, divorciada, bonita, un poco gordita, evitaba a la población masculina fuera del trabajo, y podía satisfacer una necesidad. Así que le coqueteé.

Al día siguiente me presenté con vestido, no con mi acostumbrado uniforme de enfermera, pero blanco. No había luces encendidas; las cortinas estaban abiertas.

Albert le gritó al personal que saliera. Yo coloqué una silla cerca de su cama, crucé mis piernas bien formadas, recliné la cabeza y le dirigí una perfecta sonrisa.

—Déjeme, quiero morir.

—Qué crimen, con tantas mujeres solteras por ahí.

Se le veía molesto. Pero me dediqué a divagar respecto al porqué me gustaba trabajar en la unidad de "rehabilitación", donde veía que la gente podía alcanzar su potencial máximo. Era un lugar de posibilidades. No respondió nada.

Dos días después, durante el informe de cambio de turno, supe que Albert había preguntado cuándo estaría yo "en turno". La enfermera a cargo se refirió a él como mi "novio" y se corrió la voz. Jamás lo discutí. Fuera de su habitación, les decía a las demás que no molestaran a "mi Albert".

Al poco tiempo aceptó "balancear las piernas" sentado al borde de la cama, para desarrollar la tolerancia a permanecer sentado, energía y equilibrio. Aceptó "trabajar" con terapia física si yo regresaba para "conversar".

Dos meses después, Albert caminaba con andadera. Al tercer mes, ya había pasado a usar bastón. Los viernes celebrábamos las dadas de alta con una parrillada. En la suya, Albert y yo bailamos con música de Edith Piaf. No tenía gracia, pero sabía dirigir. Nuestras mejillas, húmedas por las lágrimas, se tocaron al despedirnos.

Periódicamente aparecían por ahí rosas, crisantemos y arvejillas. De nuevo cuidaba su jardín.

Luego, una tarde, una encantadora mujer vestida de color lavanda entró en la unidad exigiendo ver a "esa pícara".

Mi supervisora me llamó; yo estaba a la mitad de un baño de esponja.

—Así que usted es ella. La mujer que hizo recordar a mi Albert que es un hombre —su cabeza se ladeó en una gran sonrisa al entregarme una invitación de boda.

Magi Hart

El caballo bailarín

La primera vez que Bart me habló de su caballo Dude, supe que su vínculo había sido algo especial. Pero nunca sospeché que Dude me diera un maravilloso regalo.

Bart había crecido en una granja familiar de cien años de antigüedad en Tennessee, por eso amaba a todos los animales. Pero Dude, el caballo de carreras cuarto de milla de color castaño que Bart recibió al cumplir nueve años de edad, fue su favorito. Años más tarde, cuando el padre de Bart vendió a Dude, Bart sufrió en secreto.

Incluso antes de que conociera a Bart y me casara con él, yo también sabía lo que era sufrir en secreto. Por el trabajo de mi padre, nuestra familia se mudaba todos los años. Muy en mi interior deseaba que tuviéramos la oportunidad de quedarnos en un lugar fijo, donde pudiera tener amistades profundas y duraderas. Pero nunca les dije nada a mis padres. No quería lastimarlos. Sin embargo, en ocasiones me preguntaba si por lo menos Dios podía seguirnos la pista.

Una noche de verano de 1987, mientras Bart y yo nos mecíamos en el columpio de nuestro pórtico principal, mi esposo de pronto dijo:

—¿Te comenté alguna vez que Dude ganó el campeonato mundial de caballos trotadores?

—¿Campeonato de caballos trodadores? —pregunté.

—Trotadores —me corrigió Bart con una sonrisa—. Los caballos hacen un cierto tipo de baile. Se requiere de mucho entrenamiento. Se usan cuatro riendas. Es bastante difícil —Bart miró hacia los pastizales—. Dude ha sido el caballo trotador más maravilloso que haya habido.

—Entonces ¿por qué permitiste que tu papá lo vendiera? —lo sondeé.

—Ni siquiera sabía que pensara en eso —me explicó Bart—. A los 17 años comencé una pequeña obra de construcción en Florida. Supongo que papá pensó que yo ya no montaría más, así que vendió a Dude sin siquiera consultarme. Administrar una caballeriza significa que te dedicas a comprar y vender caballos todo el tiempo. Siempre me he preguntado si ese caballo me extrañó tanto como yo a él. Nunca he tenido el valor de tratar de encontrarlo. No soportaría saber que algo malo...

La voz de Bart se desvaneció.

Después de eso, pocas noches pasaron sin que Bart mencionara a Dude. Mi corazón sufría por él. No sabía qué hacer. Entonces una tarde, caminando por los pastizales, un extraño pensamiento me vino a la cabeza. En el corazón, una voz silenciosa me dijo: "Lori, encuentra a Dude para Bart".

"¡Qué absurdo!", pensé. Yo no sabía nada de caballos, y menos de cómo encontrar y comprar uno. Eso le correspondía a Bart.

Cuanto más me esforzaba por desechar el pensamiento, más intenso me aparecía. No me atrevía a mencionárselo a nadie, excepto a Dios, a quien todos los días le pedía que me guiara.

Un sábado por la mañana, tres semanas después de esta primera idea de "encuentra a Dude", un nuevo empleado municipal, el señor Parker, se detuvo al verme trabajar en el jardín. Nos enfrascamos en una conversación amistosa, y cuando mencionó que una vez había comprado un caballo al padre de Bart, lo interrumpí.

—¿Recuerda el nombre del caballo? —pregunté.

—Claro —respondió el señor Parker—. Se llamaba Dude. Pagué 2 500 dólares por él.

Limpié la tierra de mis manos y salté, apenas pude recuperar el aliento.

—¿Sabe lo que sucedió con él? —pregunté.

—Claro, lo vendí con buenas ganancias.

—¿Dónde está Dude ahora? —insistí—. Necesito encontrarlo.

—Eso es imposible —me explicó el señor Parker—. Vendí ese caballo hace años. Quizás incluso haya muerto.

—¿Pero usted podría... estaría dispuesto a ayudarme a encontrarlo? —después de explicarle la situación, el señor Parker me miró un par de segundos. Finalmente aceptó unirse a la búsqueda de Dude, prometiendo no decirle nada a Bart.

Cada viernes durante casi un año telefoneé al señor Parker para ver si su investigación había dado algún resultado. Cada semana su respuesta era la misma:

—Lo siento, todavía no hay nada.

Un viernes llamé al señor Parker con otra idea.

—¿Me podría conseguir por lo menos a uno de los hijos de Dude?

—No lo creo —respondió sonriendo—. Dude era castrado.

—No importa —insistí—. Aceptaré un potro castrado.

—Usted en verdad *necesita* ayuda.

El señor Parker me explicó que los caballos castrados no pueden procrear. Pareció duplicar sus esfuerzos por ayudar. Semanas más tarde, un lunes me telefoneó.

—Lo encontré —gritó—, encontré a Dude.

—¿Dónde? —quería saltar a través del teléfono.

—En una granja en Georgia —respondió el señor Parker—, una familia compró a Dude para su hijo adolescente. Pero no pueden hacer nada con el caballo. De hecho, creen que Dude está loco, que tal vez hasta sea peligroso. Creo que lo podría recuperar fácilmente.

El señor Parker tenía razón. Llamé a la familia en Rising Fawn, Georgia, e hice arreglos para comprar a Dude por 300 dólares. Luché por guardar mi secreto hasta el fin de semana. El viernes esperé a Bart en la puerta principal cuando regresó del trabajo.

—¿Irías conmigo a dar un paseo? —le pregunté con una voz de lo más persuasiva—. Tengo una sorpresa para ti.

—Cariño —protestó Bart—, estoy cansado.

—Por favor, Bart, preparé una cena para el campo. Valdrá la pena el paseo. Te lo prometo.

Bart subió al *jeep*. Al ir conduciendo y conversando sobre asuntos familiares, mi corazón latía tan fuerte que creía que me iba a estallar.

—¿A dónde vamos? —preguntó Bart después de 30 minutos.

—Sólo un poco más lejos —respondí.

Bart suspiró.

—Cariño, te amo, pero no puedo creer que me hagas esto.

No traté de defenderme. Había esperado demasiado como para arruinar las cosas ahora. Sin embargo, para cuando salí de la carretera principal y entré a un camino de grava, Bart estaba tan molesto que ya no me hablaba. Cuando pasé del camino de grava a un sendero de tierra, Bart me miró iracundo.

—Aquí estamos —exclamé, deteniéndome frente al tercer poste de una cerca.

—¿Aquí dónde? Lori, ¿te has vuelto loca? —gritó Bart.

—Deja de gritar —respondí—. Mejor silba.

—¿Qué? —bramó Bart.

—Silba —repetí. Como solías hacerlo... para Dude... sólo silba. Comprenderás en un instante.

—Bueno... yo... esto es una locura —Bart balbuceó mientras salía del *jeep*.

Bart silbó. No sucedió nada.

—Dios mío —susurré—, no permitas que esto sea un error.

—Silba de nuevo —lo animé.

Bart silbó de nuevo y escuchamos un sonido a la distancia. ¿Qué era eso? Apenas podía yo respirar.

Bart silbó otra vez. De pronto, en el horizonte, un caballo surgió a todo galope. Antes de que yo pudiera hablar, Bart saltó sobre la cerca.

—¡Dude! —gritó, corriendo hacia su amado amigo. Vi la reunión de caballo y esposo como una de esas escenas borrosas en cámara lenta en la televisión. Bart saltó sobre su amigo, le acarició la melena y le golpeó cariñosamente el cuello.

De inmediato, un adolescente con cabello color arena masticando tabaco, y sus enfadados padres, llegaron a la cumbre de la colina.

—Señor —gritó el muchacho—. ¿Qué está usted haciendo? Ese caballo está loco. Nadie puede hacer nada con él.

—No —a Bart se le iluminó el rostro—. No está loco. Es Dude.

Para sorpresa de todos, lo montó, y ante una delicada orden de Bart al caballo sin brida, éste irguió la cabeza y comenzó a trotar. Mientras el caballo hacía cabriolas por el pastizal, nadie habló. Cuando Dude terminó de bailar de alegría, Bart descendió.

—Quiero a Dude en casa —exclamó.

—Lo sé —respondí con lágrimas en los ojos—. Ya están hechos todos los arreglos. Podemos regresar después y llevárnoslo.

—No —insistió Bart—. Hoy se va a casa.

Telefoneé a mis suegros y llegaron con un remolque para caballos. Pagamos por Dude y nos dirigimos a casa.

Bart pasó la noche en el establo. Yo sabía que él y Dude tenían mucho que hablar. Al mirar por la ventana de la recámara, la luna lanzaba un cálido brillo sobre la granja. Sonreí, sabiendo que mi esposo y yo ahora tendríamos una maravillosa historia que narrar a nuestros futuros hijos y nietos.

—Gracias, señor —susurré—. Y entonces capté la verdad. Busqué más tiempo a Dude de lo que había vivido alguna vez en un solo lugar. Dios había utilizado el proceso de encontrar al amado caballo de mi esposo para renovar mi confianza en el amigo que es más fiel que un hermano.

—Gracias, señor —murmuré de nuevo al caer dormida—. Gracias por nunca habernos perdido la pista, ni a Dude, ni a mí.

Lori Bledsoe
Como se lo narró a Rhonda Reese

Los diez puntos de Tina

Tenía 17 años y siempre mostraba una gran sonrisa. Esto tal vez no parezca desacostumbrado, excepto que Tina padecía parálisis cerebral, un mal que dejó sus músculos rígidos y, en gran parte, incontrolables. En vista de que tenía problemas para hablar, era esta enorme sonrisa la que reflejaba su verdadera personalidad, la de una gran muchacha. Casi todo el tiempo usaba andadera para transitar por los apiñados corredores de la escuela. Muchas veces la gente la esquivaba. ¿Por qué? Quién sabe. Tal vez porque se veía diferente y los compañeros no sabían cómo abordarla. Tina solía romper el hielo con la gente que se topaba en los corredores (en especial con los muchachos) con un gran "hola".

La tarea había sido memorizar tres estrofas del poema "No desistas". Sólo di diez puntos de valor a la tarea en vista de que imaginé que la mayoría de mis alumnos de cualquier forma no la harían. Cuando yo asistía a la escuela y algún maestro nos dejaba una tarea de diez puntos, yo tampoco la hacía. Así que tampoco esperaba mucho de los adolescentes actuales. Tina estaba en la clase y noté en su rostro un aspecto diferente a la brillante sonrisa acostumbrada. Su aspecto era de preocupación. "No te preocupes, Tina", pensé, "sólo vale diez puntos".

Llegó el día de revisar la tarea y al recorrer la lista, vi cumplidas mis expectativas, ya que al pasar uno por uno, ninguno logró recitar el poema.

—Lo siento, señor Krause —fue la respuesta común—. De cualquier forma sólo vale diez puntos... ¿verdad?

Finalmente, frustrado y medio en broma, amenacé que la siguiente persona que no recitara el poema a la perfección tendría que tirarse al suelo y hacer diez lagartijas. Estos eran restos de una técnica disciplinaria de mis días de maestro de educación física. Para mi sorpresa, Tina fue la siguiente. Tina usó su andadera para ir al frente de la clase y, esforzándose por formar las palabras, comenzó a tratar de recitar el poema. Logró terminar la primera estrofa, cuando cometió un error. Antes de que yo pudiera emitir una palabra, hizo su andadera a un lado, se tiró al suelo y comenzó a hacer las lagartijas. Me quedé horrorizado y quise decir: "Tina, sólo estaba bromeando". Luego se arrastró hasta su andadera, se levantó frente a la clase y continuó el poema. Terminó las tres estrofas a la perfección, lo que sólo lograron al final unos pocos estudiantes más.

Cuando concluyó, un compañero tomó la palabra y le preguntó:

—Tina, ¿por qué lo hiciste? ¡Únicamente vale diez puntos!

Tina se tomó su tiempo para formar las palabras y respondió:

—Porque quiero ser como ustedes, muchachos, normal.

Hubo silencio en todo el salón cuando otro alumno exclamó:

—Tina, nosotros no somos normales, somos adolescentes. Nos metemos en problemas todo el tiempo.

—Lo sé —respondió Tina, al tiempo que una enorme sonrisa en su rostro se esbozaba.

Tina obtuvo ese día sus diez puntos. También obtuvo el amor y respeto de sus compañeros de clase. Para ella, eso valió mucho más que diez puntos.

Tom Krause

No desistas

Cuando las cosas vayan mal, como sucede a veces,
cuando el camino que andes parezca ir siempre cuesta arriba,
cuando el capital sea poco y las deudas muchas,
y quieras sonreír, pero tengas que suspirar.
Cuando la inquietud te presione un poco,
descansa si es necesario, pero no desistas.

La vida es un misterio con sus giros y rodeos
como todos alguna vez lo hemos comprobado,
y mayor un fracaso resulta ser,
cuando se pudo ganar si se hubiera soportado;
no te rindas aunque el paso parezca lento,
puedes triunfar, con sólo un intento más.

El éxito es el fracaso visto al revés,
el tinte plateado de las nubes de la duda,
y uno nunca puede saber qué tan cerca ha llegado.
Puede estar cerca cuando parece muy lejano;
así que aguanta la pelea cuando te sientas más golpeado,
porque es cuando las cosas parecen peor,
que no debes desistir.

Clinton Howell

Toca el tambor

Las preocupaciones son como los bebés. Sólo crecen cuando se les alimenta.

Tarjeta postal antigua

A los monos capuchinos se les entrena para que ayuden a gente con parálisis total en las tareas del hogar, a llevar y traer cosas. Mientras veía el especial de televisión sobre su importante servicio, me llegó un recuerdo repentino: a mi también me ayudó un monito con mi rehabilitación de la polio, hace más de 40 años.

Tenía cuatro años y de vuelta en casa unas semanas después de dejar el hospital, mis días me resultaban bastante tediosos. La cama de hospital que mis padres habían rentado tenía barandales deslizables para que no me fuera a caer. Parecía una cuna gigante. Mañana y tarde, mamá me llevaba a la tina para darme un baño caliente y de regreso a la cama para hacer aburridos ejercicios como los prescribía el método Kenny, el cual contaba con la aprobación del pediatra. De cualquier modo, había muchas horas en las que mamá tenía que cocinar o limpiar, lavar la ropa o coser; mi hermano mayor asistía a la escuela, papá estaba en el trabajo y yo me quedaba sola.

Unas manivelas en los pies de la cama les permitían a mis padres elevar el colchón en la zona de la cabeza, de las rodillas o de los pies. La enfermera visitante había indicado a mi familia que no me dejaran sentada sin soporte. Los médicos temían que mi columna quedara arqueada porque los músculos de la espalda y de los costados estaban demasiado débiles como para sostenerme erguida. Tampoco se me permitía acostarme sobre el estómago apoyada en los codos. Se me arquearía la espalda demasiado.

Para fortalecer mis manos me dieron una pelota de goma para que la apretara, pero era grande para mi mano. Por más fuerte que apretaba, no parecía lograr mucho, por lo que la dejaba a un lado para tomar un animal de peluche o un libro con ilustraciones. No pocas veces mis movimientos la echaron fuera de las mantas de la cama, se deslizaba entre los barandales y se iba rebotando por toda la habitación fuera de mi alcance, hasta la siguiente vez que mamá la recogía.

Durante nuestras sesiones formales de ejercicio, mamá colocaba dos dedos sobre las palmas de mis manos y me decía que apretara lo más fuerte que pudiera, diez veces. Siempre esperaba sentir un poco más de presión, pero por lo regular sólo podía sentir los primeros intentos. No tenía forma de saber si yo en verdad me esforzaba o si me había rendido por aburrimiento o frustración. Aprendí a mostrar mi esfuerzo en la cara, estrujaba mis labios y cejas para probar que lo intentaba, como si un grupo de músculos pudiera disculparse por los otros. Todos los días, al alejarse para hacer otras labores, me insistía:

—Sigue practicando con la pelota, cariño.

Un día papá llegó a casa del trabajo con una bolsita de papel. De ahí sacó un mono mecánico de unos diez centímetros de altura. El mono estaba muy bien uniformado con traje de fieltro rojo y adornos dorados, llevaba un pequeño tambor militar que se sostenía con tirantes de los hombros y, en las manos, al final de sus brazos peludos, sostenía los palillos, acomodados para tocar el tambor. De la espalda del mono salía un tubo de hule como del tamaño de un pitillo. Al final del tubo había una bombilla de goma del tamaño de una nuez.

Papá me enseñó cómo funcionaba. Si apretaba la bombilla, los brazos del mono... tum, tum... tocaban el tambor. Tum, tum... tap, tap.

—Ahora inténtalo tú, Carol —colocó la bombilla en mi mano extendida.

Apreté. Nada. Lo intenté de nuevo concentrando toda mi atención en los músculos de la palma de mi mano, y uno de los brazos del mono descendió lentamente, pero nada de sonido. No obstante, mamá pareció encantada.

—Así se hace, Carol. Trata de hacerlo más rápido —colocó su mano alrededor de la mía—. Así —apretó, y tum, tum.

—Otra vez, mami —los ojos se me iluminaron. Apretón. Tap, tap.

—Ahora inténtalo tú de nuevo. Ya sabes cómo se siente. Aapreeetón. Tum.

—¡Lo logré, mami!

Apretón. Tum. Apretón. Tap, tap. ¡Lo puedo hacer!

Creo que fue el primer ejercicio que decidí hacer por mí misma. No sé si la familia con el tiempo se llegó a hartar del continuo tum, tum... tap, tap, pero no recuerdo que nadie me pidiera que lo dejara. Tum, tum... tap, tap. Tal vez era música para sus oídos.

Tiempo después, mamá me persuadió para cambiar a la mano izquierda. Durante algún tiempo hubo silencio. Me llevó mucho tiempo lograrlo. Había días en que me rendía y cambiaba a la mano derecha. Pero para entonces, hacerlo con la mano derecha era demasiado fácil; me aburría.

Así que hacerlo con la izquierda fue un reto, y aprendí a darme el crédito de haber logrado mover el brazo. Apretaba la bombilla con la mano derecha, observaba cada músculo que podía ver, sentía cómo se apretaba mi muñeca, cómo se flexionaban mis dedos, cómo el pulgar se inclinaba hacia el puño.

Luego trataba que mi mano izquierda sintiera lo mismo. Presiona, flexiona, arquea. Un brazo peludo descendía a la mitad del camino hacia el tambor y rebotaba.

—Anda, monito, toca —le suplicaba, como si el pequeño se me resistiera a propósito.

Aprieta, flexiona, arquea. El otro brazo se movía hacia el tambor, pero no con la rapidez deseada.

—Anda, ya casi lo lograbas.

Aprieta, flexiona, arquea. Tum. Aprieta, flexiona, arquea. Tum, tum.

—¡Lo estoy logrando, mami! —¡funcionaba! Tum, tum—. ¡Ven a ver! —aprieta. Tap, tap.

—Lo puedo oír, cariño. ¿Es tu mano izquierda? —llegó hasta mi cama.

—¡Sí! ¡Mira! —tum, tum... tap, tap.

—¡Es maravilloso! ¡Hazlo de nuevo! —tum, tum... tap, tap—. ¡Oh, Carol, es grandioso!

De pequeñas victorias como esas se logra la recuperación. Suena la trompeta. Toca el tambor.

Carol Barre

La carta

Enviar una carta es un buen medio de ir a algún lugar sin mover nada más que el corazón.

Phyllis Theroux

Estaba yo sentada ante la mesa del comedor, firmando la carta más difícil que jamás hubiera redactado. La carta iba dirigida a la madre biológica de mi hijo Luke. No era la primera vez que trataba de ponerme en contacto con la mujer cuyo nombre desconocía. Había enviado varias cartas a lo largo de los años con fotos de Luke, las que la agencia de adopción había aceptado entregar, pero nunca recibí una sola respuesta. Ni siquiera sabía si la madre de Luke había leído mis cartas.

"Por favor lea esta carta", rogué a Dios al doblar la hoja y deslizarla en su sobre. "La vida de Luke puede depender de ello".

Con cuatro hijos adolescentes, mi esposo Mark y yo decidimos que teníamos más amor para dar. Así que adoptamos a Luke, ahora de seis años, y dos años después a Matthew.

Cuando Luke tenía un año de edad, el pediatra le practicó una prueba sanguínea de rutina.

—Su hijo padece una enfermedad que produce células falciformes —nos informó el médico contrito.

—¡La gente se muere de eso! —exclamé, sintiendo que me ahogaba.

Un gen heredado de sus dos padres biológicos hizo que Luke naciera con los glóbulos rojos de la sangre defectuosos.

—Al crecer, es probable que Luke padezca anemia e inflamación en las articulaciones con terribles dolores —explicó el médico—. Pero podemos hacer transfusiones mensuales de sangre sana para ayudar a Luke a mantenerse fuerte.

Agradecí a Dios por cada día de salud que Luke disfrutaba. Pero cuando cumplió tres años, se resfrió y surgieron problemas respiratorios. Lo llevamos al hospital de inmediato para que recibiera antibióticos vía intravenosa.

Luke presentó un síndrome agudo en el pecho. Grandes masas de glóbulos rojos falciformes obstruían las venas en los pulmones. El bloqueo impedía que la sangre recibiera suficiente oxígeno, lo que generaba más glóbulos falciformes, y esto producía más bloqueos, en un círculo vicioso que aumentaba peligrosamente en espiral y que estaba fuera de control.

Yo sostenía la pequeña mano de Luke mientras un aparato de paso corazón-pulmones luchaba por elevar los niveles de oxígeno en su sangre.

Finalmente, Luke comenzó a recuperarse.

"Luke ha pasado por una experiencia en verdad terrible, pero ahora se siente mucho mejor", le escribí a la madre biológica de mi hijo, de la cual yo sabía, por la agencia de adopción, que era madre soltera con tres hijos, poco dinero y luchando por terminar su educación.

Después de la crisis, el médico de Luke aumentó sus transfusiones de una al mes a una cada tres semanas, pero esto sólo posponía lo inevitable. Pronto Luke regresó al hospital, luchando de nuevo por su vida.

Luke se recuperó de la segunda crisis, pero yo sabía que era sólo cuestión de tiempo para que mi hijo sucumbiera a su enfermedad.

—¿No hay algo más que podamos hacer? —supliqué a los médicos.

Entonces, el hematólogo de Luke nos dio noticias alentadoras.

—Existe la posibilidad de que el mal de las células falciformes de Luke se pueda curar con un transplante de medula ósea —nos indicó—. La nueva médula produciría glóbulos sanguíneos sanos que no llevarían la enfermedad.

Mi corazón voló a las alturas, pero aterrizó de un batacazo cuando el médico preguntó:

—¿Saben si Luke tiene hermanos?

Para realizar el transplante necesitaban localizar un donante compatible.

—Un hermano o hermana de sangre ofrecería la mejor opción para un antígeno compatible exitoso —nos explicó el doctor.

Me angustié por lo que tendría que hacer.

—¿Tengo derecho a pedirle ayuda a la madre biológica de Luke? —le pregunté a un consejero de la agencia de adopción.

—Luke es su hijo. Tiene derecho a hacer lo que sea para salvar su vida —contestó el consejero sin titubear.

Así que redacté una carta en la que describía a la madre de Luke la situación. "¿Podría considerar dar el permiso para que a sus hijos se les practicara una prueba como posibles donadores de médula?" Escribí. Introduje la carta en el buzón de correos, esperé y oré.

Dos semanas más tarde el hematólogo llamó.

—La madre de Luke llevó a sus hijos a la prueba, y acabo de recibir los resultados de su médico —exclamó, entusiasmado—. Uno de ellos es compatible cien por ciento, y está ansioso por ser el donante de médula de su hermano.

—Ella lo trajo a este mundo y ahora le da una segunda oportunidad de vivir una vida larga y feliz —comenté con Mark.

El transplante decisivo se realizó en el Centro Médico de la Universidad de Michigan en Ann Arbor. Luke recibió ocho días de fuerte quimioterapia para eliminar la médula ósea enferma. Entretanto, a muchos cientos de kilómetros de distancia, uno de los hermanos mayores de Luke se encontraba en un hospital local donde los médicos le extrajeron algunos mililitros de su médula ósea sana. El precioso cargamento fue enviado de inmediato a Michigan, donde el médico utilizó una simple inyección intravenosa para inyectar las células de médula, portadoras de vida, en la corriente sanguínea de Luke.

A las pocas semanas, las pruebas revelaron que la nueva médula ósea de Luke estaba surtiendo efecto y que ya producía glóbulos rojos sanos. Dos semanas más tarde Luke estaba listo para regresar a casa, habiéndose liberado para siempre de su enfermedad de células falciformes.

En una carta compartí la feliz noticia con la madre biológica de Luke, quien en esta ocasión contestó:

> *He escrito muchas cartas, pero nunca tuve el valor de enviarlas. Muchas veces he sentido que cometí un error, pero ahora sé que estaba en lo correcto. Yo jamás habría podido dar a Luke la atención médica que necesitaba. Ahora sé que se encuentra en el lugar correcto, donde Dios necesitaba que estuviera. Luke tiene dos familias que lo aman. Es un muchachito muy afortunado.*

Creo que yo soy la afortunada. Veré a Luke crecer sano y fuerte.

Julane DeBoer
Como se lo narró a Bill Holton

Sólo haz lo que puedas

Era un frío día de otoño cuando el granjero divisó al gorrioncillo acostado de espaldas en medio de su campo. El granjero dejó de arar, miró a la frágil criatura emplumada y preguntó:

—¿Por qué estás así, acostado boca arriba?

—Oí que hoy se va a caer el cielo —contestó el pájaro.

El viejo granjero ahogó una risita.

—Y supongo que tus escuálidas patitas van a sostener el cielo.

—Uno hace lo que puede —respondió el resuelto gorrioncillo.

D'ette Corona

2

VIVIR LOS SUEÑOS

El futuro pertenece a quienes creen en la belleza de sus sueños.

Eleanor Roosevelt

Arriésguese a ejercitar la imaginación

Los médicos me dijeron que nunca volvería a caminar, pero mi madre dijo que sí podría, así que le creí a mi madre.

Wilma Rudolph, "La mujer más rápida sobre la tierra", ganadora de tres medallas de oro en los Juegos Olímpicos de 1960

Cuando la gente se entera de que competí en las Olimpiadas, supone que siempre fui una atleta consumada. Pero no es así. Ni fui la más fuerte ni la más veloz ni aprendí con mucha rapidez. Para mí, llegar a ser competidora olímpica no fue desarrollar una habilidad deportiva natural, fue, literalmente, un acto de voluntad.

Para los Juegos Olímpicos de 1972, en Munich, fui miembro del equipo de pentatlón de Estados Unidos, pero la tragedia de los atletas israelíes y una lesión en mi tobillo se combinaron para hacer que la experiencia fuera profundamente desalentadora. No me retiré, continué entrenando, y con el tiempo califiqué para asistir con el equipo de Estados Unidos a Montreal para los juegos de 1976. La experiencia fue mucho más agradable, y me emocionó llegar en el lugar número trece. Pero sentía que podía dar más.

Hice arreglos para ausentarme de mi trabajo como entrenadora en mi universidad el año anterior a las Olimpiadas de 1980. Calculé que doce meses de "entrenamiento las 24 horas del día" me darían el margen que requería para traer a casa una medalla. En el verano de 1979 comencé a entrenar intensamente para las competencias olímpicas que se realizarían en junio de 1980. Sentí la alegría que surge cuando se tiene un objetivo específico y hay un progreso continuo hacia la meta acariciada.

Pero entonces, en noviembre sucedió lo que parecía un obstáculo insalvable: en un accidente automovilístico me lesioné la espalda baja. Los médicos no sabían a ciencia cierta lo que me sucedía, pero tuve que dejar de entrenar porque no me podía mover sin sentir un intenso dolor agudo. Resultaba obvio que si no seguía entrenando, tendría que renunciar a mi sueño de asistir a los Juegos Olímpicos. Todos sintieron tristeza por mí, todos menos yo.

Era extraño, pero nunca creí que este contratiempo me detuviera. Confié en que los médicos y terapeutas físicos me curarían en poco tiempo y regresaría a mi entrenamiento. Me aferré a la afirmación: "Cada día estoy mejor y me colocaré entre las tres finalistas en las competencias olímpicas". Una idea que aparecía en mi mente sin cesar.

Pero mi recuperación era lenta y los médicos no se podían poner de acuerdo en un método de tratamiento. El tiempo pasaba y yo seguía con el dolor, incapacitada para moverme. Sólo faltaban unos meses, tenía que hacer algo o sabía que nunca lo lograría. Así que empecé a entrenar del único modo que podía, en mi mente.

El pentatlón se compone de cinco eventos de pista y campo: carrera de 100 metros con vallas, lanzamiento de bala, salto de altura, salto de longitud y la carrera de 200 metros. Conseguí películas de los poseedores de los récords mundiales en las cinco disciplinas. Sentada en una silla de la cocina, miré una y otra vez las películas proyectadas contra la pared de mi cocina. A veces las veía en cámara lenta o cuadro por cuadro. Cuando me aburría, las veía hacia atrás, sólo por diversión. Las vi cientos de horas, las estudié y me las aprendí. Otras veces me recostaba en un sillón y visualizaba en sus mínimos detalles la experiencia de competir. Sé que algunas personas pensaban que estaba loca, pero todavía no estaba preparada para claudicar. Me entrené tanto como pude, sin mover ni un solo músculo.

Finalmente los médicos diagnosticaron que mi problema era un disco desplazado. Ahora sabía *por qué* me dolía tanto cuando me movía, pero todavía no podía entrenar. Más adelante, cuando pude caminar un poco, fui a la pista y pedí que me pusieran a la vista mis cinco eventos. Aunque no podía practicar, me paraba en la pista y visualizaba en mi mente la rutina completa del entrenamiento físico que, de haber podido, *debería* haber realizado ese día. Durante meses, muchas veces me imaginé compitiendo y calificando en las pruebas.

¿Pero era suficiente la visualización? ¿Era en verdad posible que me pudiera colocar entre las tres mejores en las competencias olímpicas? Lo creí con todo el corazón.

Para cuando finalmente llegó el momento de las competencias, había sanado lo suficiente como para competir. Cuidando mantener los músculos y tendones calientes, pasé por mis cinco eventos como en un sueño. Luego, al caminar por el campo, escuché una voz en el altavoz anunciando mi nombre.

Se me fue la respiración, a pesar de haberlo imaginado miles de veces en mi mente. Sentí que una ola de alegría pura me bañaba al proclamar el anunciador: "Segundo lugar en el Pentatlón Olímpico de 1980: Marilyn King".

Marilyn King
Como se lo narró a Carol Kline

La niña que se atrevió a desear

Cuando Amy Hagadorn dio vuelta en la esquina del otro extremo del corredor donde estaba su salón de clase, chocó contra un niño alto de quinto grado que corría en dirección opuesta.

—Fíjate por donde andas, tonta —gritó el niño al esquivar a la pequeña de tercer grado. Luego, con una sonrisa de burla en la cara, el niño se agarró la pierna derecha e imitó la forma de cojear de Amy. Amy cerró los ojos un instante. "Ignóralo", se dijo al dirigirse a su salón. Pero al final del día Amy todavía pensaba en la burla del niño. Y él no era el único. Desde que Amy comenzó el tercer grado, todos los días había alguien que la molestaba, por su forma de hablar o de cojear. A veces, hasta en un salón de clase lleno de alumnos, las burlas la hacían sentirse totalmente sola.

Esa noche, Amy permaneció callada durante la cena. Sabiendo que las cosas no iban bien en la escuela, Patti Hagadorn se alegró de tener buenas noticias para compartirlas con su hija.

—Hay un certamen de deseos de Navidad en la estación de radio local —anunció—. Hay que escribir una carta a Santa para ganar un premio. Creo que alguien con cabello rubio ondulado en esta mesa debería participar —Amy sonrió nerviosa y sacó lápiz y papel.

"Querido Santa Claus", empezó. Mientras Amy se esforzaba por escribir bien, el resto de la familia trató de imaginar lo que le pediría a Santa. Tanto la mamá como la hermana de Amy, Jamie, pensaron que una Barbie de un metro sería lo primera en la lista de deseos de Amy. El papá pensó en un libro ilustrado. Pero Amy no reveló su deseo secreto de Navidad.

A la estación de radio WJLT de Fort Wayne, Indiana, llegaron numerosas cartas para el certamen del Deseo de Navidad. Los empleados se divirtieron leyendo todos los diferentes regalos que los niños y las niñas de toda la ciudad querían para Navidad. Cuando llegó la carta de Amy a la estación de radio, el director Lee Tobin la leyó con todo cuidado.

Querido Santa Claus:

Mi nombre es Amy. Tengo nueve años de edad. Tengo un problema en la escuela. ¿Me puedes ayudar, Santa? Los niños se ríen de mí por mi forma de caminar, correr y hablar. Tengo parálisis cerebral. Yo sólo quiero pasar un día sin que nadie se ría o se burle de mí.

Con amor,
Amy.

El corazón de Lee se encogió al leer la carta: sabía que la parálisis cerebral era un trastorno muscular que podía confundir a los compañeros de escuela de Amy. Pensó que sería bueno que la gente de Fort Wayne supiera de esta niña especial y su inusitado deseo. El señor Tobin llamó por teléfono al periódico local.

Al día siguiente, en la primera plana del periódico *The News Sentinel* apareció una fotografía de Amy y su carta a Santa. La historia se difundió con rapidez. Por todo el país, periódicos y estaciones de radio y televisión relataron la historia de la pequeña de Fort Wayne, Indiana, que pidió un regalo de Navidad tan sencillo pero tan fuera de lo común: sólo un día sin burlas.

Repentinamente, el cartero era visita asidua en la casa de los Hagadorn. Sobres de todos tamaños dirigidos a

Amy llegaban a diario de niños y adultos de todo el país, con felicitaciones navideñas y palabras de aliento. Durante esa agitada temporada navideña, más de dos mil personas de todo el mundo le enviaron a Amy cartas de amistad y apoyo. Algunos de los remitentes eran discapacitados; otros habían sido objeto de burla cuando niños, pero todos tenían un mensaje especial para Amy. A través de las tarjetas y cartas de gente desconocida, Amy vislumbró un mundo lleno de personas que en verdad se preocupaban unas por otras. Comprendió que ninguna forma o cantidad de burlas podría volverla hacer sentirse sola.

Muchas personas agradecieron a Amy el haber tenido el valor de hablar claro. Otros la animaron a ignorar las burlas y llevar la cabeza en alto. Lynn, alumna de sexto grado en Texas, envió este mensaje:

> *Quisiera ser tu amiga, y si me quieres visitar, nos podríamos divertir. Nadie se burlará de nosotras, porque si lo hacen, ni siquiera los vamos a oír.*

Amy recibió su deseo de un día especial sin burlas en la Escuela Primaria de South Wayne. Pero además, la escuela recibió un beneficio adicional. Maestros y alumnos hablaron de cómo las burlas pueden hacer sentir a los demás. Ese año, el alcalde de Fort Wayne proclamó oficialmente en toda la ciudad el 21 de diciembre como el Día de Amy Jo Hagadorn. El alcalde explicó, que al atreverse a expresar un deseo tan sencillo, Amy enseñó una lección universal.

—Todos —declaró el alcalde— queremos y merecemos que se nos trate con respeto, dignidad y cordialidad.

Alan D. Shultz

Perseverancia

Cuando todo el mundo se vislumbra sombrío
y las cosas no parecen muy bien definidas,
cuando las sombras parecen rondar,
Señor, permíteme perseverar.
Cuando parece que se ha intentado todo
y no hay forma de seguir,
sólo permíteme recordar
que a veces hay que esperar.
Tal vez sólo necesite detenerme y descansar
a lo largo del camino que yo mismo elegí,
un momento para tratar de comprender
y de conversar con Dios.
Al ganar nueva fuerza para continuar
sin dudas y sin miedos,
de algún modo sé que todo estará bien,
y así, persevero.

Anne Stortz

Nunca te des por vencido

La oportunidad... a menudo llega disfrazada, ya sea en forma de infortunio o de derrota temporal.

Napoleon Hill

—Usted tiene la resonancia magnética de alguien en silla de ruedas, Jasón —apuntó el médico con esa voz que su profesión reserva para las enfermedades severas—. Con el tiempo tal vez pierda la vista, la coordinación, incluso el control de la vejiga.

Las palabras nos golpearon de frente a mi esposa y a mí. Apenas tenía yo 27 años y ya padecía esclerosis múltiple. Quería comprender la profundidad de esta noticia, pero por el momento, en todo lo que podía pensar era en terminar esta visita médica. Este médico no ofrecía ninguna esperanza, y sólo nos estaba angustiando a mi esposa y a mí. Eché una mirada a Tracy, quien empezaba a llorar suavemente. Me acerqué para consolarla, mi compañera del alma. Murmuramos un rápido adiós y nos alejamos.

Yo estaba en el negocio de la construcción junto con mi padre, dueño de la compañía. Construíamos edificios desde los cimientos, un trabajo duro, demandante y de tiempo completo. Pero me gustaba. Desde la tierna edad de catorce años había caminado por las estrechas vigas de acero y tal vez me sentía más en casa en una construcción que en cualquier otro lugar. Mi padre me enseñó todos los trucos.

No podía soportar la idea de fallarle ahora.

Después de llevar a Tracy a casa, argumenté que tenía que pasar a la oficina por algo. Pero en realidad quería hacer una visita a un lugar que conocía desde hacía mucho tiempo.

Me senté en una banca de la iglesia, sintiendo que recuerdos de la infancia me invadían. Tenía los ojos bien cerrados mientras oraba ansioso. "Amado Señor", manifesté. "No temo por mí, pero me preocupa defraudar a mi esposa y a mi familia. Cuentan tanto conmigo. Por favor, te lo suplico, ayúdame a superar esto", susurré.

Me levanté, salí de la iglesia y esperé a que mis plegarias recibieran respuesta. Si alguna vez hubo motivo para mantener mi fe en alto, este era el momento.

Semanas después, el periódico local sacó un artículo en la sección deportiva sobre un hombre llamado Pat. Era como si me hubiera llegado un pequeño milagro. Pat era entrenador en la universidad estatal y había vencido la esclerosis múltiple con ayuda de una estricta dieta.

Por fin había encontrado un aliado, alguien con los mismos síntomas y seguramente con las mismas dudas y temores. Pat y yo nos encontramos y hablamos por horas sobre complementos alimenticios, vitaminas y su efecto. Pero estas ocho palabras se repetían en mi cerebro como en eco: "Tú puedes hacerlo, Jasón. No te rindas jamás".

Comencé un régimen, una dieta especial y ejercicios diseñados para pacientes con esclerosis múltiple, y lo seguí al pie de la letra.

También hubo muchos días nefastos. Días en que tenía que pedirle a Tracy que me ayudara a terminar de vestirme. A lo largo de todo esto, ella se mostró estupenda, dándome el amor y apoyo que necesitaba. Me sentía muy afortunado. Gradualmente mi recuperación empezó a tomar forma. Con el tiempo, las palabras del doctor parecieron muy lejanas.

Finalmente, me sentí listo para fijarme una meta.

El reto se presentó en forma de desarrollo muscular natural. En la secundaria y la universidad había jugado *football,* así que no me era extraño el salón de pesas. Empecé a trabajar con esmero seis días a la semana, con un entrenador. Me enseñó diferentes rutinas para pesas. Mi meta era participar en un concurso de fisicoculturismo.

Algunos meses después, todas las horas de sudor y entrenamiento me condujeron a una competencia que incluía una rutina de tres minutos. De pronto me encontré al frente de un auditorio lleno de gente.

Completé mi rutina, flexiones, estiramientos y exhibición del cuerpo por el que tanto había luchado por lograr, y me retiré. Mientras esperaba a que los jueces contaran mis puntos, descubrí a mi familia y amigos en la cuarta fila. Cuando los jueces anunciaron que había quedado en sexto lugar, sentí un gran orgullo y alivio. Al hacer una reverencia, eché un vistazo rápido a mi familia, todos de pie, aplaudían y vitoreaban lo más fuerte que podían.

Antes de irnos a celebrar a un restaurante cercano, mi papá se me acercó y colocó con determinación sus dos manos sobre mis hombros.

—Jasón, estoy muy orgulloso de ti. En cuanto a mí concierne, ¡tú eres el número uno! —exclamó. Me miró directo a los ojos—. Nosotros construimos cimientos en nuestro negocio, pero déjame decirte que los verdaderos cimientos en la vida son la familia.

Abracé con fuerza a mi padre, y al hacerlo, vi a Tracy levantar los pulgares en señal de aprobación y brillar con una sonrisa tan grande como el infinito.

Ahora Tracy y yo somos los orgullosos padres de dos pequeñas. Son más valiosas de lo que jamás habríamos podido imaginar. Y todos los días recuerdo las palabras de mi padre: los *verdaderos* cimientos en la vida son la familia.

Jason Morin

Cómo ser nuevo y diferente

Si yo pudiera desear que mi vida fuera perfecta, sería tentador, pero tendría que declinar porque entonces la vida ya no me enseñaría nada.

Allyson Jones

El año de 1993 no estaba resultando ser el mejor de mi vida. Iba en mi octavo año de madre soltera, tenía tres hijos en la universidad, mi hija soltera acababa de dar a luz a mi primer nieto y yo estaba a punto de romper con un hombre muy bueno con el que salí por más de dos años. Confrontada con todo esto, pasaba mucho tiempo sintiendo lástima de mí misma.

Aquel abril se me pidió que entrevistara y escribiera sobre una mujer que vivía en un pequeño pueblo de Minnesota. Así que en las vacaciones de Pascua, Andrew, mi hijo de trece años, y yo, cruzamos dos estados para encontrarnos con Jan Turner.

Andrew dormitó casi todo el tiempo durante el largo viaje, pero de cuando en cuando sostuvimos alguna conversación.

—Ella está discapacitada, ¿sabes?

—¿Qué es lo que le sucede? ¿Está enferma?

—No lo creo. Pero por alguna razón le tuvieron que amputar ambos brazos y piernas.

—¡Vaya! ¿Y cómo se mueve?

—No lo sé, ya lo veremos cuando lleguemos allá.

—¿Tiene hijos?

—Dos muchachos, Tyler y Cody, ambos adoptados. Ella también es madre soltera, sólo que nunca se casó.

—¿Entonces qué le sucedió?

—Hace cuatro años Jan era como yo, una madre soltera muy activa. Era maestra de música de tiempo completo en una escuela primaria y enseñaba a tocar todo tipo de instrumentos musicales. También era la directora de música en su iglesia.

Andrew cayó de nuevo dormido antes de que pudiera terminar de narrarle lo poco que sabía sobre lo que le había sucedido a Jan. Mientras cruzaba Minnesota, comencé a preguntarme cómo la mujer que iba a conocer pudo arreglárselas con la devastadora noticia de que le amputarián las cuatro extremidades. ¿Cómo aprendería a sobrevivir? ¿Tendría ayuda doméstica?

Cuando llegamos a Willmar, Minnesota, llamé a Jan desde nuestro hotel para decirle que podía ir a su casa y recogerla junto con sus hijos para que pudieran nadar en nuestro hotel mientras nosotras conversábamos.

—Está bien, Pat, yo puedo conducir. Los niños y yo estaremos ahí en diez minutos. ¿Quieres salir primero a comer? Hay un Ponderosa cerca de tu hotel.

—Seguro, eso estará bien —respondí vacilante, preguntándome qué se sentiría comer en un restaurante público con una mujer sin brazos ni piernas. "¿Y cómo diablos puede conducir?" Me pregunté.

Diez minutos más tarde, Jan se detuvo frente al hotel. Salió del auto, caminó erguida hasta mí, sobre unas piernas y pies de apariencia tan real como los míos, y extendió el brazo derecho, con su lustroso gancho en el extremo, para darme la mano.

—Hola, Pat, encantada de conocerte. Y este debe ser Andrew.

Tomé su gancho, lo sacudí un poco y sonreí con timidez.

—Sí, claro, este es Andrew —miré hacia el asiento trasero de su auto y sonreí a los dos niños que me devolvieron la sonrisa. Cody, el menor, estaba de lo más emocionado ante la idea de nadar en la piscina del hotel después de comer.

Jan hablaba efusiva al deslizarse detrás del asiento del conductor:

—Anda, súbete. Cody, muévete y haz lugar para Andrew.

Llegamos al restaurante, nos formamos en la fila, pagamos la comida y comimos y conversamos entre el parloteo de nuestros tres hijos. Lo único que tuve que hacer por Jan Turner durante toda esa noche fue destapar la botella de la salsa catsup.

Más tarde, mientras nuestros tres hijos chapoteaban en la piscina, Jan y yo nos sentamos a un lado y me narró su vida antes de su enfermedad.

—Éramos una típica familia de madre soltera. Tú sabes, ocupada todo el tiempo. La vida era tan buena que, de hecho, incluso estaba pensando seriamente en adoptar un tercer hijo.

Mi conciencia comenzó a atormentarme. Tenía que aceptar que la mujer junto a mí era mejor madre soltera de lo que yo jamás hubiera pensado ser.

Jan continuó.

—Un domingo de noviembre de 1989, estaba yo tocando la trompeta al frente de mi iglesia cuando de pronto me sentí débil, mareada y con náuseas. Salí con dificultad por el pasillo, hice señas a los niños para que me siguieran y me dirigí a casa. Me arrastré hasta la cama, pero en la noche supe que necesitaba ayuda.

Jan explicó que para cuando llegó al hospital, ya se encontraba en estado comatoso. Su presión arterial había descendido tanto que su organismo desfallecía. Tenía neumonía causada por neumococos, la misma infección bacterial que le quitó la vida a Jim Henson, creador de los

Muppets. Uno de sus desastrosos efectos colaterales es que se activa el sistema de coagulación del organismo, lo que hace que los vasos sanguíneos se obstruyan. En virtud de que de pronto se detuvo el flujo sanguíneo hacia sus manos y pies, de inmediato se le desarrolló gangrena en las cuatro extremidades. Dos semanas después de ingresar al hospital, los brazos de Jan fueron amputados hasta la mitad del antebrazo y las piernas a media espinilla.

Justo antes de la cirugía gritó:

—¡Oh Dios, no! ¿Cómo podré vivir sin brazos ni piernas, sin pies ni manos? ¿Nunca volver a caminar? ¿Jamás volver a tocar la trompeta, la guitarra, el piano o cualquier otro de los instrumentos que enseño? Nunca podré abrazar a mis hijos o cuidar de ellos. ¡Oh, Dios, no me dejes depender de otros por el resto de mi vida!

Seis semanas después de las amputaciones, cuando sus miembros sanaron, una doctora habló con Jan sobre las prótesis. Le explicó que podría aprender a caminar, conducir auto, regresar a la escuela y volver a enseñar.

A Jan le fue difícil creerlo, así que tomó su Biblia. Se le abrió en Romanos, capítulo doce, versículo dos: "No os conforméis a este siglo, sino transformaos por medio de la renovación de vuestro entendimiento, para que comprobéis cuál sea la buena voluntad de Dios, agradable y perfecta".

Jan meditó esto, sobre ser una persona nueva y diferente, y decidió probar las prótesis. Con una andadera sujeta con correas a sus antebrazos, cerca del codo, y un terapeuta a cada lado, sólo podía bambolearse de dos a tres minutos sobre sus nuevas piernas antes de desplomarse de cansancio y dolor.

"Tómalo con calma", se dijo Jan. "Sé una nueva persona en todo lo que hagas y pienses, pero hazlo paso a paso".

Al día siguiente probó los brazos protésicos, un tosco sistema de cables, bandas de hule y ganchos operados por un arnés sobre los hombros. Al mover los músculos de los hombros, pronto pudo abrir y cerrar los ganchos para levantar y sostener objetos, y para vestirse y alimentarse sin ayuda.

En unos cuantos meses Jan comprendió que podía hacer casi todo lo que solía, sólo que en forma nueva y diferente.

—De cualquier modo, cuando finalmente regresé a casa después de cuatro meses de terapia física y ocupacional, me sentía *muy* nerviosa respecto a cómo sería la vida con mis hijos y yo solos en casa. Pero cuando llegué, salí del auto, subí los escalones de nuestra casa, abracé a mis hijos con todas mis fuerzas y nunca hemos mirado hacia atrás desde entonces.

Mientras Jan y yo seguíamos charlando, Cody, quien salió de la piscina, se paró junto a su mamá y le colocó el brazo alrededor de sus hombros. Cuando me habló sobre sus habilidades para cocinar, ahora mejores, Cody sonrió.

—¡Sí! —exclamó—, ¡ahora es mejor mamá que antes de enfermarse, porque ahora hasta puede voltear al aire los panqueques! —Jan se rió como todo aquel que tiene la fortuna de gozar de una gran felicidad, satisfacción e inmutable fe en Dios.

Desde nuestra visita, Jan terminó un segundo grado universitario en comunicaciones y ahora es anunciadora en la estación local de radio. También estudió teología y fue ordenada como pastora de los niños de su iglesia, la Triumphant Life Church, en Willmar. En pocas palabras, Jan dice:

—Soy una persona nueva y diferente, triunfante por la sabiduría e infinito amor de Dios.

Después de conocer a Jan, yo también me transformé en una persona nueva y diferente. Aprendí a alabar a Dios por todo lo que hay en mi vida que *me* hace nueva y diferente, ya sea que tenga que luchar en un nuevo trabajo de medio tiempo para que mis hijos sigan en la universidad, que tenga que aprender por primera vez a ser abuela o por tener el valor de terminar una relación con un maravilloso amigo que sencillamente no era el adecuado para mí.

Tal vez Jan no tenga verdaderos brazos, piernas, manos o pies de carne y hueso, pero esa mujer tiene más corazón y alma que cualquier persona que haya conocido antes o desde entonces. Me enseñó a aceptar todo lo "nuevo y diferente" que llegue a mi vida, con todo el gusto que pueda mostrar... para vivir mi vida triunfante.

Patricia Lorenz

3

EL PODER DEL AMOR

Hay una red de amor con la que puedes atrapar almas.

Madre Teresa

No hay amor más grande

Cualquiera que haya sido su objetivo, las ráfagas de mortero cayeron en un orfanato administrado por un grupo de misioneros en una pequeña aldea vietnamita. Los misioneros y uno o dos niños murieron de inmediato y muchos otros niños quedaron heridos, entre ellos, una niña de unos ocho años de edad.

La gente de la aldea solicitó ayuda médica a un pueblo vecino que tenía comunicación por radio con las fuerzas norteamericanas. Finalmente, un médico y una enfermera de la marina americana llegaron en un *jeep* sólo con sus botiquines. Determinaron que dicha niña era la más gravemente herida, y que sin una acción rápida, moriría de una conmoción y pérdida de sangre.

Era urgente una transfusión, para lo que se requería un donador con un tipo de sangre compatible. Una prueba rápida mostró que ninguno de los americanos tenía el tipo adecuado, pero sí algunos de los huérfanos ilesos.

El médico hablaba un poco de vietnamita y la enfermera tenía nociones superficiales de francés. Utilizando esta combinación, junto con mucho lenguaje a señas improvisado, trataron de explicar a su joven y asustado auditorio que a menos que pudieran reponerle a la niña un poco de la sangre que había perdido, con certeza moriría. Luego preguntaron si alguno estaría dispuesto a donar sangre para ayudarla.

Su solicitud fue recibida con profundo silencio y ojos de asombro. Después de un largo rato, una pequeña mano se elevó lenta y vacilante, cayó de nuevo y se volvió a levantar.

—Oh, gracias —exclamó la enfermera en francés—. ¿Cuál es tu nombre?

—Heng —fue la respuesta.

De inmediato se le acostó en una plataforma, se le desinfectó el brazo con alcohol y se le insertó una aguja en la vena. A lo largo de esta severa prueba, Heng se mantuvo rígido y mudo.

Después de un rato dejó escapar un escalofriante sollozo y se cubrió de inmediato el rostro con la mano libre.

—¿Te duele, Heng? —preguntó el médico. Heng negó con la cabeza, pero al poco rato se le escapó otro sollozo y de nuevo trató de disimular el llanto. Una vez más preguntó el médico si le dolía la aguja y Heng volvió a negar con la cabeza.

Pero ahora sus sollozos ocasionales dieron paso a un continuo llanto silencioso, cerró los ojos con fuerza y apretó el puño contra la boca para ahogar sus gemidos.

Al equipo médico le empezaba a preocupar la situación, era obvio que algo andaba muy mal, cuando llegó una enfermera vietnamita a ayudar, y al ver la angustia del pequeño, le habló presurosa en vietnamita, escuchó su respuesta y lo consoló.

Después de un rato, el paciente dejó de llorar y miró inquisitivo a la enfermera vietnamita. Cuando ella asintió con la cabeza, en el rostro de Heng se desplegaron muestras de gran alivio.

Levantando la vista, la enfermera explicó sosegada a los americanos:

—Pensó que se iba a morir. Los malinterpretó. Pensó que le habían pedido toda su sangre para que la niña pudiera vivir.

—¿Pero por qué estuvo dispuesto a hacer eso? —preguntó la enfermera de la marina.

La enfermera vietnamita repitió la pregunta al pequeño, quien simplemente respondió:

—Porque es mi amiga.

Coronel John W. Mansur
Condensado de The Missileer

Dharma

Al acercarme al lago en esa cálida mañana de septiembre, escuché un débil maullido. Mi primera reacción fue ignorarlo. "Ya he tenido suficiente", pensé, "apenas puedo cuidar de mí misma".

Tres meses antes, a los 37 años de edad, se me diagnosticó cáncer de mama. En vista de que el cáncer estaba en más de un lugar, el médico recomendó una mastectomía radical que programó para finales de ese mismo mes. Todavía recuerdo el impacto y rechazo que sentí cuando escuché a mi esposo Gary decirle a alguien por teléfono:

—Tal vez pierda el seno —palabras que me penetraron como puñales. "¡No, no!" le grité en silencio a Dios, "soy demasiado joven para eso".

Algunas semanas después, durante mi recuperación de la mastectomía, el cirujano llamó con otra noticia desagradable:

—El cáncer se extendió a los ganglios linfáticos, para ello la quimioterapia ofrece la mejor opción de sobrevivencia —todo lo que logré hacer fue sentarme aturdida y pensar: "Dios mío, voy a morir".

Me aterrorizó la idea de morir. Muchas de mis amigas me consolaron con sus creencias sobre la vida después de la muerte o la reencarnación, pero se me dificultaba creer a ciegas algo que no podía ver o tocar. Quería pruebas y oré a Dios para que me mostrara la verdad sobre la muerte.

Con el temor de morir metido en el corazón, decidí iniciar un agresivo tratamiento clínico que incluía la combinación de una elevada dosis de quimioterapia y un seguimiento de cinco años con un bloqueador hormonal.

La quimioterapia me aniquiló totalmente. Incluso con los medicamentos contra las náuseas, tenía vómito constantemente. A los dos meses de tratamiento todo lo que lograba hacer era vestirme y retener un poco de alimento cada día. Además de trabajar, mi esposo se esforzaba por atenderme y arreglar la casa. Por maravilloso que fuera su comportamiento, era difícil para ambos. Casi todo el tiempo estaba irritable y me sentía sola. Este corto paseo al lago era mi primera salida en mucho tiempo.

¡Miau! ¡Miau! Continuaron las insistentes súplicas.

"No, de verdad no puedo cuidar a un animal ahora", pensé al pasar por ahí. De pronto, penetrantes graznidos y chillidos inundaron el aire. Cuatro arrendajos azules bombardeaban en picada el arbusto de donde provenían los maullidos. Espanté a los pájaros, corrí y miré abajo del arbusto. Parado en sus patas tambaleantes, estaba un gatito atigrado de tres semanas de edad, de color naranja y brillantes ojos azules, maullando a todo pulmón. Lo tomé entre mis brazos y me dirigí al lago con la esperanza de encontrar a su dueño, o para convencer a alguien de que se lo llevara a su hogar.

El viento azotaba todo nuestro entorno, por lo que el tembloroso gatito se me acurrucó, todavía muerto de miedo. Nos sentamos junto al lago y tratamos de encontrarle un hogar. Después de haberlo ofrecido a muchas personas y no encontrar quien lo aceptara, decidí llevarlo a casa temporalmente hasta que pudiera encontrarle un hogar. Sintiéndome todavía agotada por la quimioterapia, pasé el resto del día recostada en un sillón con el gatito acurrucado sobre mi pecho, ronroneando. Más tarde esa noche, al salir mi esposo para asistir a una reunión, le pedí que se llevara al gato.

—Trata de encontrarle un buen hogar —le pedí, colocando al gatito en una caja. Todavía no sabía que me había robado el corazón.

Una hora después, telefoneé a mi esposo.

—¿Ya le encontraste un hogar? —le pregunté.

—Justo se lo estaba dando a alguien —contestó Gary.

—No lo hagas —manifesté sin titubear—. Tráelo a casa. Lo necesito.

Cuando Gary y el gatito regresaron a casa, el pequeño tigrillo anaranjado se acurrucó de nuevo sobre mi pecho, como si nunca se hubiera ido.

Para la siguiente semana, postrada en cama, Dharma y yo ya éramos compañeros inseparables. Le encantaba arrellanarse, a veces trataba de acomodarse justo abajo de mi barbilla. Ni siquiera advertía mi falta de pelo o mi pecho desigual. Era agradable amar y ser amada tan incondicionalmente.

Elegí el nombre Dharma porque en la India significa "realizar nuestro propósito en la vida". La investigación sobre la recuperación de cáncer ha mostrado que encontrar y luchar por nuestra felicidad o propósito apoya al sistema inmunológico y aumenta la posibilidad de sobrevivencia. En mi caso, deseaba que esto incluyera dos deseos profundos: escribir y servir a mis semejantes. El nombre de Dharma me hacía recordar mi propósito y mucho más.

Al regresar a casa de mis visitas médicas quincenales, lo levantaba como a un bebé y lo llevaba conmigo a todos lados. Incluso lo llevaba al garaje cuando me tocaba lavar la ropa. Éramos inseparables. Con Dharma a mi lado, no necesitaba tanto a Gary, ni lo mortificaba como antes. ¡Y, caray, lo fuerte que ronroneaba Dharma! Cómo me reconfortaba escuchar y sentir el amor que expresaba con tanta libertad.

Al crecer, mostró que sus pasatiempos favoritos eran pelear, morder y desgarrar los muebles. Como tenemos un jardín trasero cercado, cuando se alborotaba demasiado, lo dejaba jugar afuera con otros gatos del vecindario.

A Dharma también le gustaba perseguir mariposas, por lo que la primavera pasada sembré una hierba especial que las atrae.

Todo el jardín trasero, con su multitud de mariposas de todos colores, se transformó en un enorme corral de juegos para Dharma. No creo que alguna vez haya atrapado alguna, pero yo pasaba tardes enteras sentada en el pórtico trasero viendo a Dharma vivir su felicidad. Tan libre y sin preocupaciones. Mi espíritu se elevaba cada vez que lo veía vivir su vida a plenitud, y un día decidí que era tiempo de que yo hiciera lo mismo.

A finales de ese diciembre, hice cita para mi última cirugía reconstructiva y avisé a mi oficina que en febrero regresaría a trabajar.

Luego, tres días después de mi última cirugía, sucedió lo inimaginable. Dharma se escapó del jardín trasero, lo atropelló un auto y murió al instante. Mi vida también pareció terminar en ese momento. Me sentía desolada y nadie, ni siquiera Gary, me podía consolar. Me senté en el mismo sillón donde Dharma y yo compartimos tanto amor y lloré y lloré por horas. "¿Por qué, Dios mío, por qué?" Preguntaba en la desesperación. Quería regresar el tiempo para nunca dejarlo salir. Con todas mis fuerzas deseé que no hubiera sucedido lo que sucedió, pero así era.

Finalmente Gary me preguntó:

—¿Quieres verlo? —a pesar de que antes nunca quise ver un animal muerto, acepté. Entonces Gary colocó a Dharma envuelto en una toalla en mis brazos y lo sostuve y lloré. Decidimos enterrarlo en el jardín trasero, junto a la hierba de las mariposas.

Mientras Gary cavaba el hoyo, sostuve a Dharma por última vez y le expresé todo lo que significaba para mí y lo mucho que lo amaba. Recordé todos los regalos que me dio en el poco tiempo que estuvo a mi lado: amor incondicional, risas, un espíritu juguetón, un recordatorio para vivir a plenitud y el sentido del propósito de mi vida.

—¿Sabes?, creo que Dharma fue enviado por Dios para ayudarte en una época muy difícil para ti —escuché a mi esposo decir—. Ahora que ha pasado lo peor, es hora de que Dharma siga adelante y ayude a alguien más.

—¿En verdad piensas así? —le pregunté, deseando con todas mis fuerzas creer que era verdad.

—Nada más recuerda los sucesos —insistió Gary—. En meses no habías ido al lago y el día que te aventuraste a ir, encuentras a Dharma pidiendo ayuda a unas cuantas calles de nuestra casa, y al salvarlo, tú también te salvas. Sus regalos no pueden ser sólo coincidencia. Definitivamente hay una razón del porqué llegó a tu vida en el momento indicado y del porqué se alejó. Fue tu angelito.

—Gracias —respondí, dejando que las curativas palabras de mi esposo me invadieran.

Viendo a Dharma descansar en paz entre mis brazos, recibí la tan anhelada respuesta a mi plegaria sobre la muerte. Comprendí que él continuaría conmigo por siempre, así como yo lo haría en la vida de todo aquel con quien me relacionara. Creo que Dharma dio su vida para que yo pudiera conocer la paz. Cuando Dharma murió, yo desperté espiritualmente. Ya no tengo miedo a la muerte. A través de Dharma, Dios me enseñó que no hay nada que temer, que sólo hay paz y amor.

Lo enterramos al pie de su arbusto de mariposas y en su lápida escribí: "Dharma, mi angelito". Ahora, cada vez que me siento en los escalones de atrás, veo a Dharma atrapando mariposas por toda la eternidad.

Deborah Tyler Blais

Querido Jesse

Sé como el pájaro
que, descansando de su vuelo
un momento sobre delgadas ramas,
aunque siente que ceden
debajo de él, sin embargo canta,
pues sabe que tiene alas.

Victor Hugo

Querido Jesse:

Bueno, por fin llegó el momento que ambos esperábamos. La graduación ya tomó los matices de un recuerdo, y la universidad está a sólo unas semanas de distancia. Tú, lo sé, estás ansioso por mudarte. Ya pasaste las etapas de "¡en sus marcas!", "¡listo!" y sencillamente estás preparado para el "¡FUERA!"

Aunque no lo creas, recuerdo bien esa sensación. El verano antes de partir rumbo a la universidad, todo lo que quería era marcharme. No podía esperar a ser independiente, a probarme a mí misma. Es tan extraño estar de este otro lado. Podría gritar "¡FUERA!", es sólo mi incapacidad para permitir que mi corazón se libere lo que parece ser la dificultad.

Sé que por mucho tiempo has estado esperando este momento. Te he observado durante todo este último año, desde que la cuenta regresiva se hizo realidad. Has trabajado duro y tienes planes. Esa es una de las cosas que más me agrada en ti, tu capacidad para hacer una buena carrera; de fijarte una meta, prepararte y luego ir tras ella.

Es curioso eso de fijarse uno metas. Cuando eras pequeño y yo sostenía tu cuerpecito entre mis brazos y te mecía, te cantaba y leía, mi meta era darte dos cosas esenciales, raíces y alas. Creo que lo he logrado. Así parece que estoy a segundos de una de mis líneas de llegada. El problema está en que parece que disfruto la carrera demasiado, que de algún modo perdí el paso y quiero correr el resto del trayecto en cámara lenta.

El otro problema está en que también he perdido la concentración. En lugar de concentrarme en la línea de llegada, recorro de nuevo todo el camino. Pienso en las lágrimas en los ojos de tu padre la primera vez que te vio. Pienso en cuando me despertaba al sonido de la conversación entre tú y tu hermana, tiempo atrás, cuando solían compartir una habitación, risas y secretos. Y recuerdo tu buena voluntad seis años después, cuando te sentabas junto a tu hermano menor y le leías.

No es que el camino haya sido fácil. Cuando tenías casi diez años y te vi colocar tu libro favorito en el ataúd de tu padre, no estuve tan segura de que valiera la pena correr la carrera. Entonces aprendí que hay ocasiones en que las cosas no son tan sencillas; que uno no tiene garantías. A veces puedes llevar un buen paso y te da un calambre. Todo lo que puedes hacer es dar lo mejor de ti. Supongo que fue cuando aprendí que si sigues adelante, de algún modo es posible saltar el obstáculo.

Supongo que cuando me dio cáncer y casi quedé fuera de contienda, comprendí con exactitud lo valiosa que era esta carrera para mí. No estoy segura de que estés consciente del impacto que ejerciste en mí para que sorteara ese obstáculo. Sé que debió haber sido difícil para ti, pero siempre estuviste ahí para animarme, escuchándome y platicando conmigo. Cubriste la función de entrenador en esta contienda y supiste por instinto un secreto, que un buen entrenamiento implica saber cuándo gritar y cuándo escuchar. Gracias.

Si la vida es una carrera, aunque no me gusta pensar que esta experiencia sea algo que tengamos que pasar corriendo, creo que a ti te va a ir muy bien. Estás en forma, te has preparado bien y tienes la tenacidad para vencer obstáculos. Estoy orgullosa de ti.

Disfruta lo verde del camino y recuerda que tienes compañeros de equipo que te ayudarán cuando se te dificulte la carrera. Date alguna vez tiempo para descansar y cada vez que lo necesites... usa tus alas.

Te amo.

Tu mamá.

Paula Bachleda Koskey

La otra madre

—¡Hey, señora Prins! –grito haciéndole señas a través de la ventana de la cocina. Parada arriba de las barras de los juegos infantiles, me estiro por sobre la cerca entre la escuela y su casa para hacerle todavía más ademanes, aunque ella parece no advertirlo. Sin embargo, su esposo lo nota y cierra las cortinas.

La señora Prins es mi maestra de tercer grado, aunque a veces sin quererlo la llamo "mamá". Sé que no es mi mamá, pero no puedo evitar desear que me adoptara si mi madre muere de cáncer. La señora Prins no sabe nada de este deseo, pero sabe que la quiero tanto como para pelearme después de clases con los niños que se burlan de su boca torcida. La mitad de su boca está siempre como sonriendo por la operación de un nervio, y los niños, sentados en sus pupitres, tuercen la mitad de la boca para mofarse de ella a sus espaldas.

Al bajarme de las barras, no logro entender por qué el señor Prins me cierra las cortinas. Es lo mismo que cuando los niños se burlan de la señora Prins. Tal vez no me vio colgada de las barras haciéndole señales a metro y medio de su ventana. Luego, a través de las cortinas de la sala puedo ver a la señora Prins sentada en su sillón leyendo el periódico. Comienzo a hacerle señas y a gritarle una vez más "hola", pero el señor Prins también cierra esas cortinas. Ahora sé que me considera una molestia.

Con todas las cortinas bien cerradas, regreso a las barras del parque de juegos vacío, temiendo ir a casa y deseando que el señor Prins no me considere una plaga. Si él no estuviera ahí, la señora Prins me invitaría a pasar.

Sólo porque la escuela terminó por hoy, no puede considerarme de pronto una peste.

El primer día de clases la señora Prins me preguntó:

—¿No eres tú la niña que tenía un hermoso cabello largo?

Yo todavía no la conocía y me preocupó que se hubiera fijado en mí. Antes de que se iniciaran las clases me corté el cabello para asegurarme de que no pasara otro año recibiendo tirones de un maestro cruel cada vez que yo hiciera algo mal. Ahora todo mi cabello estaba guardado en una bolsa de papel en el cajón de la cómoda de mamá, a salvo de maestros crueles. Parada en las barras con el cabello corto, imagino qué se sentiría que la señora Prins me cepillara el cabello largo sentada a su lado en su sillón. Pero ya no hay cabello y las cortinas están cerradas.

Al oscurecerse el cielo, la señora Prins sale a su jardín y me ofrece galletas de mantequilla de maní y un vaso de leche. En lugar de bordear el parque de juegos, me trepo por la cerca para impresionarla con mi fuerza, pero sólo logro preocuparla cuando se me rasga la blusa al descender de su lado de la cerca. Por primera vez no hay sangre, sólo es una blusa desgarrada, pero el cuerpo no está herido.

—¿No tienes que ir a casa después de la escuela? —pregunta.

—Por supuesto, pero no en este momento.

Nos sentamos en las sillas del jardín y nos comemos las galletas. Ahora que por fin estoy en su jardín, no sé qué decir.

—¿Acaba de hacer estas galletas?

—Después de clases.

—Son las mejores que he probado —añado, segura de que las hizo especialmente para mí.

Cuando se terminan las galletas, sé que es hora de regresar a casa y caminar 800 metros por la colina. Doy las gracias a la señora Prins por las galletas, dejo su tranquilo hogar a mis espaldas, corto a paso lento por callejuelas, viendo por sobre las cercas a los perros, y me pregunto si papá estará en casa para cenar o en el bar bebiendo. Me siento culpable por no haberme ido directo a casa para preparar la cena, haciendo que mamá tenga que cocinar a sabiendas que no se siente bien. Me pregunto qué tendrá la señora Prins para cenar, y supongo que no serán barras de pescado congeladas y una caja de macarrones con queso. Eso es lo que nosotros cenaremos.

En la noche escribo una historia sobre Pepper, nuestro perro. La señora Prins quiere que la clase escriba historias sobre personas que son importantes para nosotros, pero parece que todos los humanos importantes para mí tienen historias tristes. Pepper es diferente. Siempre está en casa, ni muriéndose ni bebiendo, sólo esperando a que alguien juegue con él.

A los pocos días de haber entregado mi historia, la señora Prins me pregunta si puede hablar conmigo después de clases. Acepto y luego me paso el día entero preocupada sin saber qué hice mal. Voy tres veces al baño y lloro, segura de que herí de algún modo sus sentimientos. Pero después de la escuela, la señora Prins saca mi historia de su escritorio y me pregunta:

—¿Me puedo quedar con tu trabajo?

—¿Por qué?

—Porque me gustaría guardarlo en casa en un cajón especial con todas mis historias favoritas.

Parece que está a punto de llorar y quiero pedirle que me devuelva la historia, sólo para leer qué la hizo sentir así; pero no puedo hablar sin llorar. Entonces me abraza y mis ojos se inundan de lágrimas.

Caminando a casa sé que aunque nunca llegue a dormir en su hogar, mi historia lo hará y eso es suficiente para que la señora Prins parezca mi mamá. Esta será mi madre con media cara sonriendo al mismo tiempo que sus ojos lloran. La madre que puedo ver si me trepo a las barras de los juegos infantiles. Y lo más importante, la madre que entiende mis historias.

Diane Payne

Lavar osos de peluche

Si protegiéramos los desfiladeros de los ventarrones, nunca veríamos la belleza de las figuras que esculpen en la roca.

Elizabeth Kübler-Ross

Estamos lavando osos de peluche mi hija mayor y yo. Viejos muñecos de la infancia. Hace poco se separó de su esposo, después de siete años de matrimonio, y estamos lavando osos de peluche.

La semana pasada la ayudé a instalarse en su nuevo departamento. Por primera vez en su vida vive sola y lucha por hacerse una nueva vida acompañada por sus osos.

Me acaba de narrar una historia sobre dos mujeres de 80 años que conoció ayer en la lavandería; una de ellas estaba lavando sus osos de peluche. La anciana le explicó al detalle la forma adecuada de limpiarlos.

—Los colocas dentro de una funda de almohada y aseguras el extremo de la funda con un alfiler de seguridad. Luego los lavas, los secas y salen bonitos, limpios y esponjados.

La anciana prosiguió y le explicó que siempre, desde que su esposo muriera, cada vez que se siente sola o angustiada aprieta por largo rato su oso de peluche contra su cara y entonces se siente mejor. Le aseguró que siempre funciona.

Continuó la plática y mi hija le comentó que ella siempre había querido lavar sus osos, pero que había temido que al hacerlo, se le arruinaran. Le encantó la anciana y su historia, así que siguieron conversando. Mi hija le explicó que se acababa de separar y que estaba arreglando su nuevo departamento, y le agradeció su consejo.

La anciana le aseguró que si fuera su hija, la recogería y la llevaría a su casa, que no permitiría que viviera sola. Quise decirle a mi hija que los sentimientos de la anciana eran también los míos, pero que yo sabía que ella tenía que encontrar su propio camino, que aunque quisiera rescatarla, en el corazón sabía que no sería lo mejor para ella.

A veces puede resultar muy difícil hacer lo que es mejor para el hijo. Ver a mi hija luchar, emocional y económicamente, y en otras formas más, hace que las cuerdas de mi corazón se tensen. Cómo quisiera ir por ella, llevarla a casa y arroparla en su cama junto con sus osos de peluche.

Ella era y es una hermosa niña. Aunque ahora es una mujer de 28 años, a veces me es difícil pensar en ella como tal.

Terminamos de lavar los osos y ahora va rumbo a su hogar. Sus osos están bien limpios, sin que falte ninguno. Y sé que los apretará contra su cara por mucho tiempo durante incontables días y noches por venir, y que la ayudarán a sentirse mejor. La escucharán como sólo los osos de peluche pueden hacerlo; absorberán sus lágrimas y también la abrazarán cuando lo necesite. Y le devolverán la sonrisa cuando su propia sonrisa le haya retornado.

Cuiden a mi pequeña, ositos de peluche. Denle todo su amor. El mundo puede ser a veces pavoroso. Tomen su mano, arrópenla en la noche y recuérdenle lo mucho que su padre, yo y sus hermanas la amamos. Ayúdenla a encontrar ese pacífico lugar de osos de peluche que hay dentro de cada uno de nosotros, ese cálido y mullido lugar que nos hace "saber" que todo estará bien, que mañana será otro día y que todas las respuestas que necesitamos están dentro de nosotros. Recuérdenle que el tiempo cura, que el dolor confiere una enorme madurez personal y que no hay "cocos" debajo de la cama. Dulces sueños, mi hija preciosa. Que la gloria de tu sol matutino y la luz de tu magnífica luna sequen todas tus lágrimas y remienden tu corazón y espíritu. Y que cada nueva mañana te traiga, mi amada hija, alegría profunda y duradera, y paz de oso de peluche.

Jean Bole

Amar tanto

Mi madre no le habla a mi padre. No le ha hablado durante cinco años, y por eso mi padre está verdaderamente agradecido.

Yo lloraba la última vez que ella le habló. Vi el intercambio, aunque no pude escuchar las palabras: murmullos de él, murmullos de ella.

La luz de la ventana al final del largo corredor proyectaba sus siluetas. Mi padre inclinado sobre la camilla rodante de mi madre, su frente unida a la de ella. La palabra "cirugía" en las puertas a sus espaldas le daba título al cuadro que representaban. Las manos en un fuerte apretón como si en su interior estuviera el corazón del otro. Con tanto anhelo como la primera vez que se desearon, con la desesperación de dos amantes forzados a la separación.

Forzados a separarse en este día de vida y muerte.

Tomaron juntos la decisión de hacerlo o morir... hacerlo y morir. Ellos dos, que vivieron por y para los sueños del otro a lo largo de los últimos 40 años.

Mi madre padecía una enfermedad que bloqueaba el flujo sanguíneo a su cerebro, que le estaba deteriorando la vida y se la quitaría en cosa de tres años. Su vida se alargaría si se le practicaba ahora una cirugía. Doce valerosos corazones lo habían intentado antes, pero sólo tres de ellos salieron adelante.

Vi cómo llegaron a tomar la decisión, ambos devotos de cara a la muerte. Mi madre deseando vivir, deseando intentarlo. Giros y virajes hasta que hubo paz.

Sabíamos que era muy valiente; las tres hermanas estábamos reunidas alrededor de su cama de hospital, sintiendo que el tiempo nos apresuraba hacia su destino al día siguiente. Fuimos rápidas para sonreír, lentas para partir, deseando que nuestras "buenas noches" no fueran nuestra despedida final.

Nuestro padre se quedó en su amorosa y devota velación. Fue doloroso dejarlo esa noche, demasiado doloroso pensar que se quedaba solo. Pero nos hizo recordar que no estaría solo, por lo menos esa noche tenía a su amor.

Y llegó la mañana. Nos reunimos y rezamos. Besamos a nuestra madre, abrazamos a nuestro padre y seguimos la camilla rodante hasta que nos indicaron que sólo uno de nosotros podía acompañarlo.

Mi padre siguió caminando a su lado como siempre lo había hecho. Dos personas que habían estado juntas contra todas las adversidades. Mi madre, huérfana a temprana edad, fue de un lugar a otro sin parar. Mi padre, el más joven de nueve hijos, creció en una familia que padeció pobreza.

Ellos, que habían encontrado su hogar el uno en el otro.

Nosotras, sus hijas, fuimos amadas en su hogar. Recibimos de estos dos lo que a ellos les faltó en su propia niñez: seguridad, alimento y guía moral.

Sabíamos que habíamos sido engendradas gracias a su amor, pero que su amor era una entidad ajena a nosotras, un círculo cerrado en sí mismo.

Veo el beso, la partida. Mi madre pasa por la puerta, sola. Mi padre, dándome la espalda, con la mano en esa puerta, suplicando amor, fortaleza y esperanza para la mujer en la otra habitación.

Se dio la vuelta y caminó despacio hacia mí. La salida del sol iluminó su rostro y miré lo profundo del amor de este hombre.

Ese amor de enorme sacrificio personal. Un amor tan grande que estaba dispuesto a soportar el dolor de ser quien caminara solo.

Y aunque acompañado por nuestro amor, mi padre caminó solo durante las dos semanas que esperamos a que mamá saliera de su coma, durante los meses de las dudas y la rehabilitación.

Al final, mi madre había perdido el habla pero había ganado la lucha por la vida.

No le ha hablado a mi padre durante cinco años, y por eso, mi padre está verdaderamente agradecido.

Cynthia M. Hamond

El ángel que jugaba a buscar y traer

La vida es la pequeña sombra que corre por la hierba y se pierde en el ocaso.

Crowfoot
Últimas palabras, 1890

Hace dos años pasé el día más largo de mi vida recorriendo el cubículo de un consultorio médico sin ventanas, esperando los resultados de una biopsia. Mi médico me dio finalmente la noticia: tenía en el cuello un carcinoma metastático de células escamosas. Me informó en forma escueta que era poco lo que podía esperar en cuanto a sobrevivir mucho tiempo.

Regresé aturdida a casa y vomité el resto de la noche. Oré constante y desesperadamente esos primeros meses por algo, cualquier cosa, que me ayudara a afianzarme a la vida, pero todo lo que me llegaba a la mente era mi vieja perra, Keesha.

Veinte años atrás había comprado a Keesha en cinco dólares, cuando todavía era una cachorra. Era un cruce de Pastor Alemán y Alaskan Malamute, la más pequeña de la camada. Tenía marcas de color negro y arena en la cara, y una oreja que nunca se levantó del todo.

Keesha creció hasta convertirse en una elegante belleza, con modales tan pulidos que la podía llevar orgullosa a donde fuera. Se arrellanaba a mi lado en los campamentos y me enseñó a jugar a "lanzarle el palo" para que ella lo pudiera buscar y traer. Cuando yo lloraba me lamía la cara.

Al final de mi adolescencia y después de cumplir mis 20 años, fue mi compañera inseparable. Cuando asumí un puesto como educadora en una sociedad protectora de animales local, incluso fuimos maestras coordinadas. Durante cuatro años visitamos salones de clases y negocios, y enseñamos a la comunidad cómo evitar la mordida de algún perro peligroso. Keesha tenía disposición teatral, y cuando se lo ordenaba, replegaba los labios y emitía gruñidos que paraban los pelos de punta. Dio cientos de convincentes representaciones como el animal más perverso del mundo. Y los niños la amaban, pero lo que más les gustaba eran los melosos besos que les daba al final de cada representación.

Un día todo cambió: Keesha tosió sangre. Me enteré horas después de que tenía cáncer. Pero Keesha siguió enseñando, entre una visita y otra al veterinario para sus tratamientos con radiaciones.

El cáncer de Keesha apareció como una úlcera en el hocico, que creció con rapidez y después avanzó hasta la garganta. Sin embargo, Keesha fue paciente con las molestias a la hora de comer, y aprendió a morder más despacio y bocados más pequeños. No obstante, su entusiasmo por la comida nunca disminuyó. Al instante en que su tazón salía de la alacena, sus ojos relumbraban y su cola se erguía como pendón. Cada comida era bienvenida como la mejor de todas.

Recordé la actitud de Keesha hacia la comida después de que mi primera cirugía de cáncer me dejó con la lengua reducida y tan inflamada, que me era imposible comer, o hablar.

Faltaban sólo diez días para el día de Acción de Gracias. Inspirada en Keesha, practiqué para el evento con crema de trigo y puré de papas. De algún modo, ese día festivo logré deglutir pavo y pastel, los que hasta ahora me siguen pareciendo los mejores que haya probado.

Continué arreglándomelas con mi enfermedad, viviendo instante por instante y en forma positiva, algo que no fue tarea fácil para mí. De nuevo pensé en Keesha, quien siguió, a pesar de lo avanzado de su enfermedad, mordiendo huesos, saboreando nuestras caminatas a la marisma, ladrándole a los pájaros, chapoteando en los charcos. El cáncer había hecho que sus movimientos fueran más lentos y le disminuyó la respiración, pero su espíritu se mantuvo alegre. Seguía trotando por los caminos con su mueca de sonrisa de buen perro y de oreja a oreja, y la cola en alto. Su vida proseguía paso a paso.

Al año de mi propio cáncer se me practicó otra biopsia. Quien haya dicho "palos y piedras me romperán los huesos, pero las palabras jamás me han de lastimar" nunca esperó tres días unos resultados de laboratorio. Salí del consultorio del doctor a paso lento para hacerle frente al fin de semana previo a Navidad, determinada a valorar cada momento como se me fuera presentando. Para la fiesta de Navidad de la oficina me compré un vestido resplandeciente, programé un día para hacer adornos con mi mejor amiga y disfruté el aroma de los lotes de árboles de Navidad y de las palomitas de maíz en los centros comerciales. Finalmente llegó la tarde del lunes: los resultados fueron negativos. Otra crisis que quedaba atrás.

He pasado los últimos dos años tratando de aceptarme como soy ahora, en contraposición a como fui antes de mis cirugías. He perdido algunas partes; mi lengua es más corta. Algunos músculos importantes del cuello y hombro me fueron removidos, así que no me es fácil girar la cabeza o mirar al cielo. Los tratamientos con radiación me generaron algo de artritis en la mandíbula; sin embargo, lo peor es que la radiación también me destruyó las glándulas salivales, lo que me dejó una continua sequedad en la boca.

Aquí también, el enfoque de Keesha hacia su cuerpo en decadencia fue práctico y maravillosamente inspirador: se adaptó. Cuando los tumores en su hombro le impidieron correr por sus senderos favoritos, le satisfizo igual ir cojeando y olfatear la tierra a un ritmo más lento. Cuando ya no pudo subir la colina frente a nuestra casa, dejó que se le cargara de regreso. Cuando nadar fue demasiado para ella, se tendía en el agua y mordisqueaba el oleaje, ladrando a voz en cuello.

En mi esfuerzo por sanar mi vida, he aprendido que al confrontar y aceptar la verdad de mi propia mortalidad, puedo liberar la poderosa energía curativa que yace atrapada bajo mi temor a la muerte. Durante este proceso, con frecuencia vuelvo al recuerdo del último día de Keesha conmigo.

Un día, hace varios años, la llevé de nuevo a mi oficina en la sociedad protectora de animales donde había pasado muchas tardes dormitando bajo mi escritorio. Caminaba junto a mí con las patas tambaleantes, su respiración lenta y penosa. Nadie me puede decir que un animal no sabe lo que es la muerte. Keesha me extendió la pata y mis manos temblaron al introducirle la aguja y vaciar la jeringa. Murió tranquila, descansando contra mi hombro, entrando sin temor al mayor de todos los misterios.

¿Cómo podré expresar alguna vez lo que significó para mí perderla? No hay palabras. Fue mi amiga y maestra. Afrontó su vida con una dignidad que yo sólo puedo mostrar en mis mejores días. Deploré su pérdida, como deploraría después la pérdida de un amigo o un miembro de la familia. Con rezos y lágrimas diseminé sus cenizas sobre la marisma salada donde compartimos tantos paseos.

Llevo ya dos años liberada del cáncer. Para mi condición, es como un milagro y lo celebro con todo el corazón. Mis médicos me dicen ahora que puedo esperar una vida plena si todo sigue bien. Y sé que así será.

También sé que cuando deje este mundo, Keesha será la primera en saludarme, moviendo la cola y con voz alegre, del otro lado. Yo me agacharé y la abrazaré del cuello y volveré a sentir en mi cara la benevolencia de sus lamidos.

Y cuando finalmente conozca a mi creador, le ofreceré mi profunda gratitud por la respuesta a mis plegarias, y por los ángeles que juegan a buscar y traer.

Susan McElroy

Ben

Un bebé es la opinión de Dios de que el mundo debe seguir adelante.

Carl Sandburg

Ben nació el 20 de septiembre de 1989. Al poco tiempo de nacido, se nos informó de su ceguera y sordera. Para cuando tenía tres años, supimos que nunca caminaría.

Desde que Ben tenía dos días de nacido, nuestra familia ha transitado por caminos que nunca imaginamos. Cientos y cientos de kilómetros rumbo a los mejores médicos y los mejores hospitales. Cientos de inyecciones y rayos X, tomografías y resonancias magnéticas. Después de eso llegaron los lentes de contacto, aparatos de ortodoncia, aparatos auditivos, sillas de ruedas, andaderas y otras formas de transporte, junto con todos los terapeutas que nos mostrarían cómo usar todas esas cosas. La operaciones nunca terminaron.

La vida actual de Ben consiste en su maestro habitual, un maestro para incapacitados de la vista, otro para incapacitados del oído, un especialista en adaptación, un terapeuta ocupacional, un terapeuta físico, un patólogo del habla y del lenguaje, un pediatra, un neurólogo, médicos ortopédicos, un oftalmólogo pediátrico, un otorrinolaringólogo, un otólogo, un dentista, un cirujano de la boca y un ortodoncista, y sólo tiene ocho años de edad.

No obstante, mi hombrecito despierta cada mañana con la más grande de las sonrisas en su rostro, como diciendo: "¡Hey, todos, aquí estoy para un nuevo día y estoy feliz!".

Nuestra hija nació tres años antes que Ben. Recuerdo a su papá y a mí mirándola horas enteras cuando empezó a caminar, esperando a que saliera su siguiente sonido o palabra. Cada vez que aparecía uno, lo marcábamos como un momento histórico, un tema de orgullosa conversación con quienquiera que tuviera la paciencia de escuchar. Era una niña en verdad brillante y sobresaliente. Y sigue siéndolo.

Después de que Ben nació, nuestro amor hacia él cambió nuestros puntos de vista respecto a lo que es verdaderamente importante sobre nuestros hijos. Ya no era importante cuántas palabras decía a qué edad, o qué desarrollo fenomenal se presentó antes de lo que se predecía en los libros sobre bebés. Nuestros hijos se transformaron en individuos, cada uno con maravillosas cualidades que no es necesario comparar. Sus vidas no serían medidas por falta de habilidad o habilidad excepcional, sino por la firmeza para perseverar.

Para cuando Ben llegó a los cuatro años, era experto en maniobrar su silla de ruedas, pero nunca había dicho una palabra, sólo sonidos de vocales abiertas. Así que nuestra familia empezó a poner una grabadora en la mesa durante la cena para grabar los sonidos que Ben emitía, porque era obvio que quería participar en la conversación. Pensamos que si escuchaba su voz grabada y la nuestra, tal vez estimularía algo en él.

Un día de septiembre de 1993, la cinta corría mientras yo le daba de comer a Ben y emitía algunos sonidos, tratando de estimular su interés. De pronto, el tiempo se detuvo. Nunca olvidaré la mirada en los ojos de Ben, la concentración en su rostro, la disposición de su boca, cómo me veía desde su silla de ruedas cuando dijo sus primeras tres palabras:

—Yo te amo.

Me volteé hacia mi esposo, quien con lágrimas en los ojos me miró y exclamó:

—¡Terry, lo escuché!

Ben me dijo esas palabras, y las tengo grabadas en cinta para poderlas reproducir cada vez que lo necesite. Estoy agradecida, también, porque no ha vuelto a decir otra palabra desde entonces.

Pero, ¿sabe?, no toco la cinta con frecuencia; no lo necesito. Siempre reconoceré la mirada en sus ojos, aunque estén ciegos, cuando busca mi cara para darme un beso. Eso es todo lo que necesito.

Terry Boisot

Un niño muy especial venido del cielo

Ibamos de camino a visitar una institución en 1954 con nuestras tres hijas: Mary, de doce años, Joan, de nueve, y Ruth de 18 meses de edad. La pequeña Ruth, discapacitada de nacimiento, era la causa de que estuviéramos haciendo este triste y silencioso viaje. Se nos recomendó que viviera en un hogar especial. "Será menos carga", "Ruth estará mejor entre niños como ella", "sus otras hijas tendrán un hogar libre del cuidado de una persona discapacitada".

Para romper el silencio, encendí el radio del auto y escuché la voz de un antiguo compañero de clase. Recordé que era un muchacho sin piernas. Ahora era presidente de una organización que empleaba personas discapacitadas.

Habló de su niñez y de una conversación con su madre. "Cuando llegó el momento de que naciera otro niño discapacitado", le explicó su madre, "el Señor y sus consejeros se reunieron para decidir a dónde sería enviado... donde hubiera una familia que lo amara. Bien, nuestra familia fue la elegida".

Con esto, mi esposa Edna se inclinó y apagó el radio, sus ojos brillaban con lágrimas sin derramar.

—Regresemos a casa —declaró.

Toqué la carita de Ruth, era un hermoso símbolo de inocencia. Supe en ese momento que Ruth había llegado a nosotros con un propósito. Era milagroso que la voz de un amigo, con quien no había tenido contacto durante 20 años, me hablara justo ese día. ¿Mera coincidencia? ¿O era la mano invisible de Dios ayudándonos a retener a una pequeña que enriquecería inmensamente nuestras vidas en los años por venir?

Esa noche Edna despertó a las tres de la madrugada con pensamientos que la impulsaron a escribir. Había una libreta en la mesa de noche, y por la mañana ordenamos las palabras en un poema, "Un niño muy especial venido del cielo":

Muy lejos de la tierra hubo una reunión.
"De nuevo llegó la hora de otro nacimiento".
Dijeron los ángeles al Señor del cielo:
"Este niño especial requerirá mucho amor.
Su desarrollo parecerá muy lento,
resultados, tal vez no muestre,
y requerirá cuidados extra
de la gente que conozca allá abajo.
Quizás no corra o se ría o juegue,
sus pensamientos podrán parecer lejanos.
En muchos sentidos no se adaptará,
y se le conocerá como discapacitado.
Así que seamos cuidadosos respecto a donde lo vamos a enviar,
Queremos que su vida sea agradable.
Por favor, Señor, encuentra a los padres que
hagan un trabajo especial por ti.
No comprenderán de inmediato
el papel tan importante que han de desempeñar,
pero con este niño enviado desde el cielo
llegará una fe más fuerte y un amor más intenso.
Y pronto comprenderán el privilegio que han tenido
De cuidar este regalo del cielo.
Su precioso protegido, tan dulce y apacible,
es un niño muy especial venido del cielo"

John y Edna Massimilla

Flores de lavanda

Mi educación sobre autismo empezó en la década de 1940. Yo era el hijo menor en mi familia, y a los cuatro años de edad ya sabía que Scott era nuestro secreto, una vergüenza que enviábamos a la recámara de atrás cuando llegaban visitas. Su dolor, y el dolor por él, eran demasiado privados para compartirlos con otros. Mis hermanas y yo partimos tan pronto pudimos, casándonos jóvenes o asistiendo a la universidad al otro lado del país. Años más tarde, escuché a un psicólogo clasificar nuestro comportamiento como "huida del hermano". Era una huida, sí, pero Scott no nos había hecho huir. El miedo, la vergüenza y la confusión habían hecho nuestro hogar insoportable.

Antes pensaba que la discapacidad de Scott era la peor maldición que podía sufrir una familia. Vi a mis padres desmoronarse bajo ese peso y sabía que yo no podría ser el siguiente. ¿Podría suceder de nuevo? ¿Sería posible que yo procreara un "hijo que nunca crece"?

Este temor me atormentó a los 20 años, pero después de cinco años de matrimonio, sabía que tenía que empezar una familia o perdería a la mujer que amaba. Cambié mis pesadillas por esperanzas y concebimos nuestro primer hijo.

Al nacer Ted, importuné insistente al médico para que me diera seguridad. ¿Había una posibilidad, por mínima que fuera, de que este niño tuviera algún defecto? Ted pasó todas las pruebas. A pesar de haber nacido por cesárea, recibió un nueve de diez en la escala de recién nacidos, ¡un campeón en la sala de partos!

Como tantos hombres, yo no sabía mucho de bebés, pero sabía que ningún otro bebé se podía comparar con mi primogénito. ¡Cada movimiento, cada paso y palabra, parecían preciosos y brillantes!

Para cuando Ted cumplió dos años, notamos pequeñas "peculiaridades", excentricidades que sugerían que era diferente (¡pero de seguro mejor!) a los demás niños. Su lenguaje era singular (tal vez no necesitaba hacer preguntas). No jugaba con otros niños (quizá prefería a los adultos). Sus puntos en las tablas de desarrollo comenzaron a bajar (tal vez las tablas estaban mal).

Para su tercer cumpleaños, sufrimos a causa de una serie de diagnósticos que más parecían conjeturas profesionales: "daño cerebral", "deterioro neurológico" y, para terminar, "autista". Buscamos ayuda, tratamientos para "arreglar" a Ted. Pero cuanto más sabíamos, menos esperanzas guardábamos. Parecía que mi peor pesadilla se había hecho realidad, mi segunda familia parecía tan predestinada a la fatalidad como la primera.

Desde una perspectiva positiva, por lo menos mi esposa y yo teníamos recursos que mis padres nunca conocieron: un empleo estable, mejor educación y acceso a un centro de capacitación localizado en una universidad. Además, la sociedad había comenzado a reconocer los derechos y necesidades de las personas con discapacidades. A diferencia de Scott, que había nacido en los años veinte, mi hijo de los setenta no tendría que quedarse en casa. La ley le garantizaba una educación "apropiada". El conocimiento médico también había progresado; los médicos ya no culpaban a los padres por la discapacidad.

El estigma se fue desvaneciendo como una nube. Decidimos que nunca esconderíamos a este niño. No nos avergonzábamos de él.

Reviviendo el pasado, comprendí que mi familia de la infancia había estado totalmente equivocada: Scott no había sido "nuestro problema", ¡nosotros fuimos el suyo! Nos dolió confrontar esa verdad, pero el dolor produjo un torrente de adrenalina y determinación. Me alcanzó como un relámpago: si algo es una maldición o una bendición depende de nuestra interpretación.

Mientras mi esposa y yo nos esforzábamos por comprender a Ted, resolvimos no descuidar a nuestro segundo hijo, quien nació tres años después. Habiendo sido hermano de Scott, me pude identificar con las preocupaciones y necesidades de mi hijo menor, aunque nunca dijo nada. Deseaba un hermano "normal" y sufrió durante su búsqueda de identidad en la adolescencia.

Educar dos hijos con necesidades tan diferentes, nos puso a prueba al máximo. Tuvimos tropezones a lo largo de su infancia y esperamos sus graduaciones como la luz prometida al final del túnel.

Para el cumpleaños número 22 de Ted estabamos bien preparados para su paso al mundo de los adultos. Se graduaría a fin de año. Entre trabajos parciales y ayuda gubernamental, tenía un ingreso razonable. Sus supervisores lo conocían bien y lo habían preparado durante los internados estudiantiles. Incluso le acondicionamos en el sótano un departamento propio.

Pensábamos que ya estaba todo planeado para la graduación, pero Ted no estuvo de acuerdo. Esa primavera, en su último año escolar, nos pescó desprevenidos con su aviso: "Voy ir al baile de graduación".

Había pensado en ese baile por años. A los 18 había visto a muchachos de su misma edad planear su baile de graduación. Ahora Ted veía su oportunidad. Todo lo que necesitaba era una pareja.

Pero sencillamente no podía conseguir pareja por sí mismo. Algunas de las muchachas le decían "encanto" y toleraban su atención en las reuniones, pero la realidad era que ninguna iría con él. Sin embargo, un amigo de la familia tenía una hija de nombre Jennifer. Jennifer, una rubia despampanante, había conocido a Ted y le agradaba. Y comprendió lo que el baile de graduación significaba para él.

Al acercarse la gran noche, ayudamos a Ted en los preparativos. Desempolvamos el esmoquin familiar; en el cual Ted lucía mejor que yo. Estuvo de acuerdo en que yo fuera su chofer en el auto familiar. Incluso planeó su cena antes del baile. Sólo faltaba un detalle: el *corsage.*

Yo podía haber ordenado ese ramillete en dos segundos, pero quería que Ted viviera también esa experiencia. Me pregunté con ansiedad si Ted volvería a tener la oportunidad de ofrecerle flores a una mujer.

Antes de dirigirnos a la florería, Ted "actuó su papel". Si practicaba las palabras en casa se le hacía más fácil decirlas en otro escenario. Ted me asignó el papel de florista, así que lo invité a pasar a mi tienda imaginaria. Ensayamos hasta que Ted supo su guión a la perfección. Entonces caminamos hasta la florería del barrio.

Al escuchar la puerta, la florista dejó su registro y dirigió su atención hacia nosotros. Esperé a que Ted hablara, mirándolo, a la expectativa. La tienda cayó en un silencio total. Todo su cuerpo se puso rígido. Entonces hizo una mueca y dijo:

—Soy Ted, estoy aquí para rentar las flores púrpura.

La empleada se sorprendió. Me miró mientras yo decía con calma:

—Tratemos de nuevo, Ted —hizo algunas respiraciones profundas y frunció las cejas.

Lo animé a recuperar la calma y a hablar despacio. Finalmente pudo darse a entender.

Necesitaba un ramillete para el sábado. Su pareja quería llevarlo en la muñeca. Prefería flores de lavanda. Pagaría cuando las recogiera el sábado por la tarde.

No esperaba la reacción de la empleada.

—Usted tiene mucha paciencia —me dijo—. Yo nunca podría ser tan paciente.

"¡No!", me habría gustado gritar. Esto no es paciencia, es comprensión. Nuestros sistemas nerviosos trabajan, transmiten señales instantáneas de los bancos de memoria a los centros nerviosos, a las cuerdas vocales y de regreso. Ted tiene que trabajar estas rutas luchando cuesta arriba, hacia una vida que para el resto de nosotros es un hecho. ¡La florista estaba admirando a la persona equivocada! Sin que ella lo supiera, Ted había escalado barreras tan altas como montañas y nadado océanos de confusión para alcanzar este punto. La noche del sábado no lo iba a encontrar enfrascado en armar un rompecabezas, como le sucedió tantas veces a su tío Scott. ¡Ted iba a ir al baile de graduación!

En la noche esperada, dejé a Ted y a Jennifer en el salón de baile. En casa, telefoneé a una de mis hermanas. Hablamos de la frustrada vida de nuestro hermano y del impresionante progreso que ya había logrado Ted. Lloramos.

En mi escritorio conservo una fotografía del baile. Jennifer está junto a Ted. En su muñeca, lleva un ramillete de flores de lavanda.

Charles A. Hart
Remitido por Edna Smith

4

EL PODER DEL APOYO

Cuando las telarañas se unen pueden inmovilizar a un león.

Proverbio etíope

La conexión Ludenschide

Un día, la gente del mundo querrá tanto la paz, que los gobiernos tendrán que quitarse de su camino y dejar que la tengan.

Dwight D. Eisenhower

Bill Porter, un prisionero de guerra americano en Alemania, se preparó contra los vientos helados y los guardias alemanes con fusiles. Una sombra del muchacho con físi-co de futbolista de secundaria que había sido, el soldado de infantería de veinte años sabía que estaba en verdaderos problemas no sólo de morir de hambre, disentería crónica y una herida infectada en la pierna, sino de un dolor familiar que iba en aumento: la agonía de las úlceras en las córneas que habían amenazado con dejarlo ciego cada vez que se resfriaba o debilitaba en la niñez. Ahora, sin medicamentos, Bill perdía la vista, y llegó la mañana cuando se desmayó en la hilera de prisioneros que con trabajos forzados reconstruían una vía férrea bombardeada. Se le trasladó en camión a un hospital en Ludenschide.

El hospital provisional para el cuidado de los alemanes víctimas de la guerra había sido acondicionado en la escuela primaria de tres pisos del pueblo. Aunque Bill era prisionero, se le atendió la pierna y se le envió al tercer piso, al pabellón de lesiones en los ojos. Ahí compartió un espacio con el otro único prisionero estadounidense, un piloto a quien se le quemaron los ojos cuando saltó en paracaídas sobre Alemania, dejándolo ciego.

Como Bill podía ver con un ojo, de inmediato se transformó en el compañero y guía del piloto. Lo alimentaba, como también se le habían quemado las manos y las muñecas al piloto, y lo llevaba a caminar de arriba a abajo por los corre-dores del edificio. Pero las horas desocupadas eran un tormento para ambos jóvenes.

—Si tan sólo tuviéramos algo para leer, un periódico, una revista, cualquier cosa —le comentó Bill a su amigo un día—. Te podría leer... siempre y cuando estuviera en inglés.

—Tengo un libro —respondió el piloto con el cálido acento del medio oeste que Bill había llegado a conocer tan bien— . Busca en la bolsa de mi chaqueta —se detuvo un instante— : Es... es mi Biblia.

A partir de ese momento, día tras día, a través de su ojo sin venda, Bill leyó en voz alta el Antiguo Testamento. Luego leyó el Nuevo Testamento y sus pasajes favoritos hasta que leyó y releyó toda la Biblia muchas veces. No se percataron entonces, pero a través de las palabras de la Biblia se desarrolló un lazo de unión entre ellos dos, al encontrar el consuelo y la fortaleza que requerían para sobrevivir.

Una mañana, caminando por el corredor, escucharon el inconfundible rugido de los bombarderos estadounidenses acercándose. No fue sino hasta que se detuvieron un momento para hablar con una enfermera que Bill detectó el zumbido de las bombas volando sobre su cabeza. Sin tiempo para buscar refugio, tiró a su amigo al suelo y lo empujó debajo de un piano de media cola. El hospital recibió un golpe directo... una explosión que hizo estallar los tímpanos de Bill.

Bill no tuvo idea de cuánto tiempo pasó hasta que recobró la conciencia o sintió el dolor de múltiples heridas en la cabeza y de un trozo de acero de 14 centímetros atravesándole la cara. Al principio no escuchó los gritos de los soldados alemanes afuera del edificio destruido, o los la-mentos de las víctimas. De hecho, no escuchó nada excepto su propio corazón martillándole en el pecho. Pero olió humo y supo que tenía que escapar de ahí. Con su único brazo libre, luchó para liberarse del yeso, tablones y escombro que lo cubrían. Entonces, con un empujón final hacia arriba, se abrió paso a través del techo caído y echó "un vistazo al infierno".

La muerte estaba en todas partes: la enfermera con quien había estado hablando antes, los médicos, los heridos, los enfermos. Todos estaban muertos, excepto él. ¿Y su amigo? ¿Dónde estaba? ¿Podría el viejo piano haber resistido el peso aplastante de las vigas del techo, de los ladrillos y cemento caídos?

Fue cuando la simple idea lo impactó. Si su amigo había sobrevivido, no sólo estaría ciego; estaría enterrado vivo. Los oídos de Bill le retumbaban. La cabeza le dolía. ¿Pero, cuál era el nombre de su amigo? No lo podía recordar. ¿Estaba perdiendo la cabeza? ¿Qué diferencia habría? Tenía que arrastrarse de nuevo hacia dentro y encontrarlo. ¡Ahora! "Por favor, Dios", suplicó, "que esté vivo".

El terrible dolor del fragmento de acero en su cara disminuyó entre los pensamientos de lo que podría encontrar. Tanteó bajo el piano y sintió una pierna que se movía.

—¿Estás bien, camarada? —preguntó.

—Así lo creo —respondió la voz.

De algún modo, durante los siguientes diez minutos, Bill logró que ambos descendieran dos tramos de escalera destrozados. En el exterior, la calle parecía un remolino de confusión con policías, médicos, ambulancias y camiones de bomberos. Encontró un banco vacío y los dos se apretujaron para calentarse en medio del intenso frío. Entretanto, Bill evadía a los alemanes que escupían a los estadounidenses que habían sobrevivido mientras que los suyos habían perecido. Otros agarraban el relumbrante acero enterrado en su cara y trataban de sacarlo. Quizá sólo trataban de ayudar. ¿Qué importaba? Incapaz de combatirlos más, colocó la cabeza entre sus rodillas y se cubrió con los brazos.

—Bill —castañetearon los dientes del piloto—, ¿crees que puedas entrar otra vez para traer una frazada y mi Biblia?

—Seguro —respondió—. Lo intentaré. Pero no te vayas a ningún lado —añadió bromeando—. Regresaré, lo prometo.

Subir las escaleras de nuevo le tomó más tiempo de lo que imaginó, pero la atesorada Biblia de su amigo y su placa metálica de identificación estaban en la cama donde las había dejado. Agarró una frazada y, con todo apretado entre sus brazos, regresó deprisa por las escaleras destruidas y se dirigió hacia el banco. Su camarada se había ido.

¿Dónde estaba? Con voz de súplica, gritaba a los transeúntes.

—¿Ha visto alguien a un individuo con los ojos vendados? —levantaba dos dedos y señalaba su propio parche. Nadie respondía. Nadie hablaba inglés. "¡Dios mío! Protégelo", suplicó. "¡El hombre no puede ver!"

Sólo entonces, y con intenso dolor, Bill se acuclilló detrás del banco y se cubrió la cabeza con la frazada. Pasaron horas de sirenas, alaridos y pisadas corriendo antes de que un joven médico de Ludenschide se asomara a ver la figura bajo la frazada. Llevó a Bill a su consultorio en un edificio cercano. Ahí, después de darle un trago de aguardiente, el médico le hizo un corte en la mejilla y la quijada para aliviar la presión y retirarle el fragmento de acero y otras esquirlas de metal enterradas en su cabeza. Al final le volvió a vendar el ojo. Todavía prisionero de guerra, Bill fue introducido en un furgón y después forzado a caminar a Fallingbastel, a 80 kilómetros de distancia, donde fue internado en otro campo de prisioneros hasta que finalizó la guerra.

Cuando regresó a Estados Unidos, Bill escribió al Departamento de Guerra y pidió que buscaran a su amigo. Introdujo la carta en una caja junto con la placa metálica de identificación del piloto, y la muy leída Biblia. Luego escribió su dirección de remitente: 7 Sigma Nu Fraternity, Lehigh University, Bethlehem, Pensilvania.

Pesadillas, pánico ante sonidos repentinos y cambios de estado de ánimo plagaron a Bill el resto de su vida, como les sucede a la mayoría de las víctimas de un trastorno por tensión postraumática. Pero aún siendo padre joven y luego abuelo, siempre le alegró recordar las cosas buenas de la vida, antes de la guerra y después.

Jamás habla de su época de prisionero. Prefiere narrar historias sobre sus años de ranchero, a cien millas de la ciudad, donde se sentía más cerca de Dios y de su familia. Sobre todo le gusta narrar a sus hijos y nietos historias de cuando estaba en la universidad, 53 años atrás; en especial la del día en que un auto desconocido se detuvo frente a Sigma Nu.

Desde el descanso del segundo piso de la fraternidad, recuerda haber visto por la ventana detenerse junto a la acera un Chevy azul. Era la hora del almuerzo. Sabía que tenía que bajar rápido al salón donde el resto de los hermanos esperaban el gong del almuerzo, pero hubo algo en el extraño que caminaba por la acera hacia la puerta principal que lo detuvo. Sonó la campana. Su compañero de habitación, Jack Venner, se levantó y abrió.

—¡Hola! ¿Puedo servirle en algo? —dijo.

En donde estaba, Bill sintió de pronto que el sudor humedecía su frente. Tuvo que asirse al barandal para guardar el equilibrio.

—Sí —respondió una voz con un cálido acento del medio oeste—. Estoy buscando a un viejo amigo llamado Bill Porter. Quiero darle las gracias... por muchas cosas —

sonrió, se le veía angustiado, ahí parado en el salón lleno de gente—. Y esto puede sonar un poco loco —añadió—, pero no lo reconocería aunque lo viera. Yo...yo nunca lo he visto.

Penny Porter

POSTDATA: *Los dos ex prisioneros de guerra hablaron toda la noche. Prometieron mantenerse en contacto. Pero la vida tiene sus demandas, toma curiosos giros y rodeos. Finalmente, se perdieron la pista. Ahora Bill tiene 74 años. No puede recordar el nombre del piloto, pero el lazo que nació en Ludenschide permanece. Espera que alguien que lo recuerde lea esta historia, para que pueda telefonear al piloto.*

El día que por fin lloré

No lloré cuando supe que era madre de una niña discapacitada mental. Sólo me quedé ahí sentada, sin decir nada, mientras se nos informaba a mi esposo y a mí que Kristi, de dos años, era, como lo sospechábamos, retrasada mental.

—Adelante, llore —sugirió con amabilidad el médico—. Ayuda a prevenir serias dificultades emocionales.

Con o sin serias dificultades, no pude llorar entonces ni durante los meses que siguieron.

Cuando Kristi creció lo suficiente como para asistir a la escuela, la inscribimos a los siete años en el jardín de niños de la escuela del vecindario.

Habría sido reconfortante llorar el día que la dejé en ese salón lleno de niños de cinco años seguros de sí mismos, impacientes, alertas. Kristi había pasado hora tras hora jugando sola, pero este momento, cuando fue la niña "diferente" entre veinte, fue tal vez el más solitario que jamás hubiera conocido.

No obstante, hubo cosas positivas que le comenzaron a suceder a Kristi en su escuela, así como a sus compañeros. Cuando se jactaban de sus propios logros, los compañeros de Kristi siempre se esmeraban por alabarla a ella también:

—Hoy Kristi deletreó todas sus palabras bien.

Nadie se molestaba en agregar que su lista de palabras era más fácil que la de los demás.

En el segundo año de escuela, Kristi afrontó una experiencia muy traumática. El gran evento en público de fin de cursos era una competencia basada en la culminación de las actividades de educación física y música del año. Kristi estaba muy rezagada, tanto en música como en coordinación motora. Mi esposo y yo también temíamos ese día.

El día del evento, Kristi fingió estar enferma. Desesperada quise que se quedara en casa. ¿Por qué dejar que Kristi fracasara en un gimnasio lleno de padres, alumnos y maestros? Qué solución tan sencilla habría sido dejar que mi hija se quedara en casa. De seguro, faltar a ese evento no importaría. Pero no sería tan fácil que mi conciencia me dejara tranquila. Así que literalmente empujé dentro del autobús de la escuela a una pálida y reacia Kristi, y procedí a enfermarme yo misma.

Así como había forzado a mi hija a ir a la escuela, ahora me obligaba a mí misma a asistir al programa. Parecía que nunca sería la hora de que el grupo de Kristi se presentara. Cuando finalmente lo hizo, supe por qué Kristi estaba preocupada. Su clase estaba dividida en equipos de relevo. Con sus reacciones restringidas, lentas y torpes, con seguridad retrasaría a su equipo.

A pesar de todo, la representación transcurría bastante bien, hasta que fue hora de la carrera con sacos de yute. Ahora, cada niño, parado, tenía que saltar dentro de un saco, brincar hasta una línea de meta, regresar y saltar fuera del saco.

Vi a Kristi parada cerca del final de su hilera de jugadores, con aspecto desesperado.

Pero al acercarse su turno, hubo un cambio en su equipo. El niño más alto de la fila se paró detrás de Kristi y le colocó las manos en la cintura. Otros dos niños se pararon un poca adelante de ella. Al momento que el jugador adelante de Kristi saltó fuera del saco, esos dos niños agarraron el saco y lo mantuvieron abierto mientras el niño alto levantaba a Kristi y la introducía hábilmente en su interior. Una niña adelante de Kristi tomó su mano y la sostuvo un instante hasta que Kristi se equilibró. Entonces se fue saltando, sonriendo y orgullosa.

Entre los vítores de los maestros, compañeros de escuela y padres, me retiré con cautela para estar a solas y darle gracias a Dios por la gente cálida y comprensiva que hay en la vida y que hace posible que mi hija discapacitada sea como sus semejantes.

Entonces por fin lloré.

Meg Hill

El sonido de una mano aplaudiendo

Hay una maravillosa historia sobre Jimmy Durante, uno de los grandes animadores de hace algunas décadas. Se le pidió que participara en un espectáculo para veteranos de la Segunda Guerra Mundial. Respondió que tenía una agenda muy ocupada y que sólo podía disponer de unos cuantos minutos, pero que si no les importaba que hiciera un breve monólogo y se retirara de inmediato para su siguiente cita, iría. Por supuesto el director del espectáculo aceptó feliz.

Pero cuando Jimmy subió al escenario, sucedió algo interesante. Presentó su breve monólogo y se quedó. El aplauso se fue haciendo cada vez más fuerte y él no se movió. De pronto ya llevaba quince, veinte, treinta minutos. Finalmente, hizo una última reverencia y se retiró. Detrás del escenario alguien lo detuvo e inquirió:

—Pensé que tenía que retirarse a los pocos minutos. ¿Qué sucedió?

Jimmy contestó:

—Tenía que irme, pero puedo mostrarle la razón por la cual me quedé. Lo puede ver usted mismo si mira la primera fila.

En la primera hilera había dos hombres, cada uno había perdido un brazo en la guerra. Uno había perdido el derecho y el otro el izquierdo. Juntos podían aplaudir, y eso era exactamente lo que hacían, con alegría y entusiasmo.

Tim Hansel

La alegría de ser útil

Algunos somos como carretillas, sólo útiles cuando se nos empuja, y fáciles de desajustar.

Jack Herbert

Me hice pastor porque quería ayudar a la gente. Por qué el anhelo de ayudar a otros me condujo al ministerio pastoral y no, digamos, a la medicina, es un misterio que todavía tengo que descifrar. Y sería todavía mejor si pudieras darte el gusto de cumplir con tus anhelos y conducir al mismo tiempo un hermoso auto, aunque no me quejo. Me gusta ser pastor, sobre todo en esas raras ocasiones en las que he ayudado a alguien por el camino de la vida.

Las llamo raras ocasiones porque la gente de mi congregación de cuáqueros no me ha pedido últimamente mucha ayuda. Es un grupo autosuficiente que soporta las cargas de la vida con silenciosa ecuanimidad. Además de su naturaleza estoica, son increíblemente robustos, por lo tanto, rara vez me llaman para que los ayude.

Dos de mis mejores amigos, Stan y Jim, también son pastores. Pasan sus días viajando de hospital en hospital, reconfortando una tras otra, almas con problemas. En la noche se desploman en sus camas satisfechos con el recuerdo de un día útil. Yo me quedo cerca del teléfono, suplicando que haya una llamada que me saque de mi cálido hogar hacia el lecho de un desdichado feligrés. La llamada llega rara vez.

¿Es demasiado que espere que mi gente tenga

problemas? ¿Si ellos me pidieron que fuera su pastor, me equivoco al esperar que tengan un trastorno ocasional que pueda ocupar mi tiempo y que me ayude a sentirme necesitado?

No creo que esto sea mucho pedir. La congregación de mis amigos fue diezmada por un virus pernicioso. No pido eso. No quiero estar tan ocupado como para que me pierda el programa de Andy Griffith a la hora del almuerzo. Pero si algunas personas pudieran encontrar la forma de contraer una enfermedad leve, eso sería tener consideración. No tendría que ser algo exótico. Una vez, una dama en mi congregación sufrió parálisis de Bell que hizo que la boca se le colgara y perdiera el movimiento en un lado de la cara. Luego, después de que pasé dos gloriosos días junto a su lecho, su estado mejoró y se curó por completo. ¡Fue una maravillosa enfermedad! Ella recibió el descanso en cama que tanto requería y yo conocí la exquisita alegría del ministerio servicial.

Sé que no estoy solo en mi deseo de sentirme útil. Si una mujer pasa 12 años aprendiendo cirugía, apuesto a que estará ansiosa por practicar su primera operación. Si un hombre va a la escuela técnica y estudia reparación de autos, es probable que no pueda esperar a arrastrarse debajo de un chasis. ¿No debe un país libre a sus ciudadanos el derecho de trabajar con ahínco en las ocupaciones que han elegido? ¿No es eso de lo que se trata vivir en Estados Unidos?

Tiempo atrás, cuando yo era chico, el departamento de bomberos de nuestro pueblo era de voluntarios. Hacían sonar la alarma de incendio una vez a la semana y todos los bomberos practicaban correr a la estación. Después de un tiempo, se desanimaron, porque los incendios verdaderos eran pocos y esporádicos. Uno de nuestros ciudadanos más considerados, en una hermosa tarde otoñal de fin de semana, prendió fuego a su campo, con lo que se ganó la gratitud de mucha gente del pueblo. Nuestro policía bloqueó los caminos cercanos. Nuestros bomberos tuvieron que combatir un verdadero incendio. Nuestro reportero tuvo que escribir una historia. Nuestro agente de seguros tuvo que elaborar una reclamación por cosecha destruida. Y el ministro de la Iglesia Bautista tuvo que visitar al ciudadano considerado esa misma noche y expresarle su agradecimiento de que nadie saliera lastimado. Al final del día, todos sintieron el placentero cansancio de la utilidad y se fueron contentos a la cama. Fue uno de los mejores días en nuestro pueblo.

Keith Miller dijo una vez: "Jesús nunca se esforzó por ayudar a nadie". La primera vez que escuché eso, me enojé. Es algo horrible decir eso de Jesús. Luego pensé al respecto algún tiempo y comprendí lo que Miller en verdad decía. Jesús nunca se esforzó por ayudar a nadie porque ayudar a la gente nunca fue "un esfuerzo". Fue la razón primordial de su existencia.

Le he dicho a mi esposa que cuando muera quiero que graben esto en la lápida de mi tumba: "Aquí descansa Phillip Gulley. Nunca se esforzó por ayudar a nadie". Sin embargo, conociendo mi suerte, les faltará espacio y sólo escribirán: "Aquí descansa Phillip Gulley. Nunca ayudó a nadie".

Lo que puede estar más cerca de la verdad, a menos que mi iglesia comience a cooperar.

Phillip Gulley

El escritor

Yo puedo vivir dos meses de un elogio.

Mark Twain

La vida del siglo XIX propinó al muchacho de Londres de diez años muy mal trato. Mientras su padre languidecía en la cárcel de los deudores, dolorosas punzadas de hambre roían su estómago. Para alimentarse, el niño tomó un trabajo pegando etiquetas en frascos de grasa para calzado en una bodega sombría, infestada de ratas. Dormía en un deprimente cuarto de ático con otros dos granujas de la calle, mientras en secreto soñaba con ser escritor. Con sólo cuatro años de educación escolar, tenía poca confianza en su capacidad. Para evitar las risas burlonas que esperaba, se deslizó a hurtadillas en la profundidad de la noche para enviar por correo su primer manuscrito.

Historia tras historia le fue rechazada, hasta que finalmente una se le aceptó. No hubo pago, pero de cualquier modo un editor elogió el trabajo.

El reconocimiento que recibió por la publicación de esa historia cambió su vida. Si no hubiera sido por el estímulo de ese editor, habría podido pasar toda su vida laboral en una fábrica infestada de ratas.

Tal vez usted haya oído hablar de este niño, cuyos libros dieron origen a muchas reformas en el trato a niños y pobres: su nombre es Charles Dickens, autor de *Un cuento de Navidad.*

Willy McNamara

Tzippie

Un caluroso día de verano, una joven pareja y su hija de cuatro años, Tzippie, iban camino a las montañas para pasar algunas semanas de vacaciones. De pronto, un inmenso camión en el carril opuesto se impactó de frente contra el pequeño auto de la familia. La pareja quedó gravemente herida y la pequeña Tzippie sufrió muchas fracturas. De inmediato se les transportó al hospital más cercano, donde a Tzippie se le internó en el pabellón para niños, y a sus padres en la unidad de cuidados intensivos. Como uno bien puede imaginar, Tzippie no sólo padecía terribles dolores, también estaba atemorizada porque sus padres no estaban ahí para consolarla.

Martha, la enfermera asignada a Tzippie, era una mujer de edad y soltera. Comprendió el miedo y la inseguridad de Tzippie y se dedicó en cuerpo y alma a ella. Cuando Martha terminaba su turno, en lugar de ir a casa, se prestaba como voluntaria para quedarse con Tzippie por la noche. Claro que Tzippie le tomó un gran afecto y dependía de ella para todas sus necesidades. Martha le llevaba galletas, libros ilustrados y juguetes; le cantó canciones y le narró innumerables cuentos.

Cuando Tzippie estuvo en condiciones de moverse, Martha la colocaba todos los días en una silla de ruedas y la llevaba de visita con sus padres.

Después de muchos meses de hospitalización, la familia fue dada de alta. Antes de dejar el hospital, los padres bendijeron a Martha por su devoto y amoroso cuidado y la invitaron a visitarlos. Tzippie no quería desprenderse de Martha e insistió en que fuera a vivir con ellos. Martha tampoco quería separarse de su pequeña Tzippie, pero su vida estaba en el pabellón de niños del hospital y no podía ni pensar en alejarse. Cuando Tzippie y la amorosa enfermera se despidieron, hubo lágrimas de tristeza. Durante unos cuantos meses, la familia mantuvo una estrecha relación con Martha, sólo a través de llamadas telefónicas, ya que vivían a gran distancia de ella. Sin embargo, cuando se fueron a vivir al extranjero, se perdieron la pista.

Pasaron más de 30 años. Un invierno, Martha, que ahora tenía más de 70 años, enfermó seriamente de neumonía y se le internó en el pabellón geriátrico de un hospital cercano a su casa. Ahí había una enfermera en turno que observó que Martha recibía muy pocas visitas. Hizo su mayor esfuerzo por darle a la anciana un cuidado especial, y se percató de que era una persona sensible e inteligente.

Una noche, estando la enfermera sentada junto a su anciana paciente, y disfrutando de una charla tranquila, le confió lo que la había motivado a ser enfermera. Cuando tenía cuatro años, explicó, y sus padres quedaron lesionados en un accidente automovilístico, hubo una maravillosa enfermera que la ayudó a recuperar la salud con su amorosa y cuidadosa devoción. Al crecer, decidió que un día ella también sería enfermera y ayudaría a otros, desde niños hasta ancianos, como lo había hecho aquella mujer con ella.

Después de graduarse de enfermera en el extranjero, conoció a un joven americano, y cuando se casaron, se mudaron a Estados Unidos. Hacía pocos meses se habían mudado a esta ciudad, donde a su esposo le habían ofrecido un trabajo muy bueno, y ella se sentía feliz de haber obtenido un puesto como enfermera en este hospital. Al irse desarrollando la historia de la enfermera, de los ojos de la anciana fueron brotando lágrimas al darse cuenta de que ésta era con seguridad su pequeña Tzippie, a quien había cuidado después del accidente.

Cuando la enfermera terminó su historia, Martha exclamó suavemente:

—Tzippie, estamos juntas de nuevo, ¡pero esta vez tú eres la enfermera!

Los ojos de Tzippie se abrieron al observar a Martha, a quien de pronto reconoció.

—¿Eres en verdad tú? —gritó—. ¡Cuántas veces he pensado en ti y orado que algún día nos volviéramos a encontrar!

Cuando Martha se recuperó de su enfermedad, Tzippie, esta vez, no le suplicó que se fuera a vivir con ella y su familia, simplemente empacó las pertenencias de Martha y se la llevó a casa con ella. Ella vive hasta este día con Tzippie, y su esposo y sus hijos la acogieron como una abuela de lo más especial.

Ruchoma Shain

La visita de mamá

Haz lo que puedas, con lo que tengas, en donde estés.

Theodore Roosevelt

Temprano por la mañana me encontraba acurrucada bajo el edredón que mi abuela me había confeccionado. Yo era pequeña para mis siete años, pero abuelita siempre me decía que no importaba, que yo tenía "mucha chispa". Al sentarme, quitándome el sueño de los ojos, de pronto recordé el día que era. La emoción atravesó todo mi cuerpo. Luché con el edredón para liberar mis pies. Una vez libre, salté fuera de la cama.

¡Abuelita! ¡Abuelita! –grité mientras corría por toda la casa. Estiré la mano para agarrar la perilla de la puerta que conducía a la cocina. Traté de detenerme, pero mi cuerpo giró en la esquina con tal fuerza que los pies tomaron un camino, los brazos otro y yo caí a todo lo largo en el piso de la cocina.

Mi abuela levantó la vista justo para verme caer. Una mujer robusta con cabello entrecano, abuelita tenía un rostro adusto y casi nunca sonreía. Desde el piso, vi que tenía una mano en el tazón para batir y la otra, enharinada, descansaba en su cadera. Una de sus cejas empezaba a levantarse mientras la otra se mantenía perfectamente inmóvil. Sabía que cuando esa ceja se levantaba, yo estaba en problemas. Pero mi emoción era tal, que no me importó.

—Abuelita, adivina —exclamé—. ¿Sabes qué día es hoy? ¿Sabes? ¿Sabes?

La ceja bajó lentamente y vi un indicio de sonrisa.

—Creo que sé qué día es hoy —respondió abuelita con alegría en la voz. Mientras ella hablaba, conseguí levantarme, agarrándome de su falda para ayudarme.

Abuelita movió la cabeza:

—Hija del Señor, un día vas a ser la causa de mi muerte —volvió su atención al tazón donde continuó amasando la pasta para los bollos—. Ahora, anda, lávate para desayunar —sabía que era mejor no discutir y hacer lo que se me pedía.

Cuando el desayuno estuvo servido en la mesa, comencé a comer los bollos con salsa tan rápido como los podía meter en mi boca.

—Victoria —dijo abuelita con voz de mando. Dejé de masticar y miré a mi abuela, mis mejillas infladas de comida—, despacio, que aquí no comemos como puercos.

Logré responder:

—Sí, señora —cuando mi boca se vació por fin, añadí—: Pero tengo que estar lista, abuelita. ¡Mamá va'venir hoy!

Abuelita miró dentro de mis grandes ojos azules con una expresión que no comprendí y manifestó:

—Eso dijo, mi niña. Eso dijo.

Continué:

—¿Puedo usar hoy mi mejor vestido? ¿Puedo? Oh, por favor, abuelita —mis palabras surgieron con tal rapidez que abuelita no pudo interrumpirme.

Cuando logró contestar, su voz era la de una anciana muy cansada:

—Supongo que sí.

Abuelita me había dicho que mi madre planeaba visitarme, pero también me advirtió que no era seguro que lo hiciera. Lo que yo no sabía entonces es que mi madre ya había llamado muchas veces antes para decir: "Voy a pasar a ver a Victoria", para no llegar jamás. Abuelita decidió no volver a decírmelo para que no me desilusionara.

Pero en esta ocasión mi madre parecía tan decidida, que me lo mencionó. Ahora esperaba no haber cometido un error.

Corrí a mi clóset y alcancé mi vestido favorito. Era de algodón azul marino con un mandil blanco. Tan pronto terminé de vestirme, con el cabello recogido hacia atrás en cola de caballo con un moño blanco, corrí a la puerta principal, bajé la escalera y atravesé el jardín. Ya había elegido el sitio donde esperaría a mamá.

En el borde del camino había un viejo pedestal de teléfono lo bastante amplio como para que pudiera sentarme. De ahí podía ver toda la calle en ambas direcciones.

El sol brillaba, por lo que me protegía los ojos con la mano para ver. Nada había a la vista excepto nuestro vecino, el viejo señor Bearden, labrando sus campos.

Entonces vi algo acercándose por el camino. Era negro, pero estaba demasiado lejos para distinguir lo que era. Esperé, columpiando los pies y golpeando el pedestal con porrazos de satisfacción. La cosa negra se acercó, era demasiado pequeña y lenta como para que fuera un auto. Sonreí cuando vi que era una vieja perra que corría por el camino con dos cachorros pisándole los talones.

Yo adoraba los cachorros, pero abuelita no me permitía tener uno. Salté del pedestal y caminé hacia la perra. "Podría jugar con los cachorros un momento", pensé, pero recapacité cuando miré mi mejor vestido. Con un suspiro, me regresé.

El sol avanzó por el cielo. Pasaron tres horas, luego cinco, aún sin señales de mamá. Abuelita me hizo un emparedado para almorzar, pero se lo di a las hormigas para verlas escabullirse por todos lados y arrancar hasta la última migaja.

Gotas de sudor brotaron en mi frente cuando el calor de la tarde aumentó, pero nunca me moví demasiado lejos del pedestal. Conté cinco carros que llegaron... y se fueron. Cada vez que se acercaba uno... mi corazón latía más fuerte, pero al alejarse a toda velocidad, mis latidos se hacían más lentos.

Me mantuve ocupada viendo los hormigueros; vi también las vacas comiendo hierba en la granja del señor Bearden, pero hasta eso dejó de divertirme.

El sol empezó a declinar, lanzando sombras a través del jardín. Cuando cayó la oscuridad, abuelita salió al pórtico principal. Me vio ir de un lado a otro esforzándome por ver si tan solo se acercaba un auto más. Pero el auto nunca llegó.

Finalmente, abuelita me llamó:

—Entra ya, Victoria, que se hace de noche.

Ignoré las palabras de mi abuela al tiempo que las lágrimas inundaron mis ojos. Con los puños cerrados a los lados, me murmuré a mí misma: "¡No! ¡No entraré! ¡Mi mamá va a venir! ¡Va a venir!"

Me quedé ahí parada unos minutos, con las lágrimas corriendo en riachuelos por mi cara sucia. Entonces percibí por el rabillo del ojo un movimiento. Me esforcé por ver mejor y entonces escuché un gemido. Era un cachorro, cojeando por el camino, con una patita al aire. Se parecía a los cachorros que habían pasado con su mamá hacia ya muchas horas.

Estaba cubierto de polvo, y tan cansado, que apenas podía caminar. Me hinqué para verlo mejor y cojeó hacia mí. Levanté al cachorro y lo apreté contra mi mandil blanco. Y al lamerme la cara manchada de lágrimas, lo apreté todavía más.

—Supongo que también estás buscando a tu mamá.

Abuelita se acercaba a mis espaldas y escuchó mis palabras. La anciana me levantó junto con el polvoriento cachorro y nos llevó a la mecedora del pórtico.

Nos meció una y otra vez. No se dijo ni una palabra; ninguna serviría.

Abuelita miró al cachorro y le acarició el pelaje enredado; él le lamió la mano. Finalmente abuelita habló con voz apacible:

—Victoria, creo que los ángeles te enviaron a alguien para amar.

Reconfortada, apreté al cachorro mientras me acurrucaba contra mi abuelita.

La noche era silenciosa. El único sonido era el suave canto de mi abuela:

—¡Sh...! ¡Sh...! Bebé mío, no llores, que abuelita te va a cantar una bonita canción de cuna...

Victoria Robinson

Margaret de Nueva Orleans

Si usted va alguna vez a la hermosa ciudad de Nueva Orleans, de seguro alguien lo llevará al viejo distrito comercial de la ciudad, donde hay bancos, negocios y hoteles, y le mostrará una estatua erigida en 1884, situada en una pequeña plaza por ahí. Es la estatua de una mujer sentada en una pequeña silla con los brazos alrededor de un niño recostado contra ella. La mujer no es bella, usa zapatos burdos, un vestido sencillo con un pequeño mantón y un sombrero para el sol. Es robusta y baja de estatura, y su rostro es de irlandesa de mentón cuadrado. Pero sus ojos lo ven a uno como si fueran los de su propia madre.

Ahora bien, hay algo bastante sorprendente acerca de esta estatua. Fue una de las primeras que se hicieron en este país en honor de una mujer. Incluso en la vieja Europa no hay muchos monumentos dedicados a mujeres, y la mayoría de los pocos que hay, son de grandes reinas o princesas, muy bellas y ricamente adornadas. Como ve, esta estatua en Nueva Orleans no se parece a ninguna otra.

Es la estatua de una mujer llamada Margaret. Su nombre completo fue Margaret Haughery, pero nadie en Nueva Orleans la recuerda como tal, es como si usted pensara en su más querida hermana por su nombre completo. Ella es sólo Margaret.

Esta es su historia y explica el porqué la gente erigió un monumento en su honor.

Cuando Margaret era todavía bebé, su padre y su madre murieron y la adoptaron dos jóvenes tan pobres y gentiles como sus propios padres. Vivió con ellos hasta que creció, luego se casó y tuvo un hijo. Al poco tiempo su esposo murió y después también el bebé murió, y Margaret se quedó absolutamente sola en el mundo. Era pobre, pero también fuerte y sabía trabajar.

Todo el día, desde que amanecía hasta que anochecía, planchaba ropa en una lavandería. Y todos los días, mientras trabajaba frente a la ventana, veía a los pequeños huérfanos del orfanato trabajando y jugando por ahí. Después de un tiempo, una terrible enfermedad cayó en la ciudad y murieron tantas madres y padres que hubo más huérfanos de los que el orfanato podía cuidar. Ahora necesitaban un buen amigo. A usted le sería difícil pensar ¿no es así? que una pobre mujer que trabajaba en una lavandería pudiera ser buena amiga para ellos. Pero Margaret lo fue. Se fue directamente a hablar con las gentiles hermanas que dirigían el orfanato y les dijo que les iba a dar parte de sus ingresos y que además trabajaría para ellas. Al poco tiempo había trabajado tanto que hasta había ahorrado algún dinero de su salario. Con eso compró dos vacas y una carreta para hacer entregas. Entonces, cada mañana llevaba la leche en la carreta a sus clientes, y al ir pasando, iba pidiendo las sobras de comida en hoteles y casas ricas, y de regreso, en la misma carreta la llevaba a los niños hambrientos del orfanato. En las épocas más duras eso era con frecuencia todo lo que comían los niños.

Una parte del dinero que ganaba Margaret iba a dar cada semana al orfanato, que después de algunos años, fue ampliado y mejorado. Margaret era tan cuidadosa y buena para los negocios, que a pesar de sus donativos ganó más dinero y compró más vacas. Con eso construyó una casa cuna, a la cual llamó su casa de bebés.

Después de un tiempo, Margaret tuvo la oportunidad de adquirir una panadería y entonces fue panadera en lugar de lechera.

Transportó el pan como transportó la leche, en su carreta. Y seguía dando dinero al orfanato.

Entonces llegó la gran guerra, la Guerra Civil. A pesar

de todos los problemas, enfermedades y miedo de esos tiempos, Margaret siguió conduciendo su carreta de pan, y de algún modo siempre tuvo suficiente para dar a los soldados hambrientos, y para sus bebés, además de lo que vendía. A pesar de todo esto, ganó bastante, así que cuando terminó la guerra, construyó una gran fábrica de vapor para hornear su pan. Para entonces todos en la ciudad la conocían. Los niños de toda la ciudad la amaban. Los comerciantes estaban orgullosos de ella. La gente pobre recurría a ella en busca de consejo. Solía sentarse junto a la puerta abierta de su oficina con su vestido de percal, cubierta con un pequeño mantón, para dar un buen consejo a todos, fueran ricos, fueran pobres.

Luego, con el tiempo, un día Margaret murió. Y cuando llegó el momento de leer su testamento, la gente encontró que, a pesar de sus donativos, había ahorrado bastante dinero, 30 mil dólares, y que cada centavo de esa cifra iría a parar a los diferentes orfanatos de la ciudad, a cada uno le tocaría algo. Ya fuera para niños blancos o negros, judíos, católicos o protestantes, no hubo diferencia; ya que Margaret siempre dijo: "Todos son huérfanos por igual". Y nada más imagine que ese espléndido y sabio testamento fue firmado con una cruz en lugar de un nombre, ¡ya que Margaret nunca aprendió a leer o escribir!

Cuando los habitantes de Nueva Orleans supieron que Margaret había muerto, dijeron: "Fue madre para quienes no tuvieron madre. Fue amiga de quienes no tenían amigos. Tuvo una sabiduría más grande de la que las escuelas pueden enseñar. No permitiremos que su recuerdo nos abandone". Así que le hicieron una estatua, así como solía verse, sentada en su oficina o conduciendo su carreta. Y ahí está ahora, en recuerdo del gran amor y el gran poder de la sencilla Margaret Haughery, de Nueva Orleans.

Sara Cone Bryant
Proporcionado por Rochelle Pennington

Constructor de puentes

Un viejo que caminaba por un camino solitario
llegó en la noche fría y gris
a un enorme, profundo y ancho abismo
por el que fluía una corriente desbordada.

El viejo cruzó bajo la luz crepuscular;
el desenfrenado torrente no le infundió temor;
pero cuando estuvo a salvo del otro lado se volvió
y construyó un puente para ponerlo sobre dicha corriente.

"Anciano", exclamó un peregrino igual que él,
"estás desperdiciando tus fuerzas al construir aquí;
tu jornada terminará al morir el día;
nunca volverás a cruzar este camino;
ya has cruzado el abismo profundo y ancho,
¿por qué construyes este puente al atardecer?"

El constructor levantó su cabeza gris de anciano.
"Buen amigo, en el sendero por el que he venido", dijo,
"hoy sigue detrás de mí
un joven cuyos pies deben pasar por aquí.
Este desenfrenado torrente que no fue nada para mí.

Para ese joven de cabellos rubios una trampa
puede ser;
él también deberá cruzar bajo la luz crepuscular;
buen amigo, yo construyo el puente para él".

Will Allen Dromgoole

La cinta amarilla

Era un día caliente y bochornoso del verano entre mi segundo y tercer grado. Llevaba el cabello trenzado a la francesa con mi cinta amarilla favorita, la que mi tía abuela Lilly me dio antes de morir. "Lúcela, cariño", me dijo, sea lo que fuere que haya querido dar a entender.

Como cada verano, jugaba yo en mi jardín del frente con Wilma Wynonna Willett, mi amiga imaginaria. Como no se me permitía salir del jardín y nadie de mi edad vivía por ahí, "Triple W", como la llamaba, era mi mejor amiga.

De pronto, de la nada, llegó un enorme camión amarillo de mudanzas. Escuché un molesto pitido y me di cuenta de que nuestros nuevos vecinos se estaban mudando. Me emocioné, aunque deseé que no hubiera ningún niño, porque los niños, por supuesto, tienen piojos. Pero entonces vi que bajaban del camión un objeto inusual, una silla de ruedas. Se veía fría y pesada. ¿Qué clase de gente se estaría mudando? Era obvio que no eran los vecinos que yo había estado esperando en mi tranquila vida.

Pronto supe que estos vecinos tenían una hija de mi edad llamada Laura. Sin embargo, no podía caminar ni hablar, y estaba confinada a la silla de ruedas. No supe cómo reaccio-nar. ¿Debía ir a verlos, darles la mano y presentarme como mis padres me habían educado? o ¿debía esconderme ba-jo mi cama para que nunca tuviera que conocerla?

El problema se solucionó cuando mi mamá anunció que los nuevos vecinos vendrían a cenar el viernes por la noche. Cuando sonó el timbre, yo acudí y me presenté. Los padres de Laura explicaron de inmediato que Laura había nacido con parálisis cerebral, un trastorno incurable que limitaba sus movimientos, controlaba sus músculos y destruía su lenguaje. Menudas noticias para una niña de ocho años cuyas heridas anteriores habían sanado con sólo un beso y un vendaje.

Con timidez dije un "hola". Entonces la escuché, balbuceando desde el fondo de su estómago y explotando de sus labios: la risa más estrepitosa, fuerte y peculiar que hubiera yo escuchado jamás. Mi mamá me explicó que Victor Borge dijo una vez: "La risa es la distancia más corta entre dos personas", y esto era una gran verdad. Aunque Laura no podía hablar, su risa no necesitó explicación alguna. Al instante supe que esto era el principio de una amistad muy especial.

No podía entender por qué los demás niños no podían percibir a Laura igual que yo. Por el contrario, se burlaban de ella, la amenazaban y hasta empujaban su silla de ruedas. A mí también me molestaban porque era amiga de la "tullida". Por más que lo intentaba, no podía hacer que los demás niños nos dejaran en paz.

¿Qué aprendí de mi amistad con Laura? Aprendí que a personas buenas les suceden cosas malas. ¡Que la vida era injusta! Aprendí lecciones que ninguna otra situación me habría enseñado: aprendí a tener paciencia mientras miraba a Laura realizar concienzudamente sencillas tareas que le llevaban una eternidad porque no estaba capacitada físicamente para hacerlas más rápido. Aprendí a sentir compasión cuando escuchaba las burlas y veía el dolor en los ojos de Laura. Aprendí sobre el valor al ver a Laura afrontar las luchas que tenía todos los días con su cuerpo y lenguaje.

Cada mañana, Laura despierta con fuertes y dolorosos calambres musculares; comer es toda una faena porque hay que darle sus alimentos; hablar es sólo algo con lo cual ella y sus padres sueñan. Laura no se puede parar, pero si pudiera, mediría un metro 67 centímetros de estatura. Tiene grandes ojos cafés, suave cabello rizado y, por supuesto, esa gran risa. Laura comprende lo que se le dice; sencillamente no puede responder con palabras aunque se comunica señalando un tablero de letras colocado sobre la mesilla de su silla de ruedas.

Este último verano tuve el honor y privilegio de ser la persona capacitada que acompañó a Laura en los Juegos Olímpicos Especiales. Mi trabajo consistió en ayudarle a hacer todo lo que podría si no estuviera discapacitada. Envolví su mano alrededor de la pelota antes de que la lanzáramos. Nuestras manos batearon juntas y yo fui quien la vitoreó más fuerte cuando ganó la carrera de sillas de ruedas. Éramos un equipo y nuestros cuerpos trabajaron juntos para perseguir el "oro".

Ver a cada atleta olímpico especial competir en su disciplina hacía que mi corazón se alegrara y llorara al mismo tiempo. Sobre todo, aprendí a apreciar todas las bendiciones de la vida que siempre di por sentado. Ayudar a Laura a ganar la medalla de oro en dos de sus competencias fue un regalo que nos dimos mutuamente. Tomé la cinta amarilla que llevaba en mi cabello ese día y la até en la larga cola de caballo rizada de Laura.

—Lúcela, cariño —le susurré, comprendiendo finalmente lo que la tía abuela Lilly había querido dar a entender.

Nikki Willett

Y, y, y

Asomándose en una esquina de mi cuaderno borrador sobre mi escritorio, hay una nota que el tiempo ha ido doblando y tiñendo de amarillo.

Es una tarjeta de mi madre que contiene sólo cuatro oraciones, pero con el suficiente impacto como para cambiarme la vida para siempre.

En ella elogia sin condiciones mi habilidad para escribir. Cada oración irradia amor y muestra ejemplos específicos de lo que mi búsqueda ha significado para ella y para mi padre.

La palabra "pero" nunca aparece en la tarjeta. En cambio, la palabra "y" se encuentra una media docena de veces.

Cada vez que la leo, que es casi todos los días, me pregunto si yo hago lo mismo con mis hijas. Me he preguntado cuántas veces les he puesto "peros" a ellas, y a mí, amargando la felicidad del momento.

Odio decir que es con más frecuencia de lo que me gustaría admitir.

Aunque nuestra hija mayor solía sacar en su libreta de calificaciones la mejor nota en todo, nunca hubo un semestre en el que no hubiera por lo menos un maestro que sugiriera que hablaba demasiado en clase. Siempre olvidé preguntar si ella estaba mejorando el control de su comportamiento, si sus comentarios contribuían a la discusión en desarrollo o estimulaban a hablar a un niño más callado. Pero eso sí, llegaba a casa y la saludaba con un: "¡Felicidades! Tu papá y yo estamos muy orgullosos de tus logros, ¿pero podrías tratar de moderarte en clase?"

Lo mismo sucedía con nuestra hija menor. Al igual que su hermana, es una adorable, brillante, elocuente y amistosa niña. Ella considera que el piso de su habitación y el cuarto de baño son parte de su clóset, lo que ha hecho que le diga más de una vez: "Sí, ese proyecto es grandioso, ¡pero limpia tu cuarto!"

He notado que otros padres hacen lo mismo. "Toda la familia se reunió para Navidad, pero Kyle se retiró temprano para jugar su nuevo juego en la computadora". "Ganó el equipo de *hockey,* pero Mike debió haber hecho ese último gol". "Amy es la reina del regreso a clases, pero ahora quiere doscientos dólares para comprar un vestido nuevo y zapatos".

Pero, pero, pero.

Por el contrario, lo que aprendí de mi madre es que si uno en verdad quiere transmitir amor a sus hijos, debe cambiar y empezar a pensar "y, y, y...".

Por ejemplo: "Toda la familia se reunió para la cena de Navidad y Kyle dominó su nuevo juego en la computadora antes de que terminara la noche". "Ganó el equipo de hockey y Mike hizo su mejor esfuerzo durante todo el juego". "Amy es la reina del regreso a clases ¡y se va a ver preciosa!"

El hecho es que "pero" hace que uno se sienta mal, mientras que "y", hace que uno se sienta bien. Y cuando se trata de nuestros hijos, definitivamente hay que hacerlos sentir bien. Cuando se sienten bien consigo mismos y con lo que hacen, continuán mejorando su confianza en sí mismos, sus juicios y su relación armónica con otros. Cuando se res-tringe o menosprecia todo lo que dicen, piensan o hacen, de alguna manera su alegría se amarga y su ira aumenta.

Esto no quiere decir que los niños no necesiten o no deban responder a las expectativas de los padres. Ellos necesitan y deben responder, sin importar si estas expectativas son buenas o malas. Cuando las expectativas son siempre claras y positivas y luego se les expresan, enseñan y se les da el ejemplo, suceden cosas maravillosas. "Veo que cometiste un error, y sé que eres lo bastante inteligente como para imaginar lo que hiciste mal y tomar una mejor decisión la próxima vez". O: "Has pasado horas en ese proyecto y me encantaría que me lo explicaras". O: "Trabajamos duro para tener dinero y sé que puedes ayudar a encontrar una forma de pagar lo que quieres".

No basta con decirles a nuestros hijos que los amamos. En una época en que la frustración ha aumentado ferozmente, ya no nos podemos permitir expresar nuestro amor a cuentagotas. Si queremos disminuir la violencia en nuestra sociedad, tendremos que aumentar nuestra capacidad de observación, encomio, guía y participación en lo que están bien nuestros hijos.

"¡No más peros!" es una fuerte y clara llamada a la alegría. Es asimismo un desafío, la nueva oportunidad que tenemos cada día ante nosotros para prestar atención a lo que es bueno y promisorio para nuestros hijos y para creer con todo nuestro corazón que ellos con el tiempo serán capaces de ver lo mismo en nosotros y en las personas con quienes finalmente vivirán, trabajarán y servirán.

Y si yo alguna vez lo olvido, tengo la nota de mi madre que me lo recuerda.

Robin L. Silverman

5

INTUICIONES Y LECCIONES

La experiencia es una maestra severa; primero pone la prueba y luego da la lección.

Ley de Vernon Saunders

El día en la playa

Guarda tus problemas en un bolsillo agujereado.

Antigua tarjeta postal

No hace mucho, pasé por uno de esos periodos sombríos por los que muchos atravesamos de cuando en cuando, una repentina y drástica caída en la gráfica de la vida cuando todo pierde su novedad y nos parece aburrido, la energía se desvanece, el entusiasmo muere. El efecto en mi trabajo era alarmante. Todas las mañanas apretaba los dientes y murmuraba: "Hoy la vida recuperará algo de su antiguo significado. Tienes que superar esto. Tienes que hacerlo".

Pero los días estériles se prolongaban con tedio, y la parálisis empeoró. Llegó el momento en que supe que necesitaba ayuda.

El hombre al que me dirigí fue un médico. No un psiquiatra, sólo un médico. Era mayor que yo, y bajo su rudeza superficial se escondía una gran sabiduría y experiencia.

—No sé qué me sucede —dije desdichado—, pero sencillamente parece que me encuentro en un callejón sin sa-lida. ¿Me puede usted ayudar?

—No lo sé —respondió con calma. Hizo una pirámide con los dedos y me miró pensativo por un buen rato. Luego, de golpe, preguntó—: ¿Dónde fue más feliz de niño?

¿De niño? —repetí—. Bueno, en la playa, supongo. Teníamos una cabaña de verano ahí. A todos nos encantaba.

Miró fuera de la ventana y observó esparcirse las hojas de octubre.

—¿Es usted capaz de seguir instrucciones por un solo día?

—Creo que sí —contesté, listo para intentar cualquier cosa.

—Está bien, entonces aquí está lo que quiero que haga.

Me indicó que al día siguiente fuera solo a la playa y que llegara antes de las nueve de la mañana. Podía llevar algo de comer, pero nada de leer, escribir, escuchar radio o hablar con alguien.

—Además —añadió—, le daré una receta para tomar cada tres horas.

Arrancó cuatro recetas en blanco, escribió unas cuantas palabras en cada una, las dobló, las numeró y me las entregó.

—Tómelas a las nueve, doce, tres y seis.

—¿Habla en serio? —pregunté.

Hubo una risa corta.

—¡No pensará que estoy bromeando cuando reciba mi cuenta!

A la mañana siguiente, con poca fe, me dirigí hasta la playa. Estaba desierta. Soplaba viento del noreste; el mar se veía gris y agitado. Me senté en el carro, con todo el día ante mí totalmente vacío. Entonces saqué la primera de las recetas, la desdoblé y vi escrito: "Escuche atentamente".

Clavé la vista en las tres palabras. "Este hombre", pensé, "debe estar loco". Había prohibido la música, los noticieros y la conversación humana. ¿Qué más podía haber?

Levanté la cabeza y escuché. No había sonido alguno excepto el continuo estruendo de las olas, el graznido de una gaviota, el rugir de un avión en lo alto. Todos estos sonidos me eran familiares.

Descendí del auto. Una ráfaga de viento cerró de golpe la puerta con un repentino ruido seco. "¿Se supone", me pregunté, "que debo escuchar con atención cosas como esta?"

Me trepé a una duna y eché un vistazo a la playa solitaria. Aquí el mar rugía con tal fuerza que todos los demás sonidos se perdían. "No obstante", pensé de pronto, "debe haber sonidos debajo de los sonidos, el suave chirrido de la arena arrastrada por el viento, los minúsculos suspiros de viento entre la hierba de la duna, si el oyente se acercara lo suficiente como para escucharlos".

Impulsivamente me agaché y, sintiéndome bastante ridículo, metí la cabeza entre un montón de algas marinas, donde descubrí que si uno escucha con atención, hay una fracción de segundo en que todo reposa, esperando. En ese instante de silencio, los veloces pensamiento se detienen. La mente descansa.

Regresé al auto y me deslicé detrás del volante. "Escuche atentamente". Al escuchar de nuevo el profundo estruendo del mar, me encontré pensando en la furia animal de sus tormentas. Entonces comprendí que estaba pensando en cosas superiores a mí, y que en eso había alivio.

Aun así, la mañana pasó lenta. El hábito de hundirme en mis problemas era tan fuerte que me sentía perdido sin alguno.

Para el mediodía, el viento había barrido las nubes del cielo y el mar había adquirido un fuerte y alegre destello lustroso. Desdoblé la segunda "receta"; de nuevo me quedé entre divertido y exasperado. Tres palabras esta vez: "Intente volver atrás".

¿Atrás a qué? Al pasado, obviamente. ¿Pero por qué si todas mis preocupaciones concernían al presente o al futuro?

Dejé el auto y comencé a vagar por las dunas, reflexionando. El médico me enviaba a la playa porque era un lugar de recuerdos felices. Quizá a eso era a lo que se suponía debía regresar, al caudal de alegría que yacía medio olvidado en mi pasado.

Decidí trabajar con estas vagas impresiones, como lo haría un pintor, retocando los colores, reforzando los contornos. Elegiría incidentes específicos y recobraría tantos detalles como me fuera posible. Visualizaría a las personas completas, con ropa y gestos. Escucharía (atentamente) el sonido exacto de sus voces, el eco de sus risas.

Ahora bajaba la marea, pero todavía había cierto estruendo en el oleaje. Así que decidí regresar 20 años atrás al último viaje de pesca que hice con mi hermano menor, quien murió durante la Segunda Guerra Mundial. Pero descubrí que si cerraba los ojos y en verdad lo intentaba, lo podía ver con sorprendente claridad, incluso la agudeza y anhelo en sus ojos.

De hecho, lo vi todo: la bahía color marfil en donde pescábamos, el cielo del este al salir el sol, las grandes olas batiéndose, lentas pero imponentes. Sentí la marea burbujear cálida alrededor de mis rodillas, vi el repentino arco de la caña de pescar de mi hermano al capturar un pez, escuché su grito de triunfo. Pieza por pieza, lo reconstruí, claro e inalterado bajo el transparente barniz del tiempo. Luego desapareció.

Me incorporé sin prisa. "Intente volver atrás". Las personas felices por lo general mostraban seguridad y confianza. Y si entonces uno deliberadamente regresa y toca la feli-cidad, ¿no podrían ser liberados destellos de poder, minúsculas fuentes de fortaleza?

Este segundo periodo del día se pasó más rápido. Cuando el sol inició su largo descenso por el cielo, mi mente recorría ansiosa mi pasado, reviviendo algunos episodios, descubriendo otros que habían sido totalmente olvidados. Al recorrer tantos años, recordé eventos, y supe por el súbito y agradable entusiasmo que brotaba en mí, que no hay bondad que se desperdicie o pierda por completo.

Hacia las tres de la tarde, la marea había bajado y el sonido de las olas era sólo un susurro rítmico, como el de un gigante respirando. Me quedé en mi nido de arena, sintiéndome relajado, satisfecho y un tanto complacido. "Las recetas del doctor", pensé, "eran fáciles de tomar".

Pero no estaba preparado para la siguiente. Esta vez

las tres palabras no eran una amable sugerencia. Sonaban más como una orden. "Reexamine sus motivos".

Mi primera reacción fue puramente defensiva. "No hay nada de malo en mis motivos, me dije. Quiero tener éxito, ¿quién no lo quiere? Quiero tener cierto grado de reconocimiento, pero eso lo quiere cualquiera. Quiero más seguridad de la que tengo, ¿y por qué no?"

"Tal vez", dijo una pequeña voz en algún lugar en el interior de mi mente, "estos motivos no son bastante buenos. Quizás esa sea la razón del porqué el engranaje ha dejado de funcionar".

Levanté un puñado de arena y lo dejé fluir entre mis dedos. En el pasado, cuando mi trabajo iba bien, siempre hubo espontaneidad, algo no planeado, algo libre. Últimamente había sido todo calculado, competitivo, algo muerto. ¿Por qué? Porque he estado viendo más allá del trabajo mismo los beneficios que esperaba me traería. El trabajo había dejado de ser un fin, se había transformado en un medio para hacer dinero, para pagar cuentas. El sentido de dar algo, de ayudar a la gente, de aportar una contribución, se había perdido en un frenético afán de seguridad.

En un destello de certeza, vi que si los motivos de uno están mal, nada puede ir bien. No importa si uno es cartero, peluquero, vendedor de seguros, ama o amo de casa, lo que sea. En tanto uno sienta que está ayudando a otros, hace el trabajo bien. Cuando uno sólo se preocupa por ayudarse a sí mismo, ya no lo hace tan bien. Esta es una ley tan inexorable como la de la gravedad.

Permanecí ahí bastante tiempo. Allá lejos en el banco de arena, escuché el murmullo del oleaje cambiar a un estruendo resonante al regresar la marea. Detrás de mí, las lanzas de luz eran casi horizontales. Mi tiempo en la playa estaba por terminar y sentí una profunda admiración por el doctor y las "recetas" que había ideado tan casual y astutamente. Ahora veía que en ellas había una secuencia terapéutica que podía ser valiosa para todo aquel que afronte alguna dificultad.

Escuche atentamente: Para aquietar una mente frenética, para refrenarla, hay que dejar de prestar atención a los problemas internos e interesarse en cosas externas.

Intente volver atrás: Como la mente humana sólo se puede ocupar de una idea a la vez, uno eclipsa la preocupación presente cuando toca la felicidad pasada.

Reexamine sus motivos: Este era el meollo del "tratamiento". Este desafío era para revalorar, para ajustar los motivos de uno con sus capacidades y conciencia. Pero la mente debe estar clara y receptiva para hacerlo, por eso las seis horas anteriores de tranquilidad.

El cielo al occidente era una llamarada carmesí cuando saqué la última hoja de papel. Seis palabras esta vez. Me alejé despacio de la orilla. Unos metros antes de la marca alta me detuve y leí nuevo las palabras: "Escriba sus problemas en la arena".

Dejé volar el papel, me agaché y recogí un trozo de concha. Hincado bajo la bóveda celeste, escribí varias palabras en la arena, una sobre otra. Luego me fui y no volví la cara atrás. Había escrito mis problemas en la arena. Y la marea subía.

Arthur Gordon
Remitido por Wayne W. Hinckley

Una lección con las imágenes que pintan las nubes

Había sido otra larga semana de dirigir sesiones de entrenamiento a través de todo el país. Por lo general, me gusta relajarme en el vuelo de regreso a casa, leer algo ligero, quizás incluso cerrar los ojos unos minutos. Sin embargo, trato de estar abierta a lo que pueda suceder. Normalmente digo una pequeña oración: "Sea quien fuere quien se siente junto a mí, que así sea, y ayúdame a tener la mente abierta".

En este día particular, abordé el avión y vi a un pequeño, de unos ocho años, sentado en el asiento de la ventanilla junto a mí. Me gustan los niños, sin embargo, me sentía cansada. Mi primera reacción fue: "Oh no, no estoy segura de esto". Haciendo mi mayor esfuerzo por ser amable, dije "hola" y me presenté. Me dijo que su nombre era Bradley. Iniciamos una conversación y, en cosa de minutos, me tomó confianza y me confesó:

—Esta es la primera vez que me subo a un avión. Estoy un poco nervioso.

Me comentó que él y su familia habían viajado en auto para ver a sus primos, y que él pudo quedarse más tiempo aunque su familia había retornado antes a casa. Ahora volaba él solo de regreso a casa.

—Volar no es nada —traté de darle confianza—. Es una de las cosas más sencillas que harás en la vida —me detuve a pensar un momento, y luego le pregunté—: ¿Te has subido alguna vez a una montaña rusa?

—¡Me encantan las montañas rusas!

—¿Y vas sin agarrarte?

—Oh sí, me encanta —sonrió. Yo hice como si me horrorizara.

—¿Te subes a veces en la parte delantera? —le pregunté con fingido temor en el rostro.

—¡Sí, siempre trato de subirme adelante!

—¿Y no te da miedo?

Negó con la cabeza, con clara muestra de que se sentía ahora superior a mí.

—Bueno, este vuelo no será nada comparado con eso. Yo ni siquiera me subo a la montaña rusa, y no me da ni tantito miedo volar.

Una sonrisa surgió en su rostro.

—¿De veras? —podía ver que empezaba a pensar que quizá después de todo era valiente.

El avión comenzó a rodar por la pista. Al ascender, Bradley miró por la ventana y comenzó a describir emocionado todo lo que veía. Comentó las formas de las nubes y lo que parecían en el cielo.

—¡Esta nube parece una mariposa y aquélla se ve como un caballo!

De pronto vi este vuelo a través de los ojos de un niño de ocho años. Era como si fuera la primera vez que volara. Luego me preguntó Bradley en qué trabajaba. Le hablé de los entrenamientos que dirigía y mencioné que también hacía comerciales de radio y televisión.

Sus ojos se iluminaron.

—Una vez mi hermana y yo hicimos un comercial de televisión.

—¿De veras? ¿Qué te pareció?

Contestó que había sido muy emocionante para ellos. Luego me dijo que tenía que ir al baño.

Me levanté para dejarlo pasar al pasillo. Fue entonces cuando vi los tensores en sus piernas. Bradley caminó despacio hacia el baño y de regreso. Cuando se sentó otra vez, me explicó.

—Tengo distrofia muscular. Mi hermana también, ahora

ella está en silla de ruedas. Por eso hicimos ese comercial, fuimos los niños modelo para la distrofia muscular.

Cuando iniciamos el descenso, me vio, sonrió y me susurró casi apenado:

—¿Sabes?, lo que en verdad me preocupaba era quién se sentaría junto a mí en el avión. Temía que fuera algún malhumorado que no quisiera hablar conmigo. Me da tanto gusto haberme sentado junto a ti.

Esa misma noche, al pensar en toda la experiencia, recordé lo valioso que es estar abierto al momento. Una semana que empezó siendo yo la entrenadora, terminó siendo yo la alumna. Ahora, cuando se me dificultan las cosas, algo que inevitablemente sucede, veo por la ventana y trato de ver las imágenes que están pintando las nubes en el cielo. Y recuerdo a Bradley, el hermoso niño que me enseñó esa lección.

Joyce A. Harvey

Anhelo sensorial

[NOTA DEL EDITOR: La siguiente historia fue enviada por una prisionera. No sabemos cuál fue su delito.]

Quiero ir a bailar y lucir un vestido que vuele y haga remolinos a mi alrededor, y reír.

Quiero sentir el resplandor de la seda deslizándose por mis brazos y bajando por mi cuerpo, la alegría del chirriar de su suavidad al tocarla con mis dedos.

Quiero dormir en mi propia cama y gozar entre la fresca textura de sábanas limpias y descansar la cabeza sobre la suavidad de mi propia almohada. E irme a dormir cuando yo quiera, con todas las luces apagadas, y despertar cuando me plazca.

Quiero estirarme en mi sillón bajo mi manta a cuadros de lana azul, mientras escucho el fluir de mi música favorita desde las bocinas hasta mi ser, regando el paisaje desértico de mi alma.

Quiero sentarme en mi pórtico y beber café hirviendo de mi jarrito de barro, y leer el periódico, y escuchar al perro ladrar a las hojas volando y a las intrusas ardillas.

Quiero contestar el teléfono y llamar a mis amigos y a la familia, y conversar hasta que nos digamos todo lo que nos hemos querido decir entre nosotros, y reír.

Quiero escuchar el tren silbar por Loveland, el crujir de la grava en la carretera y el cerrar de las puertas de los carros cuando los amigos llegan de visita. Oír el tintinear de los cubiertos de plata sobre la porcelana, el siseo y borboteo de la cafetera.

Quiero sentir mis pies descalzos en la fresca blancura del piso de mi cocina y el suave azul de la alfombra de mi recámara.

Quiero ver los colores, todos, cada color hilado alguna vez en la existencia. Y el blanco, verdadero blanco, prístino e inmaculado. Y grandes extensiones de árboles verdes y kilómetros de autopistas con cintas amarillas y metros de luces de Navidad. Y la luna.

Quiero oler el tocino crujiente, un filete asado, la cena de Día de Acción de Gracias y las enredaderas de tomate de mi padre. Y ropa limpia, el asfalto caliente del estacionamiento. Y el océano.

Pero más que todo esto, quiero pararme en la puerta de la habitación de mi hijo y verlo dormir. Y escucharlo levantarse por la mañana y verlo llegar a casa por la noche. Y tocar su cara y entrelazar mis dedos con sus cabellos y viajar en su camión y comer sus emparedados de queso fundido.

Y verlo crecer y reír y jugar y comer y conducir y *vivir.* Sobre todo, sobre todo, vivir. Y abrazarlo y apretarlo hasta que se ría y diga: "¡Mamá, basta!"

Y luego tener la libertad para volverlo a hacer.

Deborah E. Hill

El regalo de cumpleaños

Sueño que un día mis cuatro pequeños vivan en una nación donde no se les juzgue por el color de la piel sino por la capacidad de su carácter...

Martin Luther King, Jr.

[NOTA DEL EDITOR: Esta historia fue escrita en 1969.]

Una semana después de que mi hijo empezó el primer grado, llegó con la noticia de que Roger, el único afroamericano de la clase, era su compañero en el patio de recreo. Tragué saliva y dije:

—Que bien. ¿Y hasta cuándo cambian de compañero?

—Oh, va a ser mi compañero todo el tiempo —contestó Bill.

A la semana siguiente, recibí la noticia de que Bill había pedido que Roger fuera su compañero de pupitre.

A menos que usted haya nacido y sido educado en lo más profundo del Sur, como yo, no puede saber lo que esto significa. Solicité una cita con la maestra.

Me recibió con ojos cansados, sarcásticos.

—Bueno, supongo que usted también quiere un nuevo compañero de pupitre para su hijo —profirió—. ¿Me puede esperar unos minutos? Hay otra madre que está llegando.

Levanté la vista y vi a una mujer de mi edad. Mi corazón se aceleró al darme cuenta de que debía ser la madre de Roger. Mostraba una dignidad tranquila y mucho aplomo, pero ningún rasgo podía ocultar la ansiedad que escuché en sus preguntas:

—¿Cómo se desempeña Roger? Espero que vaya al paso de los otros niños. Si no es así, sólo hágamelo saber.

Titubeó al preguntar:

—¿Le está dando problemas de algún tipo? Lo que quiero decir es que por qué cambia tanto de pupitre.

Sentí su terrible tensión, porque conocía la respuesta. Pero me enorgulleció esa maestra de primer grado por su gentil respuesta:

—No, Roger no me causa ningún problema. Durante las primeras semanas trato de cambiar a todos los niños hasta que cada uno encuentra su compañero adecuado.

Me presenté y dije que mi hijo iba ser el nuevo compañero de Roger y que esperaba que se llevaran bien. Aunque sabía que era sólo un deseo superficial, que no era de corazón. Pero pude ver que eso la ayudó.

Roger invitó dos veces a Bill a ir a su casa, pero encontré excusas. Entonces llegó la aflicción que siempre me hará sufrir.

El día de mi cumpleaños Bill llegó de la escuela con un trozo de papel sucio doblado en un cuadrado muy pequeño. Desdoblándolo, encontré tres flores dibujadas con lápices de colores, con un letrero de "feliz cumpleaños" y una moneda.

—Es de Roger —manifestó Bill—. Es el dinero de su leche. Cuando le dije que hoy era tu cumpleaños, me lo dio para que te lo trajera. Dice que tú eres su amiga porque eres la única madre que no hizo que buscara otro compañero de pupitre.

Mavis Burton Ferguson

La señora George

Ve confiado por donde te lleven tus sueños.
Vive la vida que has imaginado.

Henry David Thoureau

Conocí a la señora George, la maestra de la nueva secundaria Dr. J. P. Lord, en un cuarto pequeño concebido para un maestro y un alumno.

El cuarto había sido transformado en salón de clase para cuatro adolescentes. Tres estábamos en silla de ruedas y uno caminaba con bastón. Todos teníamos algún tipo de problema médico. El muchacho del bastón estaba oficialmente ciego. En cuanto a los tres en silla de ruedas, uno era víctima de un disparo en la cabeza, uno padecía distrofia muscular y el otro parálisis cerebral.

Yo era el de la parálisis cerebral. Cuando trataba de vocalizar, la señora George me decía en broma que sonaba como el llamado de apareamiento de un alce.

Cada uno tenía diferentes necesidades académicas y emocionales, que iban desde prepararse para la universidad hasta prepararse para la muerte. La señora George hacía todo lo que podía por ayudar a la primera clase de la secundaria Dr. J. P. Lord.

La señora George tendría unos 50 años, medía poco más de metro y medio de altura, tenía pelo negro cano (que al terminar el año escolar era todavía más cano), tez oliva y voz muy aguda. Tenía la costumbre de hablar muy rápido y terminar sus explicaciones con: "¿lo ves?".

El primer día de escuela nos saludó con un alegre:

—Buenos días, muchachos. Este salón se formó en el último minuto, pero creo que nos irá bien. Esta secundaria es la primera de su tipo en Nebraska, así que somos pioneros. Los pioneros deben tolerar algunos problemas. Sé que todos ustedes se conocen, excepto Bill y David. David, este es Bill, padece parálisis cerebral. Se retiró más o menos cuando tú llegaste porque esta escuela no ofrecía entonces secundaria. Bill, David es hawaiano y padece distrofia muscular. Cumplirá 19 años el 6 de mayo y haremos una fiesta de cumpleaños con muchachas para bailar.

Me pregunté si ella sabría lo que era la distrofia muscular. Yo sabía que David no duraría hasta su cumpleaños. Ya había cumplido más años de los que cumplen la mayoría de los que sufren esa discapacidad. Sus pulmones ya estaban afectados, lo que significaba que su respiración requeriría un esfuerzo continuo.

—Ahora quiero que empiecen con lo que deseo que hagan. Tengo expectativas para todos ustedes, ¿lo ven? —declaró la nueva maestra idealista.

Cuando se me acercó, yo estaba clasificando piedras para completar una tarea en ciencias de la Tierra. Sentada junto a mí, dijo:

—Escuché que has estado tomando cursos por correspondencia de la Universidad de Nebraska en Lincoln, y que no has avanzado mucho en los últimos tres años. Sé que esos cursos son tediosos y requieren mucho tiempo, pero yo te voy a ayudar y nos propondremos la graduación para la próxima primavera. También te daré tu almuerzo si te parece. Sé que preferirías a una de esas polluelas que acaban de salir de la universidad, pero te tocó la gallina vieja. ¿Tienes alguna pregunta?

"No creo que David llegue hasta su cumpleaños. Sus pulmones están muy débiles y estos inviernos son duros para cualquiera", deletreé despacio en mi tablero de letras con un punzón sobre la cabeza, al que comúnmente se le conocía como palo para la cabeza.

—Tú y yo sabemos eso, pero él no. Así como tú quieres tu diploma, David quiere su pastel cuando cumpla 19 años.

La señora George cumplió su palabra. Yo terminé los cursos e inicié nuevos a sorprendente velocidad. Sin embargo, David empeoró durante la época de vacaciones. Tenía miedo de irse a dormir en la noche por temor a no despertar. Así que la señora George le permitió que durmiera en clase y lo tranquilizó:

—Tenemos hospitales al otro lado de la calle, y si tenemos que ir, podemos estar ahí en cinco minutos. Así que, David, estás más seguro aquí que en ningún otro lado.

Una vez que David había estado teniendo problemas para respirar, la señora George tuvo que darle masaje en el pecho toda la tarde. Mientras lo hacía, explicó al auxiliar de terapia física parado a su lado con oxígeno:

—David me está ayudando a desarrollar mi brazo para el tenis, así que si algún día ve a una mujer de metro y medio con abultados bíceps en una cancha de tenis, esa seré yo. ¡Esto es un ejercicio fantástico! ¿Lo ve?"

Un día estábamos discutiendo algún tema aburrido de mi curso de historia universal cuando me pidió:

—Mientras trabajo con los otros dos caballeros, no puedo cuidar la respiración de David, así que te lo encargo, Bill, ¿de acuerdo? Si se desploma, haces uno de tus ruidos de alce para atraer mi atención. No se le ve bien, ¿verdad? Pero lo mantendremos en la escuela todo el tiempo que podamos. Por lo menos su mamá no tiene que cuidarlo mientras está aquí. Bueno, ahora nosotros deberíamos ser capaces de terminar este condenado curso de historia universal en marzo, si tenemos suerte. Este es un curso árido y estoy segura de que tú ya estás harto, ¡porque yo lo estoy!

A menudo, cuando David jadeaba por aspirar aire, me miraba y decía:

—Estoy bien, Bill, estoy bien. Gracias por cuidarme.

Por fortuna nunca se necesitó mi ruido de alce. La vigilancia, sin embargo, me hizo madurar mucho. Observaba a David, y al hacerlo, tomé conciencia de su deseo de vivir. Al verlo luchar por cada bocanada de aire que aspiraba, de pronto comprendí el valor de vivir. Así que cuando tenía que hacer alguna investigación aburrida, no me importaba, porque por lo menos la podía hacer sin preocuparme por respirar. Creo que esta era la lección que la señora George me estaba enseñando al hacerme echar un ojo a David.

El 10 de abril fue el último día de escuela de David. Esa noche empeoró. Se le llevó de inmediato al hospital, donde se le podía ayudar con su respiración mediante aparatos adecuados.

El 15 de abril de 1975 yo había planeado visitarlo después de la escuela. Pero esa mañana encontré una nota escrita a mano junto a mi máquina de escribir que decía: "No vayas al hospital en la noche; David murió mientras dormía. No se lo quise decir a los otros muchachos porque hoy la escuela va a ir al circo y no hay razón para echar a perder eso. Le guardaremos luto juntos. J. George".

Aunque la señora George no pudo hacer realidad el sueño de David de celebrar su cumpleaños número 19 (¡Dios sabe que lo intentó!), hizo realidad mi sueño de graduarme de secundaria.

Estando en el estrado una cálida noche de mayo en 1976, escuchando la canción de la ceremonia de graduación, "El sueño imposible", las palabras parecían apropiadas para la dama vestida de amarillo que me veía orgullosa recibir mi diploma, porque ella "soñó el sueño imposible" y lo hizo realidad.

William L. Rush

Un tazón de humildad

Suena el claxon, salpica aqua, el auto se detiene, arranca de nuevo. Tráfico intenso. Lluvia abundante. Mi Volkswagen de siete años aranza a tirones por la carretera como un insecto sobre cinta pegajosa. Los problemas me zumbaban irritados en la cabeza. Durante semanas invertí todas mis esperanzas y energía en preparar una presentación de diseño interior para un cliente muy rico, y acababa de enterarme de que había perdido el trabajo con un competidor. "Pero tu peor error, Linda", me regañé, "fue contar con el dinero. ¿Cuándo aprenderás a no suponer?"

El tráfico se detuvo, saqué mi chequera de mi bolsa y la abrí. Saldo, menos de 40 dólares. De nuevo estaba casi en quiebra. No podía comenzar a estirar eso para cubrir lo que mi hijo Tim, de 15 años, y yo, íbamos a necesitar hasta mi siguiente cheque.

Desde mi divorcio, los problemas me caían como la lluvia que nublaba mi visión a través del parabrisas. No sólo era la escasez de dinero, eran las largas horas en un trabajo estresante, sentimientos de culpa por no haber llegado de nuevo al juego de basquetbol de la escuela, la sensación siempre presente de "estar en esto totalmente sola", la presión autoimpuesta de alcanzar niveles superiores, mi desempeño sobrehumano en todo momento y en todo tipo de situaciones diferentes.

El auto adelante de mí avanzó unos centímetros y giré hacia mi carril de salida. Había pensado detenerme en la tienda de víveres, pero con mi maquillaje descompuesto por el llanto y con el saldo de la chequera como estaba, decidí seguir de largo y hacer la cena con lo que teníamos en casa.

Esta tarde Tim no tenía que asistir a su trabajo de fin de semana y después de clases en el Tastee-Freez local. Sabía que regresaría a casa antes que yo y que podía haber comenzado a preparar la cena. Le gustaba preparar la comida y cocinaba para nosotros con bastante frecuencia. Por el momento su especialidad era chile con carne, así que era muy posible que cenáramos eso esta noche. "Eso espero", pensé. "El chile con carne caería bien en una fría noche de lluvia como esta".

Empecé a hacer planes para la noche. "Merezco mimarme", decidí, así que nada de libros esta noche. Cena, un buen baño caliente, tal vez un poco de televisión. En la mañana, antes de partir, había lavado la ropa y le pedí a Tim que la pusiera en la secadora por mí. Me ocuparía de doblarla y habría terminado.

Llegué a nuestro camino de grava, me estacioné y entré rápido. Saliendo de la puerta de la cocina me saludó el picante aroma del chile con carne hirviendo a fuego lento. "¡Qué bueno!" pensé. "Tim puso la mesa con los pepinillos al eneldo en conserva que preparamos el verano pasado, galletas saladas, vasos grandes de leche e incluso ¡horneó galletas de chocolate!"

—Hola, Tim —saludé mientras bajaba a toda prisa a doblar la ropa.

Abrí la puerta de nuestra vieja secadora de ropa y vi un enorme hoyo negro. Un hoyo negro vacío. Tim olvidó poner la ropa en la secadora. El ánimo que me empezaba a mejorar, se derrumbó. "Todo lo que hago es trabajar y preocuparme". Lentamente subí de regreso la escalera. Tim estaba viendo televisión.

—Me gustaría hablar contigo, Tim —una mirada a mi rostro y una cálida sonrisa desapareció del suyo.

—Las cosas no han ido muy bien por aquí —comencé—. Estoy tratando de mantener esta casa y un buen estilo de vida para nosotros dos. No recibo ayuda de tu padre, así que todo depende de mí. No te pido que hagas mucho, pero cuando lo necesito espero que me ayudes, como es el caso de poner la ropa en la secadora. Necesito ayuda de cuando en cuando, Tim. Tengo que depender de ti. Tenemos que depender el uno del otro. ¿Sabes qué nos sucedería si yo olvidara hacer lo que se espera de mí ahora?

Tim me miró como si lo hubiera abofeteado, pero se mantuvo callado y esperó a que yo terminara. Entonces se levantó del sofá, se me acercó y tomó mi mano. Jamás olvidaré ese momento. Su expresión era la de un hombre, no la de un muchacho.

—Está bien, mamá, lo siento si te fallé. Pero quiero preguntarte algo. La próxima vez que te reúnas con tus amigas y alguna te diga que su hermana se está muriendo o que su hijo mayor está en problemas con las drogas o que su madre está en una casa hogar, ¿tú les vas a decir: "Eso no es nada. Tim olvidó poner la ropa en la secadora"?

No se estaba mostrando petulante, hablaba en serio. En ese instante, con esas palabras, habíamos cambiado papeles. Él era el padre y yo la hija.

Eso fue hace muchos días lluviosos. Pero la clara perspectiva de Tim me sigue ayudando a ver cómo sortear los obstáculos cuando los problemas parecen abrumar mi vida.

Todo el mundo tiene problemas: los padres solteros como yo, gente joven, gente grande, personas casadas, personas solteras. No son los problemas en sí lo que daña, es permi-tir que le impidan a uno sentir la poderosa fuerza con la que Dios nos ha compensado.

Linda LaRocque

Viento bajo mis alas

—Mamá, ¿puedo ir a ver a Luke ahora? –preguntó Arlyn, jugueteando con las llaves de su auto en la mano.

"Hmmm", pensé. "¿Desde cuándo pedía Arlyn permiso para ir a algún lado?" Tenía 18 años y hacía dos meses se acababa de graduar de secundaria.

–Por supuesto –contesté. Tal vez Arlyn no tenía ganas de salir de casa, después de todo. Me preocupaba si sería lo bastante fuerte como para sobrevivir al rudo y temible mundo fuera de nuestro seguro nido en la Georgia rural. Ella a veces me acusaba de ser sobreprotectora. En dos semanas, sin embargo, Arlyn partiría rumbo a la universidad, estuviera preparada o no.

Pero yo estaba equivocada, muy equivocada. No esperó dos semanas para partir; se fue esa misma tarde.

Arlyn dijo adiós y condujo su auto hacia el campo. Viajó por un largo camino de tierra desierto y estacionó su auto cerca de un arroyo. Se bajó, sacó un viejo rifle de caza del maletero, colocó el cañón dentro de su boca y tiró del gatillo.

A eso de las 3:30 respondí a un llamado en mi puerta. Un hombre se identificó como comisario y entró. Caminó a zancadas por la habitación hacia una fotografía grande que colgaba en la pared.

–¿Es su hija? –preguntó, al cambiar su vista del retrato hacia mí.

–Sí, respondí orgullosa, demasiado sorprendida como para comprender que no se trataba de una visita social–. Esa es Arlyn.

Miró el retrato un momento y luego se sentó en una silla cerca de la puerta. Describió el auto de Arlyn y confirmé que era el suyo. Entonces lo soltó:

—Su hija está muerta —así nada más.

Escribí y pronunció panegírico para el funeral de mi hija. Durante una semana no tuve tiempo para pensar, para sentir, sólo tuve tiempo para existir. Funcioné como un títere de madera cuyos torpes movimientos son resultado de hilos tirados por una mano invisible. Otros mantuvieron silenciosamente el orden a mi alrededor.

Luego mi familia y amigos se retiraron y pude sentir el silencio. Dije el nombre de mi hija en voz alta, una y otra vez. El teléfono sonó: lo descolgué esperando escuchar su voz, pero nunca fue la de ella. Visité su cuarto mil veces, esperando verla ahí, pero todo lo que veía era su desgastado conejo de trapo descansando sobre su almohada. Su ropa estaba colgada en su clóset y su carta de aceptación para la universidad tirada en el piso. Cuando oía la puerta trasera abrirse, sonreía, esperando ver a Arlyn con su guitarra colgando del hombro, entrar bailando y abrazarme. Cuando otra persona aparecía, mi sonrisa se desvanecía y mi corazón se pasmaba.

Me aferré a la fantasía de que Arlyn iba a volver. Me sentaba en su auto e inhalaba su persistente aroma. Escuchaba su música y usé algunas prendas de su ropa.

Una noche tomé té en su cafetería favorita. Una muchacha morena, alta y esbelta, con cabello largo, entró; me incliné hacia delante para verla mejor. Me paré, lista para atravesar el salón y abrazarla; pero cuando se movió, vi que no era Arlyn. De noche me tiraba en la cama, tiesa como cadáver. Miraba en blanco al techo hora tras hora, hasta que la luz matutina se insinuaba por la persiana. Entonces me levantaba; o no me levantaba.

Cada minuto del día luchaba con desesperación por entender qué había sucedido. Arlyn nunca se habría suicidado. A mi hija le gustaba vivir; se reía, aprendía y amaba.

Arlyn estaba en armonía con la naturaleza y la paz. ¿Cómo podía haberse quitado la vida?

Registré de arriba abajo su recámara, buscando algún indicio. En su clóset, en los cajones del tocador, bajo su cama y en los estantes, encontré varios diarios y decenas de páginas escritas por ella. Reuní todo en un gran montón, y entonces me senté a leer.

"Me sigo preguntando por qué. Durante toda mi vida, todo lo que siempre he querido es estar muerta, no ser. ¿Por qué?", había escrito.

"No sé por qué no me maté en quinto grado cuando tuve la oportunidad", también escribió. Moví la cabeza, confundi-da. La letra era de Arlyn, pero estas palabras no podían ser suyas.

Recordé cuando Arlyn estaba en sexto grado, tenía diez años. Un día, la escuela realizó un certamen de talento. Arlyn se inscribió para cantar. Eligió usar un vestido verde, largo, de estilo victoriano y le até un moño apropiado en el cabello.

Cuando Arlyn subió frente a la concurrencia y tomó el micrófono en la mano, recorrió la audiencia hasta que me localizó. Entonces sonrió. Los estudiantes conversaban y se reían unos con otros, ignorando a la tímida niña parada frente a ellos. Me sentí impulsada a gritarles que prestaran atención, pero no pude.

La música comenzó y Arlyn empezó a cantar. Su canción fue "Viento bajo mis alas", una que popularizó Bette Midler.

Al instante, los muchachos dejaron de hablar y se fijaron en Arlyn. Su fuerte voz los acarició y le prestaron toda su atención.

Esa tarde, de regreso a casa, admiré el trofeo en su regazo. "Cuando cantas", le pregunté, "¿piensas en las palabras?" Arlyn contestó: "Cuando canto 'Viento bajo mis alas', siempre pienso en ti".

Pero ahora, Arlyn estaba muerta, y yo estaba en su cuarto leyendo que había querido suicidarse en quinto grado.

No podía comprender. Mi esposo y yo llevamos sus escritos a un psiquiatra, quien dijo que haría una "autopsia psicológica" (una evaluación de alguien basada en información de escritos u otras fuentes). Unas cuantas semanas después nos llamó para que lo visitáramos.

Nos dijo que Arlyn era maniacodepresiva. Dijo que ella sabía que "algo" no estaba bien, por lo que vivía atormentada por la confusión, vergüenza y temor. Explicó que los elementos químicos en su mente estaban desequilibrados y que habían alterado su percepción de la realidad. Este desequilibrio químico también había producido sus pensamientos de suicidio.

El psiquiatra también nos dijo que la agudeza de su mente hizo posible que Arlyn ocultara esta parte de sí misma de los demás. Insistió en que ella no quería morir.

Regresé a casa y me devoré todo el material que encontré sobre la manía depresiva (también llamada desorden bipolar) y sobre el suicidio. Comencé a entender que Arlyn pudo haber visto la muerte como un escape del dolor emocional. Era como si su corazón cargase un peso muy grande y le llegara a ser insoportable.

Así que Arlyn, mi sensible y frágil niña llevó durante años esta carga en su interior; pero un día, simplemente no pudo más con ella. Supo que si tan sólo dejaba de caminar, que si cerraba los ojos y se dejaba ir, el peso desaparecería por siempre. Así que se suicidó.

Un tema común en ciencia-ficción es proyectarnos hacia el futuro. Hay quienes visitan clarividentes con la esperanza de saber lo que el futuro les depara. Claro que sólo queremos escuchar las cosas "buenas". Sabemos que suceden cosas malas, pero por lo general no esperamos que nos ocurran a nosotros.

Si en verdad conociéramos el futuro, modificaríamos del todo nuestro comportamiento. Sin embargo, como no lo sabemos, sencillamente vamos por la vida sin tomar conciencia de que en cualquier momento se puede presentar el desastre.

Si yo hubiera sabido que el último día de vida de Arlyn sería el 7 de agosto de 1996, me habría dedicado exclusivamente a ella. Habría dejado de trabajar para pasar más tiempo con ella. Habría desconectado el teléfono y la televisión para poder escucharla con más atención. No la habría perdido de vista ni por un centésimo de segundo para poder saborear su presencia. Nada más me habría importado. Pero no lo sabía.

Una de las lecciones más profundas que me enseñó la muerte de Arlyn es que el único momento garantizado es este; por lo tanto, si vivimos la vida esperando un futuro que tal vez no exista, tal vez lamentemos por siempre nuestras selecciones.

Este conocimiento debería inspirarnos para cambiar nuestra forma de relacionarnos con nuestros semejantes. Podemos elegir entre tratar a quienes nos son importantes con más atención y sensibilidad cada momento del día, o ir por la vida como autómatas, sin pensar en la realidad de que cada momento podría ser nuestro último, o su último.

Sólo se requiere un poco más de esfuerzo para escuchar con atención, para dar un abrazo más, para decir palabras amables. Un momento que se da ahora puede prevenir una vida de remordimiento.

Para terminar, quisiera ofrecerles unas palabras de la autora Harriet Beecher Stowe, quien escribió: "Las lágrimas más amargas derramadas sobre las tumbas son por palabras no dichas y hechos sin realizar".

Karyl Chastain Beal

Aflicción

En este triste mundo nuestro, la aflicción nos llega a todos,
y a menudo llega con amarga agonía.
No es posible el perfecto alivio,
excepto con el tiempo.
Uno puede creer ahora que nunca se sentirá mejor.
Pero esto no es verdad.
Uno está seguro de volver a ser feliz.
Saber esto,
creerlo de verdad,
le hará a uno sentirse menos desdichado ahora.
He tenido suficiente experiencia para hacer esta declaración.

Abraham Lincoln

Cómo lo asimilé

La riqueza de la experiencia humana perdería algo de su gratificante alegría si no hubiese limitaciones por superar.

Helen Keller

No quería creer lo que vieron mis ojos. "Debe haber otra explicación a lo que vi", me dije una y otra vez, luchando por ocultar mi ansiedad. Estaba sentado con mi esposa, Diane, después del nacimiento de nuestra segunda hija, Sandra. Diane estaba radiante recostada en su cama del hospital hablando con su gente por teléfono. Pero Diane todavía no había visto a nuestra recién nacida. Se le había impedido ver la mirada de alarma en los ojos de la enfermera unos segundos antes de que saliera deprisa con el bebé.

No había habido pruebas. Ninguna advertencia por anticipado.

Perdí toda esperanza cuando entró el doctor y tomó una silla. Esperó paciente a que Diane terminara su conversación y colgara el teléfono, y entonces pronunció la devastadora noticia:

—Lo siento, su bebé padece síndrome de Down.

Diane tomó la noticia sin alterarse. Había tenido nueve meses para unirse a su bebé. Incluso antes de que le trajeran a Sandra para que la sostuviera en brazos, mi esposa ya amaba a nuestra recién nacida con todo el corazón. Pero yo no. Tuve que disculparme y huí de la habitación.

Caminé horas enteras por los corredores del hospital, golpeando mis puños contra las paredes y llorando a mares lágrimas de dolor. "¿Por qué tuviste que hacerle esto a mi hija?" Le reclamé a un Dios que de pronto menosprecié. "¿Por qué a ella? ¿Por qué a mí?"

¿Por qué no podía Sandra ser perfecta, como mi hijo Aaron de tres años? Aaron era un trozo de mi alma. Me encantaba dar largos paseos con él bajo la lluvia y señalarle los insectos nocturnos y los caracoles que se arrastraban por la acera. Siempre nos divertíamos los viernes por la noche cuando Diane trabajaba hasta tarde y se quedaba con sus padres para no tener que conducir la hora y media a casa y de regreso el sábado por la mañana. Jugábamos con camiones de plástico y dinosaurios. Le leía cuentos a la hora de irse a la cama.

Cuando Aaron me pedía que no me fuera, juntaba almohadas y mantas y me acomodaba en el piso junto a su cama. En la mañana, siempre amanecía acurrucado en el piso a mi lado, y al abrir sus soñolientos ojos, preguntaba:

—Papi, ¿podemos ver caricaturas?

—Seguro hijo —le respondía.

Con Sandra, las cosas no pudieron haber sido más diferentes. Después de llevarla a casa, corrí a la biblioteca y leí todo lo que pude encontrar sobre el síndrome de Down. Buscaba desesperado una pizca de esperanza. Pero cuanto más leía, más me descorazonaba. No había curación mágica para lo que yo llamaba el "estado de Sandra". Entonces ni siquiera podía lograr pronunciar las palabras "síndrome de Down".

Diane y yo nos inscribimos en un grupo de apoyo, pero después de algunas semanas no pude regresar. Escuchar a los padres de niños mayores con síndrome de Down describir los muchos problemas de salud que enfrentaban, me desconsoló totalmente. ¿Es este nuestro futuro? No pude evitar la pregunta.

Y en efecto, a los seis meses Sandra requirió cirugía de corazón. "Dios mío, por favor no me quites a Sandra", suplicó Diane, pero era un plegaria que yo no podía compartir.

"Quizá sería lo mejor", pensé en secreto, aunque preferí no reflexionar ¿mejor para quién?

Al irse transformando las semanas en meses, llevaba a Sandra, cumpliendo con mi responsabilidad, a médicos y terapeutas. Masajeaba sus piernas y trataba de fortalecer su tono muscular. Traté de enseñarle a caminar y a hablar, y con cada punto importante del desarrollo que no lograba dominar, me frustraba y deprimía más.

Me dediqué en cuerpo y alma a hacer que Sandra fuera mejor. Estaba decidido a "arreglarla", pero eso era todo lo que estaba haciendo, tratando de hacer reparaciones. No estaba amando a mi hija; sólo la sacaba de su cuna para cambiarle los pañales o para hacer alguna de sus terapias. Nunca la levanté sólo para sostenerla en brazos y disfrutar su olor a talco de bebé. Nunca le sonreí o jugué con ella a las escondidas.

—Tú no amas a Sandra como amas a Aaron —comentó Diane con ternura una tarde y tuve que admitir que tenía razón.

—Sólo necesito más tiempo —protesté sin convicción.

Me avergonzaba de mis sentimientos, y que Dios me perdone, me avergonzaba de mi pequeña. Me incomodaba que me vieran con ella. "Oh, es tan linda", la elogiaba la gente, aunque yo siempre sentí ganas de agarrarlos del pescuezo y gritarles: "¡Usted no cree eso de verdad! ¡Usted piensa que mi hija es horrible! ¡Tal vez piensa que debe estar en una institución!"

Mi ira se volvió tristeza y mi tristeza se transformó en apatía y distanciamiento. Hasta salir a pasear o jugar con Aaron perdió su encanto porque siempre me hacía recordar todas las cosas que Sandra jamás haría.

Hice todo lo que tenía que hacer para cuidar de Sandra, pero cada vez me sentía más desesperanzado e indiferente. "Así es como siempre será", suspiré un día hace como un año al colocar a mi hija de dos años en su silla alta para comer. Serví su comida de bebé en un plato y sequé mis lágrimas de desesperación. Sentía un profundo vacío en mi interior.

Pero al acercarme a la silla alta de Sandra, ella inclinó su cabecita y me estudió con sus grandes ojos azules. Extendió entonces sus bracitos y me abrazó con toda la fuerza que pudo mostrar, como para decir: "Papi, con este abrazo quiero que desaparezca toda tu tristeza".

Le devolví el abrazo a Sandra y lloré todavía más. Sólo que esta vez no lloraba de tristeza, lloraba porque mi pequeña me había mostrado lo que era ser amado incondicionalmente. Por un instante nuestros papeles se invirtieron. Sandra me había dado el amor que yo por tanto tiempo había sido incapaz de mostrarle.

Había sufrido porque mi hija no era perfecta, pero ¿quién era yo para esperar perfección si tenía yo mismo tanto por andar? ¿Quién era yo para llorar por lo que pudo haber sido, en lugar de aceptar y apreciar a mi hija por el ser tan especial que es y será siempre?

Sandra me enseñó a abrir mi corazón y dar mi amor voluntariamente y sin expectativas. Había dedicado tanto tiempo y energía haciéndome cargo de las necesidades de Sandra, que olvidé darme tiempo para simplemente disfrutar su compañía. Nunca volveré a cometer ese error.

Ahora les leo a mis dos hijos a la hora de dormir y los sábados por la mañana se nos encuentra a los tres acurrucados en el sillón viendo juntos las caricaturas. Y cada vez que hago reír a Sandra haciéndole caras divertidas, o jugando pelota con ella o abrazando a una de sus muñecas, nunca me deja de suceder: ahora que finalmente le abrí mi corazón a Sandra, cada día me lo desborda con alegría y amor.

Mike Cottrill
Como se lo narró a Bill Holton

Como yo

Fui con mi padre, y le dije,
hay un niño nuevo que llegó a mi escuela.
Es diferente a mí y no es muy listo.
No, no es en nada como yo, como yo,
no, no es en nada como yo.

Corre en forma extraña y desigual,
y en las carreras nunca es el primero en llegar.
A veces olvida por donde está la primera base,
así que no es en nada como yo, como yo,
no, no es en nada como yo.

Estudia todo el día en una clase aparte,
educación especial, dicen que se llama.
Y a veces no entiendo lo que dice,
así que no es en nada como yo, como yo,
no, no es en nada como yo.

Su cara es un poco diferente a la mía,
y a veces habla muy despacio.
Y me hace sentir extraño, y hay algo que sé;
que en nada es como yo, como yo,
no, ¡no es en nada como yo!

Y mi padre respondió: "Hijo, quiero que pienses
cuando conozcas a alguien diferente y nuevo
que puede parecer un poco extraño, es cierto,

pero no es muy diferente a ti, a ti,
no, no es muy diferente a ti".

Bueno, supongo, admití, lo he visto en su cara;
cuando lo dejan fuera del juego, se siente mal.
Y cuando otros niños lo molestan, puedo ver su tristeza.
Creo que *eso* no es muy diferente de mí, de mí.
No, eso no es muy diferente de mí.

Y cuando estamos en música, seguro le gusta cantar.
Y canta como yo, muy fuerte.
Cuando recibe sus calificaciones, puedo decir que se le ve orgulloso.
Y eso no es muy diferente de mí, de mí,
no, eso no es muy diferente de mí.

Y sé que en el comedor se divierte mucho;
le encanta comer salchichas y helado y papas fritas.
Y odia comer espinacas y eso no es ninguna sorpresa,
ya que no es muy diferente de mí, de mí,
no, eso no es muy diferente de mí.

Y siempre es muy amistoso, siempre dice ¡hola!
y me saluda de lejos y me llama por mi nombre.
Y le gustaría tener amigos y participar en juegos,
lo que no es muy diferente de mí, de mí,
no, creo que eso no es muy diferente de mí.

Y su familia en verdad lo quiere, los vi en la escuela,
recuerdo una noche de reunión con los padres.
Estaban sonriendo y orgullosos y lo abrazaban muy fuerte,
y eso no es muy diferente de mí, de mí,
no, eso no es muy diferente de mí.

Así que le dije a mi papá: "Hey, ¿te acuerdas de ese niño nuevo?"
Bueno, en verdad lo he estado pensando mucho.
Algunas cosas son diferentes... y otras cosas no...
pero en *casi todo* es como yo, como yo,
sí, mi nuevo amigo es... en mucho... como yo.

Emily Perl Kingsley

6

SOBRE EL VALOR Y LA DETERMINACIÓN

No puede uno tener miedo de pisar al otro si quiere bailar.

Lewis Freedman

"Tu miedo a que te pesquen es comprensible, pero tu miedo al agua es un obstáculo que tendrás que superar".

La voz de la víctima

Una asustada mujer habla insegura con Julie Alban, fiscal adjunta de 31 años. Julie aprueba con la cabeza en señal de comprensión, mientras Lisa describe la noche en que su novio la golpeó en el ojo. Era un golpe más de entre muchos en su turbulenta relación, pero por primera vez Lisa había llamado a la policía. Ahora tiene que decidir entre declarar contra el padre de su hijo, un hombre al que dice amar todavía, o irse a casa y perdonarlo una vez más.

El consejo de Julie es firme.

—Es mejor que no se quede con su novio a menos que él reciba asistencia psicológica —dice, inclinándose hacia delante en su silla de ruedas—. Estoy bastante familiarizada con la violencia doméstica. Estoy en esta silla porque mi ex novio trató de matarme.

Impresionada, olvidando su propio dilema, Lisa exclama:

—Dios mío, ¿qué sucedió?

—Había terminado con él —responde Julie—, y me disparó en la espalda.

Esa bala destrozó la espina dorsal de Julie, dejándola paralítica de la cintura para abajo. Pero no permitió que eso destrozara su espíritu. Por el contrario, utilizó su ira, dolor y frustración como combustible para hacer una carrera en derecho legal y una cruzada personal contra la violencia doméstica. Desde que se incorporó al despacho del procurador del distrito de Long Beach, en 1993, ha entablado miles de juicios por violencia doméstica, manejando hasta 25 al día. La mayoría en favor de mujeres maltratadas por sus esposos y novios. (Sólo quince de estos casos han ido a juicio. La mayoría de los demandados negocian los cargos y se someten a asistencia psicológica.) Es de sorprender que aunque Julie es dura como abogada, la venganza no es su objetivo.

Julie disfrutó alguna vez una vida de lujo entre la elite de California como hija de un próspero cirujano ortopédico y ex profesor. En el otoño de 1987, durante su último año de universidad, Julie empezó a salir con un compañero de la infancia llamado Brad. Él tenía entonces 23 años, había sido una vez campeón nacional junior de teni y era literalmente el vecinito de al lado.

Al principio, Julie pensó que había encontrado su alma gemela.

—Brad era muy sensible —asegura—. Cortaba rosas del jardín de sus padres para llevárselas a mi madre. Adoraba a mi padre y hasta le preguntó si le podía llamar papá.

Pero los sentimientos de Brad hacia Julie crecieron con demasiada rapidez. Comenzó a aferrarse a ella de manera opresiva y a presionarla para que se casaran. No obstante, ni ella ni su familia reconocieron la conducta de Brad como una verdadera obsesión; todos supusieron que se le pasaría.

Justo antes de la medianoche del 7 de junio de 1988, en la estancia familiar de la casa estilo hacienda de los Alban, Julie rompió el compromiso.

—Siempre te querré. Siempre seré tu amiga —le manifestó—, y siempre serás bienvenido en mi familia.

El departamento de Brad estaba a 45 minutos de distancia, por lo que Julie lo invitó a quedarse a dormir en el cuarto de huéspedes.

A las siete de la mañana del día siguiente, Julie escuchó que se abría la puerta de su cuarto.

—Fingí estar dormida. Y entonces escuché esa terrible y ruidosa explosión que me arrojó al suelo.

Poco después, Brad apuntó la pistola a su propio pecho y disparó. Julie lo observó con horror y sobresaltada, sin tomar conciencia de que estaba herida. Le gritó a sus padres, dormidos en el otro extremo de la casa. Al no obtener respuesta, se arrastró hasta la siguiente habitación, de donde llamó al 911.

Finalmente, al despertar por los gritos de Julie, su padre corrió por todo el corredor y le dio reanimación cardiopulmonar al joven que se desangraba, hasta que llegaron los paramédicos. Fue entonces cuando se dio cuenta de que Julie, todavía tirada en el suelo, también corría peligro.

—Papá, no puedo mover las piernas —se quejó Julie. Cuando su padre la giró, se le estaba derramando el líquido cefalorraquídeo.

Para agravar su angustia, el padre de Julie se percató de que a su hija la habían herido con su propia arma. Como pertenecía a la reserva de la policía del condado, invitó a Brad al campo de tiro el día anterior, y luego dejó la pistola en su auto sin cerrar.

Julie y Brad fueron transportados de inmediato al hospital, donde se les instaló en el pabellón de emergencias, sólo separados por una delgada cortina. Julie escuchó a los médicos decir que Brad sobreviviría. Se lamentó con su madre en medio de furiosos sollozos:

—Él va a salir de aquí caminando y yo nunca volveré a andar.

Dos semanas después, cuando se le dio de alta, Brad fue acusado de intento de asesinato. Pero sus acaudalados padres, miembros de la misma elite de Long Beach, pagaron la fianza por 500 mil dólares y se fue a casa sin siquiera pisar la cárcel.

Julie, entretanto, comenzó con terapia física.

—Yo había sido una muchacha activa, lista para enfrentar al mundo —señala—. Y ahí estaba, teniendo que aprender lo que debía hacer si me caía en la ducha.

Después de un mes, Julie también se fue a casa. Un día, estando acostada, angustiada e inmóvil, escuchó un repetitivo sonido familiar a través de la ventana de su habitación.

Era el sonido de Brad golpeando pelotas de tenis en su cancha privada, al lado.

En su juicio, en diciembre de 1988, Brad argumentó que estaba desesperado por deudas de juego y que había disparado contra Julie accidentalmente después de tomar una sobredosis de Valium.

Inconmovible, el jurado lo condenó. (Finalmente cumplió la mitad de su condena de catorce años de prisión antes de ser liberado bajo palabra. Luego se casó.)

Julie vio por última vez a Brad en la prisión hace ocho años, detrás de una división de vidrio.

—Quería escucharlo decir "lo siento" —dice. En cambio, lo que Brad le dijo a la mujer que había dejado paralítica de por vida fue—: Lo peor de todo esto es que sé que tu padre me odia.

Con Brad detrás de las rejas, Julie continuó con su vida, una vida muy diferente a la de antes. Ya no podía participar en las actividades sociales acostumbradas en su círculo de amigas, amistades que tenían como principal objetivo, como recuerda, jugar tenis y comprar vestidos de coctel. A cambio, Julie aprendió a conducir un auto especialmente equipado, aunque los espasmos de dolor le impedían conducirlo. Y en 1990 entró en la escuela de derecho, un sueño de toda su vida.

A pesar del dolor crónico, que con el tiempo disminuyó gracias a una cirugía para retirarle la bala y fragmentos de hueso del conducto vertebral, Julie satisfizo su ambición. Incluso hizo un examen final mientras se recuperaba en una camilla sobre ruedas, graduándose a tiempo en 1993.

Después de pasar el examen de abogacía, Julie solicitó trabajo en el despacho del procurador del distrito.

—Le aseguré a mi futuro jefe que yo sería el fiscal más firme que jamás hubiera contratado —comenta—, porque yo tenía un compromiso personal, que no encontraría en ninguna otra persona, con las víctimas.

Al respecto, incluso sus adversarios legales están de acuerdo.

—El mayor problema que tiene el fiscal en estos casos es que la mayoría de las víctimas se retractan —señala Bill

Hofman, defensor público que ha debatido contra Julie en casos de violencia doméstica—. Pero Julie Alban ayuda a estas mujeres a encontrar una voz.

Lisa parece ser una de ellas. Después de hablar con Julie, aceptó enfrentar a su novio en la corte, quien negoció un cargo menor de violencia doméstica y fue condenado a someterse a asistencia psicológica y a realizar servicio comunitario.

—Sencillamente no puede cachetearme cada vez que no le guste lo que digo —declara Lisa, con nueva firmeza y autorrespeto—. No puedo permitir que me suceda lo mismo que a Julie.

Richard Jerome

¿Barreras u obstáculos?

Los niños estaban entusiasmados ensayando y decorando la escuela rural para su próximo concierto. Al levantar la vista desde mi escritorio de maestro, vi a Patty parada esperando para expresar su urgente solicitud.

—Todos los años yo tengo que ha-a-a-acer cosas callada. Los demás niños siempre están en una ob-b-b-bra o en otra cosa. Hablando. Este año, yo también q-q-q-uiero decir un p-p-p-poema.

Al mirar esos ojos ansiosos, no hubo excusa posible. El anhelo de Patty me obligó a hacerle la promesa de que en un día o dos le tendría algo especial, una "declamación". Una promesa que me fue en verdad difícil sostener.

Ninguno de mis libros de consulta tenía una selección adecuada. Desesperado, me quedé casi toda la noche escribiendo un poema, cuidando que esas letras que traban la lengua no aparecieran. No era gran literatura, pero estaba hecho a la medida para amoldarse al problema de lenguaje de Patty.

Después de sólo unas cuantas lecturas breves, Patty había memorizado todos los versos y estaba preparada para decirlos con rapidez. De algún modo teníamos que controlar ese ímpetu sin ensombrecer su entusiasmo. Día tras día, Patty y yo trabajamos con ahínco repitiendo la declamación; ella adaptaba meticulosamente sus tiempos a mi boca en silencio. Aceptó la monótona labor, esperando ansiosa su primer papel hablado.

La noche del concierto los niños se encontraban vueltos locos de emoción.

Nervioso, el maestro de ceremonias se me acercó, agitando su programa impreso.

—¡Hay un error! Anotó a Patty en una declamación. Esa niña no puede ni decir su nombre sin tartamudear —como no había tiempo para explicaciones, hice a un lado su objeción con—: Sabemos lo que estamos haciendo.

El espectáculo se desarrollaba bien. Al presentarse número tras número, los padres y amigos respondían con alentadores aplausos.

Cuando llegó el momento de la cuestionable declamación, el maestro de ceremonias de nuevo me discutió, insistiendo que Patty avergonzaría a todos. Perdiendo la paciencia, le dije con brusquedad:

—Patty hará su parte. Usted haga la suya. Sólo presente su número.

Me escurrí por las cortinas y me senté en el suelo a los pies de la audiencia. El maestro de ceremonias pareció turbado cuando anunció:

—La siguiente declamación será por... mm... Patty Connors —a un suspiro inicial del auditorio le siguió un tenso silencio.

La cortina se abrió para mostrar a Patty, radiante, confiada.

Aquellas horas de ensayo se posesionaron del momento. Con perfecto control, la pequeña y encantadora niña fue sincronizando sus palabras con mi boca en silencio allá abajo de las luces del escenario. Articulaba cada sílaba con claridad controlada, y no hubo un balbuceo o tartamu-deo. Con los ojos radiantes, hizo su reverencia triunfal.

La cortina se cerró. Un imponente silencio dominó a la audiencia. Gradualmente el silencio dio paso a risas ahogadas, y luego a un entusiasta aplauso.

Completamente emocionado, corrí de nuevo al escenario. Mi pequeña heroína me echó los brazos encima y, radiante de alegría, tartamudeó, "¡Lo l-l-l-logramos!"

Irvine Johnston

Un tributo al valor

Era mediados de mayo y la primavera flotaba en el aire. Sentía el sol calentar mi rostro, y el olor a flores silvestres y pasto cortado se percibía por doquier. Respiré profundo, lo que pareció aliviar el dolor que aumentaba en mi vientre. Pesada por el embarazo, llamé a mi esposo:

—Cariño, creo que es hora de irnos. Cariño... ¡ahora! —salió del garaje con paso firme, calculando cada paso para no perder el equilibrio. Pude ver en su rostro preocupación y ansiedad que luchaba por dominar.

—¡Está bien, amor, ya voy! ¡Nada más no te muevas! —durante unos segundos mi rostro expresó diversión, pero al instante fue reemplazada por dolor cuando llegó otra contracción. Al levantarme de la silla, me equilibré con cuidado y él me guió hasta el auto, luego trajo a nuestra hija que jugaba ahí cerca. Mientras agarraba torpemente las llaves del auto, coloqué mi mano en la suya; sonrió, respiró profundo y arrancó el auto.

Paseó por los corredores del hospital de arriba abajo con su hija, pequeña para sus tres años, quien trataba de seguirle el paso, afianzada con fuerza a su fuerte mano. Echando una mirada a las paredes del hospital, blancas y brillantes, el olor a antiséptico golpeó su olfato. Enfermeras en uniformes blancos almidonados corrían por los corredores con todo tipo de agujas, vendajes y bolsas en sus brazos.

Mi esposo odiaba los hospitales y todo lo que representaban; antisepsia e impersonalidad. Su hija lo miró a la cara en silenciosa expectativa, confiando en que fuera un hermano.

—No falta mucho, princesa —le dijo, entendiendo su dilema—. Mami va a estar bien —añadió al percibir que aparecía miedo en sus ojos.

Sentados en la sala de espera, acunó a su hija como para protegerla mientras su mente viajaba al pasado, cuando era pequeño y se encontraba en un lugar como este... por una razón muy diferente. Sin embargo, las paredes no eran antisépticas y blancas, estaban sucias, y los cuartos olían a orines y a enfermedad. La muerte corría desenfrenada por los corredores, llevándose a un niño y despreciando a otro.

Eran los días cuando la poliomielitis atacó de lleno a los niños, cobrando muchas pequeñas víctimas. Las enfermeras decidieron dejar a un lado sus emociones para poder soportar todo lo que veían, y los niños en algunos hospitales se quedaron solos, solos y asustados. En uno de esos cuartos yacía un niño frágil, sus ojos estaban nublados por el dolor y la confusión. No comprendía por qué estaba ahí y por qué sus piernas no se movían. Había escuchado a los médicos y enfermeras hablar sobre algo llamado "polio". En todos sus nueve años nunca antes había escuchado esa palabra. De algún modo entristecía a todos, y a los niños les causaba dolor, lo que él bien conocía. Deseaba que alguien le pudiera contestar todas las preguntas que parecía que nunca recibirían respuesta, como por qué su brazo derecho funcionaba y el izquierdo no, y le dijera cuánto tiempo se necesitaba todavía para que su brazo izquierdo volviera a funcionar; después de todo, tenía práctica de beisbol en la primavera.

Escuchó a la enfermera afuera de su puerta. "¡Quizá si me encojo hasta hacerme muy pequeño no me encuentre!" Sabía lo que se le acercaba: la inmersión diaria de la mano no tan perfecta dentro de un recipiente con cera caliente... adentro de la cera... que se escurra por todos los dedos... que se endurezca, y de nuevo adentro. Ella nunca pareció percibir las lágrimas que rodaban por sus mejillas por haber estado la cera tan caliente, o el dolor en sus ojos cuando le introducía otra jeringa en su carne ya maltratada. Se quedaba muy quieto pero era en vano, la enfermera retiraba las frazadas y:

—Bien, venga esa mano —él la miraba con lágrimas en los ojos cuando ella le levantaba la mano de la cama.

Las horas se transformaron en días y los días en meses. El pequeño inocente que llegó al hospital se transformó en un luchador decidido, con valor y determinación para sobrevivir. Para ocupar su tiempo jugaba con los dedos de su mano sana... para arriba del estómago... para abajo del estómago... centímetro por centímetro para que su mano derecha se fortaleciera. A diario esperaba la visita de sus padres, aunque rara vez los veía. Tenían otros hijos a quienes cuidar, pero él pensó que por ser imperfecto lo habían abandonado.

—Señor Robinson, señor Robinson —se agitó, luchando por salir de la oscuridad que lo envolvía. Levantó la vista mientras su mente se aclaraba, tenía el rostro empapado en sudor; su cuerpo tembló y abrazó a su hija con fuerza—. Señor Robinson —sonrió la enfermera al hablar—. Es un varón —al principio no lo podía creer. Mientras su hija se reía y brincaba junto a él, preguntó renuente a la enfermera:

—¿Tiene todos los dedos de las manos y los pies?, fue una pregunta que también hizo cuando nació su hija, ya que toda la vida había oído que las personas imperfectas engendran hijos imperfectos. La enfermera sonrió con simpatía y contestó:

—Está sano, con todos los dedos de pies y manos y ¡chilla como para matarlo!

Se levantó sin premura y caminó hacia la habitación donde me encontró dormida. Tocó mi cabello con ternura y susurró:

—Te amo y te estoy muy agradecido por haber creído en nosotros —sus pensamientos se dirigieron a su hijo, quien podría jugar beisbol, futbol y todo lo que él no podía hacer. Pensó en su hija que lo amaba tal como era; para ella, él era su caballero en reluciente armadura.

Al ir pasando los años y los niños creciendo, les fue

enseñando a no juzgar a una persona por la apariencia exterior, sino por lo que hay en su interior. Los niños sabían esto demasiado bien por años de crecer entre personas que juzgaban a su padre con demasiada premura.

Han pasado catorce años desde que se paseó por los corredores del hospital en espera de la llegada de su hijo.

Es jueves por la noche y estamos sentados en el estadio de futbol con nuestra hija. La banda toca y las porristas gritan al unísono. Esperamos que el anunciador proclame el nombre de nuestro hijo:

—Robinson, número 10, mariscal de campo.

Corre por el campo, fuerte y ágil, mira hacia las tribunas, encuentra a su padre y sonríe, levanta el brazo con el pulgar al aire y mueve los labios:

—Por ti, papá.

Victoria Robinson

Riley

Deberíamos considerar perdido cada día en el que no hayamos bailado por lo menos una vez.

Friedrich Nietzsche

En marzo de 1995, mi esposa Teri y nuestras hijas gemelas de tres años, Riley y Taylor, vivían en Los Ángeles con los padres de mi esposa. Yo trabajaba a 400 kilómetros de distancia en El Centro, California, e iba los fines de semana para estar con ellas. Mi esposa tenía seis meses de embarazo, esperaba a nuestro hijo Max. Un día Riley se quejó de dolor de cabeza y mostró síntomas de gripe. El pediatra de la familia la examinó y le explicó a Teri que Riley tal vez tuviera un virus propio de la infancia.

Veinticuatro horas después, Riley estaba en la sala de emergencias del Centro Médico de Tarzana. Los rayos X y la resonancia magnética revelaron un tumor en la base del cerebro. Se nos indicó, a mi esposa y a mí, que el tumor estaba en el tronco cerebral; que había sangrado y era probable que siguiera haciéndolo. Cuando nos preparábamos para despedirnos de nuestra hija, el médico nos indicó que debía ser transportada al Centro Médico de la Universidad de California en Los Ángeles (UCLA), donde neurocirujanos pediatras podrían tratar de ayudarla. Era su única posibilidad.

Cuando Riley llegó a UCLA, nos recibió el doctor Jorge Lazareff, quien confirmó la seriedad del estado de Riley, pero nos animó a no perder la esperanza. El hecho de que

Riley todavía estuviera viva después de un sangramiento tan descomunal significaba que era una luchadora.

La primera de muchas cirugías posteriores duró catorce horas. Implicó quitar un trozo del cráneo de Riley, separar las dos mitades del cerebro, manipular el tronco cerebral y retirar el tumor. Los vasos sanguíneos dentro del tumor pueden romperse en cualquier momento y generar un ataque de apoplejía. Es crucial retirar todo el tumor para asegurarse que no haya más apoplejías en el futuro.

A Riley se le practicaron cinco cirugías similares. El personal de UCLA decía que era un milagro que siguiera con nosotros.

Durante esa primera cirugía, los médicos desconectaron el tronco cerebral del resto del cerebro. Esto hace que el cerebro pierda su habilidad para hablarle al cuerpo. Riley perdió todas las habilidades motoras; por un tiempo incluso requirió un respirador. La mayoría de los médicos nos decían que no esperáramos mucho de Riley y que estuviéramos agradecidos de que todavía estuviera viva. Sin embargo, el doctor Lazareff declaró que Riley podría demostrar que la institución médica estaba de nuevo equivocada.

Cuando finalmente llevamos a Riley a casa, no podía comer, caminar, hablar, ni siquiera podía hacer los movimientos básicos que se esperan de un recién nacido. Mi esposa Teri trabajó a diario con Riley, mientras yo regresé al trabajo. Cada fin de semana, cuando regresaba a Los Ángeles, era testigo de un nuevo milagro. Con el amor que sólo una madre puede dar, Riley aprendió a comer, hablar y mover sus extremidades de nuevo. Durante este periodo, después de ver un recital de danza en la televisión, Riley anunció que cuando fuera grande quería ser bailarina. El espíritu de Riley ya soñaba con bailar incluso antes de que aprendiera a caminar de nuevo.

Entonces recibimos la noticia de que una resonancia magnética reciente había mostrado otra vez un tumor. En agosto, Riley fue de nuevo a UCLA. Esta cirugía única que removería el tumor remanente se convirtió en siete cirugías más y cinco semanas de hospital.

Una vez más, Riley superó los obstáculos y sobrevivió a las cirugías. Otra vez sus habilidades motoras fueron sacrificadas al manipular el tronco cerebral durante la operación para llegar al tumor. Una vez más, despertó siendo sólo capaz de comunicar su dolor con los ojos. Pero nuevamente, Riley no se dio por vencida.

En la actualidad trabajo de nuevo en Los Ángeles y he visto de primera mano la lucha diaria de Riley por hacer las cosas más sencillas que a todos nos parecen obvias.

Al escribir esto, Riley es una hermosa niña de seis años. Durante los últimos tres años ha librado muchas batallas y ha salido victoriosa de una guerra que muchos adultos habrían considerado perdida. Como en todas las guerras, hay heridas emocionales y psicológicas además del daño físico. Aunque las risas de Riley suenan a diario por todo nuestro hogar, en lo físico todavía lucha con cierta parálisis facial y tiene algunos problemas visuales, los que se espera mejoren con terapia. No obstante, en junio de este año el sueño de Riley se hizo realidad, se presentó en su primer recital de ballet.

Jeffrey Weinstein

[NOTA DEL EDITOR: *El sorprendente progreso de Riley inspiró la creación de una nueva fundación de investigación en UCLA dirigida por el Dr. Lazareff, llamada Kidz'n Motion. Esta fundación estudia la plasticidad del cerebro e investiga métodos médicos para mejorar las discapacidades causadas por traumatismos cerebrales.*]

Usted también puede vencer la adversidad y ser un ganador

Se le segrega en las nieves de Valley Forge, y tenemos un George Washington.

Se le educa en la extrema pobreza, y tenemos un Abraham Lincoln.

Se le sujeta a amargos prejuicios religiosos, y tenemos un Disraeli.

Se le escupe y crucifica, y tenemos a Jesucristo.

Se le etiqueta de "demasiado estúpido para aprender", y tenemos un Tomás A. Edison.

Se le dice que es demasiado vieja para empezar a pintar a los ochenta, y tenemos una Grandma Moses.

Nace negro o negra en una sociedad con discriminación racial, y tenemos a un Booker T. Washington, Harriet Tubman, Marian Anderson, George Washington Carver o Martin Luther King, Jr.

Es el primer hijo que sobrevive dentro de una familia italiana pobre de dieciocho hijos, y tenemos un Enrico Caruso.

Sufre periodos de depresión tan severos que se corta la propia oreja, y tenemos un Vincent van Gogh.

Se le dice a finales de 1800 y principios de 1900 que sólo los hombres pueden ser científicos, y tenemos una Madame Curie, quien a la larga ganó dos premios Nobel, uno de física y otro de química.

Se le dice a un joven que le gusta bosquejar y dibujar que no tiene talento, y tenemos un Walt Disney.

Se toma a un niño lisiado cuyo único hogar fue un orfanato, y tenemos un James E. West, quien llegó a ser el primer jefe ejecutivo de los Boy Scouts de América.

Se le hace segundo violín en una oscura orquesta de Sudamérica, y tenemos un Toscanini.

Abigail Van Buren

Superman aprende a andar en bicicleta

Era el verano de 1967 y se acercaba el momento de retirar las ruedas de apoyo y aprender a andar en bicicleta.

Mi familia era dueña de un humilde motel a la orilla de la carretera llamado Bonaire, en la tranquila y pintoresca aldea de Flat Rock, Carolina del Norte. Nosotros vivíamos en el sótano, abajo de la recepción del motel, donde yo compartía un cuarto con mi hermana mayor. Mis padres oraban por esas noches en que nuestro anuncio de neón con el letrero de "cuartos disponibles" ya no lanzara su fulgor naranja en la vacía carretera estatal.

Para un niño aventurero despreocupado de asuntos como el porcentaje de ocupación, era el momento de darle buen uso a mi hiperactiva imaginación. Arrastraba los pies al caminar, como el estudioso Clark Kent, y usaba un viejo sombrero de paja, lentes de destupidor de cañerías y un abrigo gris rasgado. Luego, al primer indicio de algo fuera de lugar, desaparecía dentro de la caseta telefónica del motel y emergía momentos después con una toalla roja colgando del cuello de mi sucia playera azul con una S planchada encima que adornaba con osadía mi pecho infantil.

—¡Este es un trabajo para Superman! —gritaba al mismo tiempo que volaba para enfrentar peligros imaginarios que amenazaban al mundo.

—Oye, Superman, ¿cuándo vas a aprender a andar en bicicleta? —se burlaban los niños del vecindario al pasar pedaleando las suyas—. ¡El hombre de acero todavía usa ruedas de apoyo! —se mofaban.

Al verlos pasar de largo comprendía que me estaba quedando atrás. Para reclamar mi lugar entre sus filas, necesitaba deshacerme de mis ruedas de apoyo y aprender a andar con los niños grandes. Solicité ayuda a mi padre.

—Está bien, te voy a empujar y tú sólo recuerda guardar el equilibrio —me aconsejaba papá mientras me empujaba por el césped. Íbamos en el intento número diez, ya había tenido nueve caídas sobre el campo cubierto de hierba detrás del motel. Después de cada fracaso, mi padre me volvía a sostener del asiento de la bicicleta y comenzábamos de nuevo. Él era el motor y yo el piloto. Me impulsaba por la pista cubierta de hierba y me dejaba ir. Volaba solo, tambaleándome por la pradera, sosteniendo la respiración en espera nerviosa mientras la hierba rodaba bajo mis llantas.

¡De pronto podía andar! ¡Esta vez lo había logrado! Hasta osé sonreír mientras se desvanecían los gritos de ánimo de mi padre en el fondo. Mi sonrisa se agrandó. La victoria era mía.

"Te vas a caer". La idea surgió primero como un susurro y después se hizo más fuerte y convincente hasta que creí que debía ser verdad. Después de todo, siempre me había caído. ¿Por qué tenía que ser diferente esta vez? Mi júbilo se esfumó como el aire que sale de un globo pinchado. Me invadió el terror y mi confianza flaqueó. Convencido, caí a la hierba.

—Casi lo logras —exclamó papá, recobrando la respiración—. Escuchaste tu miedo y te caíste.

—Me rindo —manifesté irritado, tratando de evitar las lágrimas de frustración—. No quiero aprender a andar en bici.

Así que regresé a mi mundo de Clark Kent y Superman, pero de algún modo ya no era lo mismo. El intrépido reportero había dejado una historia sin terminar. El Paladín de la Capa se había rendido. Y cada vez que me abalanzaba por el traspatio para impedir otro asalto bancario, veía mi bicicleta recostada contra la puerta del garaje, haciéndome recordar que ahí había un trabajo inconcluso.

Entonces una tarde vi la bicicleta y una idea peculiar llegó a mi mente: lo podía hacer. Iba a andar en bicicleta este mismo día.

Cuando intrépido agarré el manubrio, apareció de nuevo el temor, apretando mis entrañas. De inmediato lo solté, quizá mañana. Pero entonces, de pronto, escuché los gritos y risas de los demás niños montados en sus bicicletas recorriendo el vecindario. Si ellos podían, ¡yo también podía!

Agarré el manubrio con renovada determinación y me impulsé, bamboleándome mientras luchaba por equilibrarme. Entonces respiré profundo y empecé a pedalear. Tomé ímpetu al empezar a subir el camino y, con mi capa de Superman agitándose con la brisa, di vuelta frente al motel a toda velocidad justo en el momento en que mi padre salía por la puerta de la recepción.

—¡Mira, papá! ¡Lo logré! —exclamé.

Sonrió y me saludó con la mano al desviarme por el camino de tierra para unirme a mis amigos en el juego.

A la siguiente mañana encontré mis ruedas de apoyo en el bote de la basura donde mi padre las arrojó la tarde anterior. Superman había vencido a un enemigo llamado "temor", y una vez más el mundo era un lugar más seguro y feliz.

Robert Tate Miller

El consejo de un padre

Una vez encontré una polilla rosa. Quizá alguien me diga que no hay polillas de color rosa. Tal vez no haya cosas como un caballo volador o un becerro dorado, pero insisto en que una vez encontré una polilla rosa.

La puerta del frente de la enorme casa de tres pisos donde crecí estaba protegida por fuera por cuatro paredes de cristal, casi como un invernadero. Antes de entrar en la casa, teníamos que pasar por este pequeño recinto de cristal, limpiarnos los pies, girar la perilla de la puerta y entrar al vestíbulo principal.

Encontré mi polilla rosa en este recinto. Era aquí donde los pájaros tomaban un rumbo equivocado, y tratando de traspasar la barrera invisible, agitaban las alas produciendo gran ajetreo de plumas y ruido contra el cristal. Aquí también era donde las telas de araña cobraban sus presas, y las abejas zumbaban furiosas contra el vidrio cuando también ellas caían en la trampa.

Una mañana, quizá yo tenía ocho o diez años, salí por la puerta frontal. Observé que otra polilla estaba desesperada tratando de encontrar su camino para salir de dicho recinto.

Cada vez que encontraba una abeja, un pájaro o una polilla atrapados en el vestíbulo del pórtico, los capturaba para soltarlos después. Pero noté que este insecto tenía un color que nunca antes había visto en una polilla: rosa, completamente rosa. Atrapé la polilla y la sostuve entre el hueco de mis manos cerradas.

¿Qué hace un niño con una polilla rosa? Regresé a la casa, encontré una caja de zapatos, coloqué hierba y una tapa de refresco llena de agua e introduje a mi polilla en la caja.

Murió, era obvio. A las cosas no se les puede retener por mucho tiempo; necesitan que se les ponga en libertad. Tiré la caja de zapatos, la tapa de refresco y la hierba en el bote de la basura, y enterré a la polilla en el jardín. Siento como si siempre me debatiera entre el deseo de retener las cosas y el de dejarlas ir.

Recuerdo la tarde en que Karen aprendió a andar en bicicleta sola. Comenzamos, Karen y yo, a principios del otoño. Retiré sus ruedas de apoyo, pero ella insistió en que yo sujetara el manubrio y el asiento mientras caminábamos alrededor de la plazuela.

—Te soltaré sólo por un segundo, Karen.

—¡No! —insistía ella.

Tal vez Karen un día llegue a ser jurista o cantante. Quizás invente o descubra algo, o dé a luz a su propia hija. Iba pensando en estas cosas mientras culebreábamos y hacíamos bulla alrededor de la cuadra. No le tomó mucho comprender cómo girar los pedales con los pies. Mientras yo detenía la bicicleta, la cabeza y el cabello oscuro de Karen me quedaban justo a la derecha de mi mejilla. Ella todo el tiempo miraba hacia abajo frente a la bicicleta, dando sugerencias o riendo.

Después de unas semanas, Karen se sintió lo bastante segura como para que yo soltara el manubrio, pero todavía tenía que agarrar la parte posterior del asiento.

—No me sueltes, papi.

Pasó Halloween y el día de Acción de Gracias. Las hojas desaparecieron. Practicamos cada día menos. Viento. Frío. Invierno. Colgué la bicicleta de Karen en un gancho en la parte posterior de la cochera.

Navidad. Uno de los regalos favoritos de Karen ese año fueron cinco piezas de jabón en forma de conchas que su mamá le compró.

Víspera del Año Nuevo. Nieve. Grandes cuentas de combustible. Y de pronto una súbita racha de calor.

—¿Roe? —exclamé al despertar—. ¿Escuchas ese pájaro? Es un cardenal. Ha estado cantando los últimos diez minutos. Escucha —Roe escuchó. Yo escuché. Los niños estaban abajo viendo televisión.

Después de ducharme, vestirme y desayunar, encontré a Karen en el garaje tratando de desenganchar su bicicleta. En esta última semana de enero por lo general hace mucho frío para que los niños salgan con sus bicicletas, sin embargo, ese día la temperatura era de 15 grados centígrados. Entré en el garaje y descolgué la bicicleta.

—Me encanta mi bicicleta, papá.

Se montó, la ayudé a salir por la grava de nuestro sendero a la calle y le di un ligero empujón.

—¡Vamos, papá! —y Karen simplemente se bamboleó, se sacudió, se rió y pedaleó mientras yo me quedaba ahí solo parado, viéndola girar las ruedas sobre la capa de asfalto.

Einstein habló sobre el tiempo, sobre la velocidad de la luz y los objetos moviéndose uno al lado del otro. Yo quería correr hacia Karen, sostener el asiento de su bicicleta, sostener su manubrio, tener su cabello oscuro rozando mis mejillas. No obstante, continué gritando:

—¡Sigue pedaleando, Karen! ¡Sigue pedaleando! —y luego aplaudí.

No tiene caso aferrarse a una polilla rosa, o a su hija. Ellas saldrán adelante por sí solas. Sólo hay que dejarlas en libertad.

Christopher de Vinck

Visión desde las alturas

Hay cosas que uno aprende mejor en la calma y otras en la tormenta.

Willa Cather

Aviones Cessna nos transportaron a mí y a mi grupo de alpinistas, junto con trineos y mochilas sobrecargados, a través de la cadena montañosa de Alaska hasta el glaciar Kahiltna, el campamento base del Monte McKinley.

Ese día trabajamos para construir con la nieve dura y el hielo del glaciar un campamento. Aun en el extremo frío del McKinley, el intenso calor del sol reflejado en el hielo me quemaba los ojos a través de las gafas protectoras.

Cuando las paredes de nieve estuvieron listas y las tiendas armadas, nos sentamos alrededor de nuestra estufa de gas al sentir que la temperatura descendía 50 grados al ocultarse el sol detrás de las montañas. Sam, mi compañero de ascenso, tomó mi dedo y empezó a señalar con él partes prominentes del West Buttres Trail. Luego traté de señalar la cima, pero Sam sólo se reía y exclamaba:

—¡Más alto! —así que apunté más alto y más alto hasta que imaginé que estaba apuntando al sol—. Ahí —indicó—, ahí está la cima del McKinley —por primera vez me dio miedo lo que habíamos emprendido.

Después nos sentamos a escuchar el informe nocturno del tiempo, proporcionado por el Campamento Annie y otras estaciones locales. En una, escuchamos las voces de dos alpinistas españoles indicando en voz ronca su localización a un grupo de rescate. Esa mañana habían intentado llegar a la cima pero tuvieron que regresar por fuertes vientos y un fenómeno óptico que los hizo perder su ubicación. Ahora, diez horas después, se encontraban ya en su tienda, sufriendo de edema por altitud elevada. A la mañana siguiente nos enteramos de que uno de los alpinistas había muerto. Me preocupó que esta tragedia, en nuestra primera noche, pudiera ser un mal presagio.

Sam y yo nos preguntamos si no estaríamos poniendo nuestras vidas en un riesgo innecesario intentando este ascenso. Mis pensamientos regresaron a cuando comencé a entrenar, hacía más de un año, corriendo con mi perro guía veredas en el desierto. Un día me tropecé con un cactus y aterricé con la mano. Necesité un par de puntadas. Al siguiente día les mostré a mis alumnos de quinto grado mi mano vendada y les narré lo acontecido. Una pequeña muy valiente se levantó y preguntó:

—Señor Weihenmayer, si se cayó en el desierto, ¿cómo espera escalar esa montaña tan alta?

Todavía no tenía una respuesta, pero en cosa de un año supe ¡que tenía que hacerlo!

Durante todo el siguiente año nos entrenamos corriendo escaleras arriba en el edificio más alto de Phoenix, con paquetes de 30 kilos sobre nuestras espaldas; participando en grupo en varios ascensos de entrenamiento al Monte Rainier, al Long's Peak y al Monte Humphrey, y leyendo varios libros en Braille sobre el McKinley.

Entonces argumenté:

—Sam, hemos adelantado mucho en un año. Cometimos errores, pero aprendimos de ellos. Tomamos riesgos, pero fueron calculados. Hemos resuelto problemas y hemos imaginado y solucionado todo lo que pudiera ir mal en la montaña. Hemos trabajado bien como equipo, nos preparamos lo mejor que pudimos.

Al intentar dormir esa noche, recordé algunas duras lecciones educativas. Por ejemplo, en el segundo ascenso de entrenamiento de nuestro equipo, subimos con dificultad hasta una escarpada cordillera. Oscurecía y comenzaba a enfriar. Se me comisionó para levantar las tiendas de campaña. Descubrí que con mis gruesos guantes no podía sentir los enredados recovecos y pliegues de la tienda. Cada vez que me quitaba los guantes para orientarme, pequeñas astillas de hielo pinchaban mis manos y al instante se me entumecían. Al final, tuve que pedirle a un compañero de equipo que instalara la tienda por mí.

Frustrado y avergonzado, me hice una promesa. Las cosas que no pudiera hacer, y había muchas, las dejaría, pero las cosas que sí pudiera, y también eran muchas, aprendería a hacerlas bien.

Más adelante, de regreso en Phoenix, con un clima de 38 grados centígrados iba con frecuencia a un campo cerca de mi escuela. Con mis gruesos guantes puestos, una y otra vez levanté la tienda y la desarmé de nuevo. Quería contribuir con el grupo, hacer mi parte. Quería que el equipo pudiera poner su vida en mis manos, como yo ponía la mía en las suyas.

Cuando decidí ascender el McKinley, conocía los riesgos. Riesgos como el siguiente apoyo en la superficie de una roca: uno se esfuerza por alcanzarlo esperando que esté ahí, pero listo para buscar el próximo apoyo si ese no existe.

El mayor riesgo que tomé alguna vez fue decidir, a los 16 años, escalar peñas. Me presenté como parte de un programa recreativo para ciegos. La idea era que si a las personas ciegas se les da la oportunidad de asumir riesgos, llegan a ser adultos más independientes y exitosos.

Tenía suficiente fe en mí mismo como para intentarlo. Por medio de prueba y error, encontré que podía colgarme de un apoyo con una mano mientras con la otra buscaba a tientas un nuevo apoyo, luego, colgado de ése, buscaba a tientas el siguiente. La técnica era tediosa, pero logré escalar a mi modo mi primera peña.

Al estar sentado en la cumbre con los pies colgando en el borde, el calor de las piedras bajo mis manos y el sonido del espacio a mi alrededor, supe que nunca atraparía una pelota elevada en el séptimo juego de la serie mundial, y que nunca conduciría un auto en las 500 millas de Indianapolis, pero que podría llegar a la cima de casi cualquier cosa que me propusiera, aunque tuviera que llegar ahí en forma un poco diferente.

Así como aprendí a tomar riesgos, también aprendí a crear sistemas y estrategias para compensar mi ceguera. Antes del ascenso al McKinley, trabajé en organizar y reorganizar mi mochila, memorizando dónde quedaba guardada cada pieza del equipo. En la montaña, perder un calcetín o un guante podía significar perder un dedo del pie o de la mano, y perder un hacha para hielo o una pala, podía significar perder la vida de un compañero. También tuve que imaginar cómo seguir al grupo, incluso bajo fuertes vientos que no me permitieran escuchar sus pisadas. Encontré que dos bastones de esquiar eran la respuesta. Con mis bastones podía detectar el rastro de Chris, mi guía, y seguir sus pisadas con bastante exactitud.

Un día, en la parte más pronunciada de la montaña, se me dificultó la respiración. A 4,877 metros de altura, el alpinista tiene sólo la mitad de oxígeno que una persona a nivel del mar, un estado llamado respiración por presión. Chris insistió:

—Tienes que respirar —pero no podía recuperar mi ritmo. Mi mochila y trineo parecían más pesados que otros días; las correas en la cadera me cortaban en los costados y se seguían resbalando, descargando más peso sobre mis hombros. Me encontré pensando cuánto tiempo más podría aguantar antes de desplomarme en la nieve. Temía haber cometido un grave error al intentar escalar esta montaña, y dudé seriamente de tener la fuerza dentro de mí para alcanzar la cima. De algún modo, sin embargo, acallé el temor concentrándome en la respiración y la colocación de cada paso.

Ese día descubrí el significado del alpinismo: mostrarme que, con suficiente preparación, uno es capaz de exigirse más de lo que supone son sus límites, incluso más de lo que otros nos fijan.

A los quince días llegamos a nuestro campamento en la cima y caminamos hasta una saliente desde donde se veía el punto del que partimos: el campamento base Kahiltna, 3 000 metros abajo. Era difícil imaginar lo lejos que habíamos llegado.

Esa noche comenzó una tormenta que duró cinco días, con vientos por encima de 160 kilómetros por hora. Al quinto día, se nos agotaba la comida y el combustible, lo que nos obligó a contemplar la sombría posibilidad de que nunca alcanzaríamos la cima. Chris nos recordó que:

—Nosotros no decidimos cuándo escalar una montaña. ¡La montaña lo decide!

A la mañana siguiente el cielo aclaró. Decidimos ascender sólo hasta la garganta entre las cimas norte y sur, donde podríamos revalorar el clima. Salimos a las 6:00 a.m. vadeando por un campo de nieve que nos llegaba hasta los muslos. Muchas capas de polipropileno, lana, felpa y Gortex me protegían de la temperatura de 20 grados bajo cero. El ululante viento y las heladas temperaturas me inutilizaron los sentidos del oído y olfato, por lo que mi único contacto con la tierra era el agarre metálico de los tacos en las suelas de mis botas a la profunda nieve.

Cuando llegamos a la garganta, el clima seguía estable, así que seguimos hacia Pig Hill, el último tramo antes de la cima. A medio camino Chris dijo:

—Creo que lo podríamos lograr —cuando escalamos hasta Pig Hill, la cima parecía muy cerca. No sabía que la parte más difícil de todo el ascenso estaba por venir, la cresta de la cima. La cresta es de 60 centímetros de ancho, con una caída de 300 metros por un lado y de 2,743 metros por el otro. La buena noticia era que no importaba de qué lado se cayera uno.

Chris exclamó:

—Muchachos, si alguien se cae aquí, nos arrastrará a todos montaña abajo.

Yo estaba muy nervioso, por lo que caminé despacio y con cautela, sabiendo que la montaña no toleraría ningún descuido. Estaba tan concentrado, que me tomó de sorpresa cuando alguien gritó más fuerte que el viento:

—¡Felicidades! Se encuentran parados en la parte más alta de Norteamérica.

En ese momento todos nos abrazamos y permanecimos así, como un gran equipo, en la cima de 6,194 metros de altura del Monte McKinley. Mientras desplegábamos la bandera de la Fundación Estadounidense para los Ciegos, pensé en esta magnifica aventura que había empezado como un sueño hacia más de un año, y que ahora se había hecho realidad.

Una hora antes de alcanzar la cima nos comunicamos por radio al campamento de la base Annie, el cual también se comunicó a una pequeña pista aérea donde mi familia esperaba. Ahora, mientras yo estaba en la cima, mi papá, dos hermanos y mi novia, Ellen, volaban en círculos arriba de mí en un Cessna, compartiendo nuestra alegría.

Agitamos nuestros bastones de esquiar y mostramos nuestro júbilo al avión que volaba sobre nosotros. Le pregunté a Sam si creía que mi familia sabría quién era yo, ya que todos llevábamos chamarras y sombreros iguales.

—Creo que sí —se rió—. Tú eres el único que está agitando su bastón de esquiar en otra dirección.

Erik Weihenmayer

Oda a los campeones

¿Quiénes son estas personas,
que logran proezas,
que sueñan sueños
y que nos hacen creer?

¿Quiénes son estas personas
que todavía ganan el día,
cuando la adversidad los golpea
y la fuerza los abandona?

Estas personas son campeonas
porque nunca se rinden.
En su interior late un corazón
destinado a ganar.

Persiguen sus sueños
aunque la jornada parezca remota,
desde la cima de una montaña
se esfuerzan por alcanzar una estrella.

Y cuando la han tocado,
cuando su jornada ha concluido,
nos dan esperanzas
las victorias que han obtenido.

He aquí una oda para los campeones
por todas sus grandes proezas.
Al seguir el llamado de sus corazones
llegan a ser verdaderos triunfadores.

Tom Krause

Una solicitud creativa

El jefe de compras de una próspera compañía se mostraba particularmente inaccesible con los vendedores. Uno no lo llamaba, él lo llamaba a uno. En varias ocasiones los vendedores lograron entrar a su oficina, pero siempre los echó sin miramientos.

Una vendedora finalmente pudo traspasar sus defensas. Le envió una paloma mensajera con su tarjeta de presentación atada a una pata. En la tarjeta escribió: "Si desea saber más sobre nuestro producto, sólo eche a nuestra representante por la ventana".

The Best of Bits & Pieces

Nunca diga: "renuncio"

La mayor recompensa del trabajo de un hombre no es lo que le pagan por hacerlo, sino lo que recibe de hacerlo.

John Ruskin

Estaba recién salido de la universidad y acababa de iniciar mi carrera como maestro y entrenador en St. Bernard's, la misma secundaria a la que antes asistí. Comparada con las escuelas a nuestro alrededor, era bastante pequeña, de dos a tres mil alumnos. El primer año fui entrenador auxiliar de nuestros equipos de futbol y basquetbol; durante la primavera estuve a cargo del programa de pista.

Tuvimos un año fenomenal. Nuestro equipo de futbol ganó diez juegos, terminando la temporada invicto. Nuestro equipo de basquetbol ganó 21 juegos, perdiendo sólo cinco. Nos convertimos en los campeones de la conferencia en los dos deportes.

Siendo joven e ingenuo, no reconocí lo extraordinario de los atletas que tuvimos ese año. Para el otoño siguiente, catorce de nuestros antiguos alumnos ya jugaban en el *football* universitario, cuatro con becas mayores. Otros dos estaban corriendo en pista para universidades de la División I. En 25 años de entrenador, después de ése, nunca encontré un grupo mejor dotado.

No obstante, el alumno que a todos nos causó mayor impresión no fue uno de estos prometedores jóvenes. Físicamente era tan diferente de ellos como un burro de un caballo de pura sangre. Su nombre era Bobby Colson, y su impresión me durará por el resto de la vida.

Bobby estaba en primer año y era el hermano de nuestro corredor estrella de la carrera de 3,000 metros, Mark Colson. Al principio de la temporada, Bobby me detuvo en el corredor de la escuela. Con una estatura que no pasaba de 1.60 metros y unos 87 kilos de peso, se veía como el muchacho del anuncio de Pillsbury Dough Boy. Me dijo que había estado pensando seriamente incorporarse a nuestro equipo de pista y que creía que podía hacer una contribución importante. Agregó que no sabía en qué competencias nos podía ayudar, pero que estaba seguro de tener algo que ofrecer. Me impresionó su presentación y confianza en sí mismo.

Dado su físico, el papel lógico para Bobby, era el de un "hombre de peso", esto es, un atleta que se especializa en lanzamiento de bala y disco. Sin embargo, de inmediato encontramos un contratiempo. Aunque los 87 kilos de Bobby eran mucho peso para un novato, no tenía un gramo de músculo visible. No sólo era incapaz de lanzar la bala, apenas podía levantarla.

Intrépido, Bobby me siguió al área de disco. Un disco es considerablemente más ligero que la bala, así que era un buen inicio. Le enseñé a agarrarlo, tomar impulso y soltarlo. Las cosas parecían ir bastante bien. Al indicársele, Bobby tomaba una postura amplia, doblaba las piernas, extendía los dedos, echaba el brazo hacia atrás y hacia adelante tres veces, y lo lanzaba.

Esto es, la mayoría de las veces lo lanzaba. Porque algunas veces olvidaba soltarlo o empezaba a correr fuera del círculo, con el disco frente a él en su rechoncho guantecito. Las veces que lograba soltar el disco, desenrollaba con rapidez la cinta métrica para ver si su tiro ponía en riesgo el récord de 40 metros de los alumnos de primero y segundo años de la escuela. Encontrar que le faltaban más de 33 metros para alcanzarlo no parecía preocuparle.

Decidimos que Bobby podría tener mejores resultados si añadíamos la técnica de giros rápidos en su empeño por lanzar el disco. Nos quedamos después del cierre oficial de prácticas para repetir docenas de veces el trabajo de pies que se requiere. Incluso dibujé huellas de pies en el círculo para mostrarle con exactitud donde pisar. Bobby era increíblemente persistente y en extremo obediente. Hasta deseé que todos mis atletas compartieran su actitud.

Llegó el momento de probar la nueva técnica. Fue algo para admirar. Una vez que Bobby empezó a girar, era como una centrifugadora humana a punto de explotar. Todavía giraba cuando el disco salió volando de su mano y cayó a 8 metros en dirección opuesta a donde debía caer. Cuando logré que Bobby dejara de girar, se tambaleó algunos minutos como búfalo de agua herido, y pensé que iba a vomitar. Entonces salió corriendo a medir su último esfuerzo, es por eso que sé que fueron 8 metros exactos.

Bobby se sintió muy alentado por este resultado, pero yo no creía que la temporada fuera tan larga como para que su técnica alcanzara el punto en el que pusiéramos en peligro vidas, incluida la suya. Después de una tranquila plática con Bobby, aceptó que investigáramos otra competencia. El salto de longitud pareció otra posibilidad; el único problema estuvo en que Bobby no alcanzaba la fosa de caída desde el marco de salida. En un instante eliminamos el salto con garrocha, salto de altura, carrera con obstáculos y el salto triple. Bobby no tenía muchas dotes de velocidad en los pies, así que también hicimos a un lado las carreras cortas y de relevos. Cuando terminamos la sesión, me sentí perdido en cuanto a qué sugerir para la práctica del día siguiente.

Pero resultó que Bobby tomó su decisión sin mí. A la siguiente mañana me informó que iba a ser corredor de 3 000 metros como su hermano Mark. Sabía que Bobby idolatraba a Mark, quien no sólo era un corredor sobresaliente, sino también una persona extraordinaria y líder de equipo.

Admiré el entusiasmo de Bobby, pero en mi interior me pregunté si la suya sería una buena elección. Sin embargo, Bobby estaba decidido, y a lo largo de las dos semanas siguientes, sufriendo pero resuelto, se esforzó durante los entrenamientos.

Nuestro primer encuentro fue un "triangular" entre St. Basil's, Notre Dame y nosotros. En aquellos días, la carrera de 3,000 metros era la primera competencia en cada encuentro. Debido a la duración de la carrera, tanto el equipo de secundaria como el universitario corrían al mismo tiempo; los corredores más jóvenes usaban las camisetas al revés para identificar su nivel. Asimismo, todas las competencias de campo iniciaban en ese momento.

Así que ahí estábamos, con la carrera de 3,000 metros en todo su apogeo. En el nivel universitario esperábamos ganar el primer y tercer lugar. Mark Colson alcanzó otra temporada memorable al establecer una nueva marca para la conferencia.

Luego teníamos a Bobby. Todos los equipos tenían uno o dos corredores muy lentos en el nivel de secundaria, pero al lado de Bobby, todos parecían velocistas. Cuando todos los demás corredores habían terminado, a Bobby todavía le faltaban tres vueltas por recorrer. El equipo anfitrión em-pezó a poner los obstáculos en la pista para la siguiente carrera. Les pedí que dejaran el primer carril libre para que Bobby pudiera terminar la carrera.

Cuando Bobby terminó la primera vuelta de las que le restaban, pude ver lágrimas en sus mejillas. No me había dado cuenta de que varios muchachos de las otras escuadras habían empezado a decirle cosas y a burlarse de él. Sólo nuestro saltador de altura, Pat Linden, sabía lo que sucedía. Abandonó su área de salto y se estacionó en la última curva para gritarle palabras de aliento a Bobby.

Entretanto, otros deportistas continuaban ridiculizando a Bobby, gritándole que se saliera de la pista. Ahora era más notorio el llanto de Bobby, pero no se desanimó. Algunos miembros más de nuestro equipo universitario notaron la ausencia de Pat y fueron a unirsele para apoyar a Bobby.

Desde entonces, en todos mis años de entrenador, he visto atletas sobresalientes retirarse de la pista cuando sabían que no iban a ganar una carrera. Por lo general se quejaban de un calambre o algo similar, aunque yo muchas veces pensé que la lesión era más del espíritu que del cuerpo. A Bobby, en cambio, nunca se le ocurrió dejar esa carrera por agotadora y penosa que fuera. Una vez iniciada, no había posibilidades de renunciar.

Después de terminar la carrera, Bobby fue de competencia en competencia alentando a sus compañeros de equipo. Cuando uno de nuestros deportistas ganaba el primer lugar, Bobby se entusiasmaba más que el mismo ganador.

Unos días después tuvimos nuestro segundo encuentro triangular con las escuelas Holy Cross y St. Patrik's. El escenario en la carrera de 3,000 metros fue muy similar al anterior, excepto que en esta ocasión todos nuestros deportistas dejaron sus respectivas áreas para dar su apoyo a Bobby. Imagínese: todo nuestro equipo alineado alrededor de la pista, aplaudiendo y vitoreando a Bobby mientras las lágrimas rodaban por su rostro. Fue algo en verdad conmovedor.

Para nuestro tercer encuentro triangular, en Bergon High School, se había corrido la voz sobre Bobby. Esta vez los miembros de nuestro equipo no eran los únicos que lo vitoreaban, todos los demás equipos estaban ahí también, llenando los tramos rectos así como las curvas.

Al finalizar la temporada, el equipo universitario compró un trofeo de buen tamaño para Bobby con la inscripción: "Para Bobby Colson: nuestro deportista más valeroso, Equipo de Pista St. Bernard's, 1968".

Bobby tenía razón cuando me dijo que sentía que podía hacer una contribución significativa para nuestros esfuerzos de pista. Había ingresado a un buen equipo y lo convirtió en una gran familia. Su ejemplo nos ayudó a todos a comprender que el talento es una dádiva divina, y que debemos agradecerlo, pero que el engreimiento lo genera uno mismo, y debemos ser cuidadosos.

Hasta finales de ese verano no supimos que Bobby Colson padecía un tipo raro de leucemia. Murió el siguiente otoño.

Bob Hoppenstedt
Proporcionado por Kathy Jones

Lucha y victoria

Hermanos y hermanas se van ayudando entre sí, primero para subir las colinas del patio de atrás, luego por las largas cuestas de la vida.

William Bennett

En una pequeña granja a 24 kilómetros del pueblo más cercano, mi madre dio a luz a su cuarto hijo, un niño débil, de complexión delgada e inquietante llanto.

Troy era un niño más intranquilo de lo común, con un sistema digestivo muy delicado. Alimentarlo fue todo un calvario, mis padres probaron desesperados una fórmula tras otra, luchando por nutrir a su delicado hijo. A los cuatro meses, Troy pesaba menos de lo que había pesado al nacer.

La comunidad rural no tenía un buen hospital, ni pediatra especializado, ni grupos de apoyo. Sólo una pequeña cama en una casa de tres habitaciones y un médico rural con limitados conocimientos sobre padecimientos infantiles. Mis padres comprendieron que algo trágico sucedía con su hijo, pero no sabían qué.

Hicieron todo lo que pudieron para que Troy estuviera cómodo; probaron todos los remedios, por extravagantes que fueran. Cada día el bebé se veía más débil. El médico local sugirió que tal vez un especialista de una ciudad cercana podría dar respuesta a las dudas de mis padres.

De prisa se hicieron los arreglos. El viaje de 80 kilómetros fue una jornada de esperanza, la única esperanza, para el niño casi sin vida en los brazos de mi madre.

Al llegar, les arrebataron a Troy para practicarle una serie de pruebas. Las horas parecieron interminables mientras mis padres esperaban en silencio, perdidos en sus pensamientos y temores.

Al tercer día, el médico los llamó a su consultorio. Su mensaje fue desolador. Su hijo de siete meses era víctima del síndrome de Down. También tenía el corazón agrandado, desorden tiroidal y serios problemas digestivos. No era seguro que viviera; pero si lo lograba, sería con un severo retraso mental.

Mis padres se quedaron rígidos escuchando al médico hablar sobre el incierto futuro del bebé y de las alternativas. Se acercaron más el uno al otro, buscándose las manos. En su mente no había alternativa que considerar.

—No soy un hombre perfecto —manifestó mi padre—. ¿Cómo puedo exigir un hijo perfecto?

—Lo ayudaremos lo mejor que podamos con las habilidades que tiene —añadió mi madre—, como hemos ayudado a sus hermanos y hermana.

El médico recetó medicamentos para aliviar el sufrimiento de Troy. Tan pronto pudieron, padres e hijo, acurrucados en el asiento delantero del carro, volvieron a casa.

Troy respondió bien a los medicamentos y su peso gradualmente fue en aumento. Las crisis de los primeros meses se desvanecieron.

No había logros pequeños en el desarrollo de Troy. Cada uno era reconocido y festejado por toda la familia con aplausos y fanfarrias. Al crecer se le motivó a la exploración. Se colocaban objetos de colores a su alcance. Sus oídos escuchaban de continuo palabras sencillas y fáciles de pronunciar. Se instalaron agarraderas especiales en el antepecho de las ventanas para ayudarlo a mantenerse parado sobre sus inestables piernas y que pudiera ver a los niños mayores jugando afuera. Troy recompensaba a la familia por sus cuidados y aliento con sonrisas angelicales.

Poco antes de su segundo cumpleaños, Troy se enfermó de erisipela, una dolorosa enfermedad mortal que hace que la piel se inflame y cubra de manchas rojas. Mientras mis padres se turnaban para bañar su afiebrado cuerpo, él lloriqueaba. Mi madre pasaba horas cantándole canciones de cuna y acariciando su cara enrojecida esforzándose por reconfortarlo. Estuvo al borde de la muerte semanas enteras, después meses.

Las hinchadas manos de Troy volvieron gradualmente a la normalidad y las cansadas horas de vigilia dieron paso al sueño reparador. Así terminaron seis meses de enfermedad. El bebé había luchado con valor y ganado otra batalla crucial.

Durante ese tiempo mi madre se embarazó de mí. Yo nací en la misma granja que Troy, con la atención de mi abuela, una vecina y el médico rural.

Desde mi época de bebé, Troy fue mi compañero inseparable. Al aprender yo a caminar, él también dio sus primeros tambaleantes pasos. Repetir los sonidos que yo hacía se volvió un juego para Troy, lo que emocionaba a mis padres, quienes aguzaban el oído para escuchar una palabra de verdad.

En ocasiones nos daban algún premio, a menudo una bonita manzana roja. Nosotros protestábamos con alegría mientras mi madre sostenía la hermosa fruta justo a nuestro alcance, repitiendo pacientemente la palabra "manzana".

Una vez, durante este ritual familiar, los ojos de Troy se fijaron intensamente en la deliciosa fruta y pronunció su primera palabra: "manzana". Mamá de inmediato hizo que mi padre retornara del campo. Los niños mayores corrieron, dejando sus labores. Troy era la estrella y lo sabía. Una y otra vez dijo la palabra, aplaudiendo al mismo tiempo mientras la familia se lo festejaba.

Después de eso, su vocabulario aumentó despacio pero

sin cesar. Aunque nunca pudo hablar con claridad y nitidez, y sus oraciones solían ser lentas e incompletas, sus inseguras palabras transmitían con elocuencia pensamientos e ideas que eran únicamente suyos.

Durante los siguientes años, la vida de Troy y la mía fueron felices y bastante normales. Pasábamos los días haciendo pasteles de lodo, montando caballos de palo y recortando muñecas de papel de catálogos ya viejos. Compartíamos la responsabilidad en labores sencillas de la casa y nos castigaban por igual por nuestras frecuentes travesuras.

Nuestra educación formal comenzó cuando yo tenía cinco años. El consejo escolar decidió que Troy asistiera a la escuela pública. Juntos caminamos cinco kilómetros para nuestro primer día de clases, deteniéndonos a lo largo del camino para inspeccionar la gran variedad de insectos que se cruzaban en nuestro camino.

Los niños de la comunidad crecieron conscientes de que Troy era diferente, y de la mayoría de los estudiantes recibió ternura. Yo era la feroz protectora de mi hermano, y él aceptaba, sin quejas, que yo fuera su cuidadora.

Los maestros eran generosos con su tiempo y atención. Troy recibía material de aprendizaje junto con el resto de la clase, pero por lo regular ocupaba su tiempo coloreando un libro especial. Su sociabilidad era excelente. Era callado y obediente en el salón de clases y alegre y cooperativo en el patio de recreo. Cada año se le promovía con la mejor calificación en todo. Le encantaba que lo alabaran por sus excelentes logros.

De pronto, los deportes y los muchachos se convirtieron en lo mejor de mi vida. Me regocijaba en mi nuevo mundo social, un mundo en el que mi hermano tristemente no podía participar.

Mis padres vieron la necesidad de un cambio. Mi graduación de la secundaria fue el principio de la transición. Una semana de cuidadosa planeación se transformó en una ceremonia que tendría lugar en nuestra sala, la "graduación" de mi hermano de secundaria.

Mamá viajó 80 kilómetros para comprar un anillo de graduación en una casa de empeño. Troy estaba feliz, haciendo alarde de su anillo en su dedo y probándose el birrete y la toga de mi graduación.

Pero teníamos un dilema: cómo explicarle por qué su ceremonia de graduación sería en casa, cuando la de todos los demás era en la escuela. Mi madre se inspiró y rezó para que lloviera. Y así fue, a la mañana siguiente la lluvia anegó los caminos de tierra haciéndolos inaccesibles.

Con un suspiro de alivio, papá anunció:

—La graduación tiene que continuar.

Mamá vistió a Troy con mi birrete y mi toga. La familia se reunió en la sala.

Yo toqué "Amazing Grace", la única pieza que sabía en el piano. Troy entró marchando y se paró orgulloso frente a mi padre, quien llevaba puesto su mejor traje de domingo.

Papá dio un discurso sobre los grandes logros de Troy y luego le entregó un diploma, una hoja de papel blanco con su nombre escrito, enrollada y atada con una cinta. Troy le dio la mano a papá, luego cambió con rapidez la mota de un lado a otro del birrete.

Todos nos pusimos de pie y le dimos un fuerte aplauso. Los ojos de mamá se llenaron de lágrimas cuando tomó a Troy entre sus brazos. ¡Qué orgulloso estaba él!

Como ya no sería estudiante, Troy recibiría más responsabilidades en la casa. Por el resto de su vida disfrutó su nuevo papel de adulto y realizó todo trabajo que se le asignó con meticuloso cuidado.

Viendo en retrospectiva aquella lejana graduación en nuestra estancia familiar, recuerdo la gran admiración y alegría que sentí ante la sorprendente jornada que compartimos con Troy y que nos llevó a ese momento: desde su infancia con aflicciones físicas, cuando estuvo a punto de morir dos veces, pasando por una etapa llena de retos que la mayoría de las familias ni siquiera sueñan, hasta una educación que les proporcionó a muchos de sus maestros y compañeros sus más grandes lecciones sobre valor y filantropía.

A lo largo del camino, la capacidad de amar de Troy nunca tuvo fronteras; la ternura y bondad que mostró a todos los que conoció nunca fueron superadas; y la enorme inocencia con la que afrontó al mundo nunca se tambaleó.

Lila Jones Cathey

Madres de niños discapacitados

La mayoría de las mujeres son madres por accidente, algunas por elección, unas cuantas por presiones sociales y otras por hábito.

Este año, cerca de cien mil mujeres serán madres de niños discapacitados. ¿Alguna vez se ha preguntado cómo se selecciona a estas madres de niños discapacitados?

Imagínese, de algún modo, a Dios rondando sobre la Tierra, seleccionando con mucho cuidado y deliberación sus instrumentos de propagación. Mientras observa, instruye a sus ángeles para que tomen notas en el libro mayor.

—Armstrong, Beth: hijo, santo patrono, Mateo. Forest, Marjorie: hija, santa patrona, Cecilia. Rudledge, Carrie: gemelos, santo patrono... denle a Gerardo. Él está acostumbrado a lo profano.

Finalmente le pasa un nombre a un ángel y sonríe.

—A ella denle un hijo ciego.

El ángel siente curiosidad.

—¿Por qué a ella, Dios? Se le ve tan feliz.

—Exacto —declara Dios—. ¿Podría darle un hijo discapacitado a una madre que no conoce la risa? Eso sería cruel.

—¿Pero tiene ella paciencia? —pregunta el ángel.

—No quiero que tenga demasiada paciencia o se hundirá en un mar de autocompasión y desesperanza. Una vez que el impacto y resentimiento se desvanezcan, sabrá manejarlo.

—Pero, Señor, tal vez ni siquiera crea en ti.

Dios sonríe.

—No importa. Puedo arreglar eso. Esta es perfecta. Tiene suficiente egoísmo.

El ángel se asombra.

—¿Egoísmo? ¿Es eso una virtud?

Dios aprueba con la cabeza.

—Si no se puede separar del niño de cuando en cuando, nunca sobrevivirá. Sí, aquí hay una mujer a la que bendeciré con un niño no tan perfecto. Ella aún no lo sabe, pero la van a envidiar. Nunca dará por hecho lo que se le diga. Nunca considerará que un paso sea ordinario. Cuando su hijo diga "mamá" por primera vez, estará presenciando un milagro, y lo sabrá. Cuando describa un árbol o un ocaso a su hijo ciego, lo verá como pocas personas han visto mi creación.

"Le permitiré que vea con claridad las cosas que yo veo; ignorancia, crueldad, prejuicio, y le permitiré pasar por encima de ellas. Jamás estará sola; yo estaré a su lado cada minuto de cada día de su vida, porque ella está haciendo mi trabajo, tan seguro como que está aquí a mi lado".

—¿Y qué hay de su santo patrono? —pregunta el ángel, con la pluma suspendida en el aire.

Dios sonríe.

—Un espejo será suficiente.

Erma Bombeck

7

SOBRE LA ACTITUD

*El amuleto de mi compañía es un abejorro.
Por sus diminutas alas y pesado cuerpo,
de acuerdo con la aerodinámica,
el abejorro no debería ser capaz
de volar. Pero el abejorro no lo sabe,
así que vuela.*

Mary Kay Ash

Ganador del tercer lugar

Con la cabeza baja, un cansado pero decidido joven se decía una y otra vez:

—Lo puedes hacer, lo puedes hacer, lo puedes hacer, lo puedes hacer.

Estas palabras, dichas tanto para darse ánimos, como para confirmarlo, encontraron un corazón dispuesto a escuchar. Sin fallar, llevaron un pie adelante del otro, primero hacia arriba en el aire, después para abajo, una y otra y otra vez. El muchacho miraba concentrado cómo, uno tras otro, sus nuevos zapatos tenis golpeaban metódicamente el asfalto, pasando despacio debajo de él. Era un golpeteo muy cansado. Mirando hacia arriba, el joven se enjugó la frente y buscó un destello de la línea de meta.

—Está en algún lugar por allá —se dijo sin pizca de duda.

Estaba lejos en la distancia. Aun así, Chris Burke tenía el corazón puesto en alcanzarla.

Con un gran esfuerzo, él también cruzó la línea de meta. Para cuando lo hizo, los fotógrafos y reporteros ya se habían reunido alrededor del joven que había llegado en primer lugar. Las cámaras zumbaban y echaban luces; los micrófonos aparecían para absorber las palabras del ganador.

Con una sonrisa de oreja a oreja, Chris saltó jubiloso y se colocó orgulloso a un lado del ganador. Colocó un brazo sobre los hombros del joven de su misma edad, alguien a quien nunca había visto antes de esta competencia. Radiante, Chris esperó paciente a que el reportero terminara la entrevista con el ganador, tan calmado como pudo en un momento como este, de gran entusiasmo para él. Cuando finalmente el reportero se dirigió a la cámara para hacer los últimos comentarios, Chris se le acercó de inmediato y extendió la mano para recibir un apretón de felicitación.

—¡Hombre! —gritó Chris, incapaz de reprimir su obvia alegría—. ¡Sólo quiero decirle lo emocionante que fue y lo feliz que me siento de haber llegado en tercer lugar!

El reportero no pudo menos que responder al carismático y entusiasta atleta que buscaba su turno para que se le reconociera.

—Sí... danos tu opinión —tartamudeó el sorprendido reportero de buen grado.

—¡Caramba! —exclamó Chris—. Gracias por pedirme la entrevista. ¡Esto es grandioso! ¡Simplemente grandioso! Bueno, me siento feliz de estar aquí. Es un gran honor. Claro que terminé en tercer lugar. ¡Tercer lugar, no está mal! Nada mal, ¿eh?

No necesitaba respuesta a su pregunta, ni la esperaba. A cambio, giró su animado rostro para que todo el mundo lo viera, pues esta era una cadena nacional de televisión, y

[NOTA DE LA COLABORADORA: Para apreciar el significado completo de la historia de Chris, uno debe saber que Chris tiene síndrome de Down, un trastorno ocasionado por una anomalía genética. Los niños con síndrome de Down nacen con un cromosoma de más, lo que da como resultado una extraña similaridad en su apariencia, un desarrollo con retraso y potencial limitado. Como su coeficiente intelectual alcanza un máximo de 75, sus capacidades y habilidades están severamente limitadas, o por lo menos así se pensó alguna vez. Cuando Chris nació en 1965, los médicos recomendaban a los padres que llevaran a sus hijos con síndrome de Down a asilos, la mayoría de los cuales hacían poco más que ofrecer atención física.

Casi todo el mundo conoce ahora a Chris Burke, no sólo por su inolvidable entrevista de hace años, sino como el carismático y talentoso actor de televisión y estrella de la serie de televisión "Life Goes On", espectáculo que obtuvo durante cuatro años excelentes niveles de audiencia.]

con más alegría de la que pueda recordar de algún otro, exclamó:

—Gracias a todos por compartir conmigo este momento especial. ¡Es hora de celebrar! —con eso, Chris se dio la media vuelta y corrió a alinearse para los abrazos y apretones de manos junto al ganador.

Chris tenía catorce años en ese momento, y se trataba de los Juegos Olímpicos Especiales.

Sólo hubo tres corredores en toda la carrera.

Bettie B. Youngs
Condensado de Gifts of the Heart

Los retadores del beisbol

Los deportes no forman el carácter, ¡lo revelan!

Heywood Hale Broun

En la liga infantil de beisbol hay un equipo para jóvenes con discapacidad en su desarrollo conocido como la División Retadores. Como psicólogo clínico, yo venía de concluir una beca de postgrado en psicología sobre discapacidades del desarrollo en el Instituto Neuropsiquiátrico de la UCLA. Sin embargo, no fue sino hasta que di una conferencia en nuestra liga infantil local sobre entrenamiento positivo que supe de la división Retadores. Ahí me preguntó un papá si estaría dispuesto a ayudar alguna vez a esta división. Acepté.

No sé ni qué esperaba yo mismo, pero cuando asistí al primer juego, se me abrieron los ojos. Vi un grupo de niños entre seis y dieciséis años de edad; algunos tenían síndrome de Down, otros parálisis cerebral, otros más espina bífida, había quienes padecieron insuficiencia respiratoria al nacer y otros eran autistas. Pero todos tenían algo en común, ¡la diversión!

En la División Retadores se acostumbra un sistema de "compañero"; consiste en que cada niño o niña del equipo tiene un ayudante que lo sigue como su sombra durante el juego, empujando la silla de ruedas, señalando dónde tirar la pelota o haciendo cualquier cosa que se necesite. Casi todos los "compañeros" en este juego particular eran hermanos o padres.

Lo que no vi en el juego fueron muchos espectadores que no fueran padres. Aunque los Retadores eran considerados parte de la liga, sus juegos estaban relegados a los domingos. Todos los demás niños jugaban los sábados. Cuando vi cómo se divertían estos niños, sus manifestaciones de alegría, el vitoreo para ambos bandos, la atmósfera de alegría y juego, no pude menos que compararlo con el juego de la liga infantil que había visto el día anterior con niños de nueve años. En ese juego, en un periodo de diez segundos, vi a un jardinero izquierdo llorando porque se le cayó una pelota elevada; una madre, con las venas del cuello inflamadas, gritándole al árbitro; un entrenador gritándole a su lanzador que mantuviera el control o lo sacaría.

De pronto me quedó claro lo importante que era programar juegos de los Retadores entre los de la liga infantil, tanto para que los otros niños vieran a los niños Retadores, como por las lecciones de ética deportiva y diversión que éstos podían darles a los otros niños y a sus padres.

Para la siguiente temporada me ofrecí como voluntario para dirigir al equipo Retadores, con el objetivo de integrar esta división al resto de la organización.

Antes que nada, los niños recibieron uniformes completos, igual que los demás jugadores de la liga. Luego programamos los juegos de los Retadores en sábado, entre los juegos de la liga infantil de niños de once y doce años. Después organizamos el sistema de "compañeros" de tal modo que miembros de los equipos de once y doce años pudieran servir de compañeros para nuestros niños Retadores. Los resultados fueron espectaculares.

Los uniformes completos fueron un gran éxito. Uno de nuestros jugadores durmió uniformado la primera noche. Otro niño, de diez años, extendió orgulloso ante mí su uniforme y exclamó:

—¡Mire, entrenador, ahora siento que soy una persona de verdad!

Para los niños que se desempeñaban como "compañeros" fue, en muchos casos, su primer contacto con niños con discapacidad del desarrollo. Después de un titubeo inicial, se comportaron como patos en el agua. Un niño me dijo que cuando llegó al campo para ser "compañero", estaba triste porque su equipo acababa de perder 9-4, y él no había conectado un solo imparable. Sin embargo, manifestó que después de ser "compañero", había obtenido la perspectiva adecuada. Y él no era el único. Niños que antes habían hecho observaciones crueles sobre niños que son "diferentes", ahora estaban defendiendo su causa, comentando sobre su esfuerzo y lo mucho que se divierten al jugar. A los niños Retadores, por su parte, se les veía orgullosos mostrando su "compañero" a sus padres y amigos.

Programar los juegos de los Retadores entre los otros juegos también dio como resultado un incremento significativo de espectadores. Por supuesto, a muchos de los niños Retadores les encantaba jugar para el público, haciendo una reverencia después de barrerse en la caja de bateo o flexionando un músculo después de dar un imparable. El impacto de los niños Retadores en la concurrencia fue claramente fantástico. Todos aplaudían, vitoreaban, se reían y se divertían. No se veía una expresión de enojo o una vena de cuello saltada. Las únicas lágrimas eran de alegría y risa.

La temporada terminó con un torneo entre seis equipos Retadores de ligas vecinas, todos contra todos. La televisión y los diarios locales dieron cuenta del acontecimiento y unos cien niños de once y doce años de nuestra liga se ofrecieron como voluntarios para desempeñarse como "compañeros" en los diferentes equipos.

Ver y sentir el calor de la camaradería y la compasión en los diamantes de beisbol aquel día renovó en todos la fe en la bondad del espíritu humano. Los juegos de esa temporada dieron lugar a recuerdos que esos niños Retadores, esos "compañeros", sus padres, entrenadores y espectadores guardarán para toda la vida.

Darrell J. Burnett

No te preocupes, sé feliz

La actitud desafía limitaciones y supera expectativas.

Anónimo

—¿Qué edad tienes? –le preguntó una desconocida a mi hija Melissa en una fiesta hace seis años.

–Dos –respondió.

–¿Y estás casada? –bromeó la mujer.

–¡No! –respondió Melissa, sonriendo. Luego dejó de sonreír y en tono serio, agregó–: Pero mi mamá lo estuvo, y mi papá también.

Disimuladamente, desde una distancia segura, escuché preguntándome qué seguiría. ¿Le diría Melissa a esta desconocida, con su avanzado vocabulario, que sus padres estaban divorciados? O lo que es peor, ¿reaccionaría mi pequeña golpeando a la mujer o comenzaría a llorar?

Para mi sorpresa, Melissa agregó jovial:

–Mi mamá estuvo casada con mi papá –y se fue.

Para entonces, yo estaba hecha una Magdalena. Un hilo continuo de lágrimas corría por mi rostro al darme cuenta de que mi hija parecía estar bien adaptada a pesar del divorcio; su madre era la que, obviamente, todavía no se recuperaba.

Un año y ocho meses antes, cuando Melissa tenía seis meses, mi esposo me desechó como si fuera un par de zapatos desgastados y me sustituyó por su amor de secundaria. No hubo explicación, sólo una silenciosa y gradual separación que culminó con la conclusión abrupta de lo que superficialmente había parecido un matrimonio feliz.

Cuando despertaba al amanecer por el llanto de Melissa, me encontraba acurrucada en un rincón del inmenso colchón, aferrada a la almohada que había sido por seis años de alguien más. Arrastrándome, me salía de la cama, me metía en unos pantalones deportivos, ya que por fortuna trabajaba en casa, y luego alimentaba y vestía a mi bebé.

Justo antes de llevar a mi hija a la guardería y ocultar con mi trabajo ocho horas de desconsuelo, me aplicaba un poco de maquillaje en un débil intento de cubrir las bolsas bajo mis ojos. De algún modo encendía entonces un piloto automático que me hacía tolerar el día.

Pero en la noche, después de arroparla en su cuna en una habitación llena de arco iris y rayos de sol, me arrastraba a la puerta de al lado, a mi habitación sin vida, y me colgaba del teléfono, llamaba a todos los que conocía para no sentirme tan sola.

Un día eterno se convirtió en dos, después en tres, y poco a poco, en medio de la bruma, reconocí que aunque mi matrimonio había muerto, yo seguía viva. Con el tiempo, me animé a salir y asistí a un grupo de apoyo para divorciados, a una red de madres primerizas, a un club social local y, por último, a un servicio de citas.

Como casi cualquier madre primeriza, también hice ejercicio para suprimir algunos kilillos de más; pero, a diferencia de casi todas ellas, yo me lancé al escenario de las citas con algo de sobrepeso ¡así que con urgencia corrí sobre ese aparato para caminar!

Entretanto, Melissa pasó de gatear a una andadera, de ahí a caminar sola y a hablar. A pesar de saber que la vida con sus padres era una serie de adioses y holas, se estaba desarrollando como una niña preciosa, feliz y bien adaptada.

Estos rasgos pudieron muy bien venir ya en sus genes, o pudieran haberse derivado de la atención personalizada que recibió de cada uno de sus padres.

Desde temprana edad, mi hija tuvo un vasto vocabulario y una extraña percepción. Cuando tenía casi dos años de edad, nos vio a su padre y a mí discutiendo y nos instó, levantando el dedo: "No se enojen tanto, sean felices". A los dos años, me escuchó quejarme por algo y me dijo que "no me preocupara".

Pero me seguí preocupando. Me preocupaba por competir por su cariño contra la mujer en la vida de su padre. Me preocupaba poder conseguir algún día para ambas un hombre y padrastro amoroso que le enseñara una forma diferente de amor y compromiso a la que su padre y yo le enseñamos. Me preocupaba que fuera por siempre hija única, o lo que es peor, que un día tuviera, ¡qué horror!, medios hermanos que serían los hijos de la mujer con la que mi esposo se fue cuando me abandonó.

¿Podría yo resistir el dolor emocional? ¿Podría criar a mi hija en forma sana para que aprendiera que no todas las relaciones terminan con sufrimiento? ¿Podría dar marcha atrás como para permitir que aceptara la nueva vida de su padre, cuando eso me destrozó?

Lo intenté. Conocí nueva gente que hizo mi vida más placentera. Reforcé mi interés en mi negocio de relaciones públicas y comencé a hacer y vender joyería tanto para estar ocupada como un medio para recuperar mi autoestima. Aprendí a disfrutar mis días de descanso y observé que, a diferencia de muchas de mis amigas, rara vez aceptaba el tiempo con mi hija como algo cotidiano.

Con mi mente más clara y mi figura más delgada por el ejercicio, comencé a tener citas.

Después de mi primer voluptuoso beso posterior al divorcio, sentí que había experimentado la vida después de la muerte.

Hoy, ocho años después de que mi esposo se fue, trabajo mucho para darle a Melissa la vida que se merece. La ayudo a alcanzar sus metas personales, como escribir con letra cursiva, leer libros y aprender a esquiar, y conversamos sobre cosas que le interesan, como la amistad, el arte y los animales. Mi corazón se llena de orgullo cada vez que veo a alguno de sus maestros, porque sus calificaciones pintan sin cesar el cuadro de una niña bien aceptada que demuestra una autoestima saludable, inteligencia y creatividad. Precisamente la semana pasada su maestro de tercer grado describió a Melissa como una niña con tan buena disposición, que "si la vida le diera malos ratos ella les encontraría el lado bueno". ¡Bien, la vida se los ha dado y ella los ha transformado!

En cuanto a mí, estoy bien y me volví a casar. Elegí a un hombre que al principio no hizo palpitar mi corazón, pero que me proporcionó la estabilidad que desesperadamente deseaba. ¡Con el tiempo, el respeto, la devoción, el amor y la atracción que surgieron entre nosotros son mucho más sólidos que el amor que enciende la pasión! Estoy agradecida no sólo por mi nueva unión, sino por el deleite de mi hija de tener un padrastro amoroso y una hermanastra mayor a la que adora.

No obstante, el divorcio permanece entre nosotros. Varias veces a la semana Melissa va a casa de su padre donde vive con su nueva esposa, quien, por fortuna, no es la mujer por la que me dejó. Poco después de que se "deshizo" de ella hace algunos años, me aterró el pensar a quién elegiría como la siguiente, ya que también estaría en la vida de mi hija; así que le presenté a una mujer que apenas conocía pero que me agradaba, y ahora ella es su esposa. Cuando Melissa pasa tiempo con ellos, me obligo a recordar que sólo la estoy "perdiendo" temporalmente, que regresará, lo que es muy diferente a perder un esposo y un matrimonio para siempre. Pero todavía más importante es que he aprendido de mi hija que estas son mis preocupaciones, y que ella todavía sigue bien.

Hace dos años, cuando Melissa tenía seis, terminó de ver la película *La sirenita,* aplaudió la boda de Ariel y el príncipe Eric, y un segundo después se quitó los audífonos y los estrelló contra nuestra mesita de café.

—Por favor, no hagas eso —la reprendí calmada pero con firmeza—. Golpeaste la mesa porque te molestó que Ariel y el príncipe Eric se casaran, mientras que tus padres ya no lo están? —le pregunté, como si lo hubiera sacado del manual para padres que enseña cómo sacar a la superficie los sentimientos de los niños.

—No, mami —respondió de inmediato y confiada, viéndome como si acabara de confundir una manzana con una naranja—. Estos audífonos me estaban lastimando las orejas. Lo siento —luego continuó tranquila con su siguiente actividad.

Ese día por fin aprendí mi lección: "¡Tranquila, mamá! ¡Hay vida después del divorcio! Hay muchas cosas nuevas y maravillosas en el mundo de esta pequeña y en el mío. Ella estará bien. Todos estaremos bien. No te preocupes tanto; sé feliz".

Mindy Pollack-Fusi

El velorio

Una alegría aniquila cien desgracias.

Proverbio chino

—¿Que quieres hacer qué? —pregunté incrédula, tomando mi voz el nivel de estridencia que alcanza cuando me exaspero—. ¡Dilo de nuevo, por favor; creo que no oí bien!

—Sí, me escuchaste muy bien —contestó Frank con brusquedad, expresándose con los brazos a su modo—. Quiero tener mi velorio ahora, ¡antes de que me muera! ¿Por qué tienen que disfrutarlo los demás y no yo?

Entró de golpe a la cocina, y pude escucharlo hablando a solas mientras hurgaba en el refrigerador. Regresó poco después a la terraza donde me había quedado para ver el crepúsculo septembrino cubrir las montañas Blue Ridge.

Terminó de masticar un durazno maduro, y luego la voz que nunca podía permanecer áspera por mucho tiempo rompió el silencio.

—Cariño, quiero hacerlo.

Se me apretó la garganta y traté de no llorar. Tenía yo 44 años y la idea de quedarme viuda, de nuevo, era devastadora. Tan devastadora que, de hecho, negarla fue mi mejor solución.

—Pero, pero estás más fuerte ahora. ¡Tú lo dijiste! Y las inyecciones, te ayudan...

—Melva —tocó mi hombro como rogando—. Hagamos una fiesta, y hagámosla ahora. Podríamos decir que es una fiesta de aniversario. Claro que todos los que me conoce bien, lo sabrán.

Miré dentro de esos ojos café claro, su chispa apagada por el dolor, por tanta medicina y por la preocupación. Sabía lo que el último par de años le había quitado. Habíamos dejado de ser la pareja dorada de la pista de baile cada fin de semana. Bueno, todavía asistíamos, por su insistencia; pero ahora pasábamos la mayoría de las noches sentados y conversando con los amigos.

Su juego de golf, una vez notorio por los golpes iniciales tan poderosos y directos, y los tiros tan precisos —tenía un récord de cuatro hoyos en uno—, había comenzado a decaer.

Todas esas deliciosas horas que una vez pasó cuidando el jardín y cortando leña, se habían reducido a unos preciosos minutos que lo dejaban demacrado y exhausto.

No obstante, el buen humor nunca lo abandonó. Mientras yo me quejaba de continuo por los cambios en nuestra vida, en mi vida, él nunca se quejó. De pronto comprendí que mis temores e incertidumbres no eran nada en comparación a lo que él debía estar pasando. Los cambios que habíamos sufrido parecían minúsculos junto al cáncer que lo destruía por dentro, rivalizando con la diabetes, para ver cuál determinaba su destino.

Tragándome mi vergüenza, busqué su mano.

—Está bien. Si lo que quieres es una fiesta, tendremos una fiesta.

A la mañana siguiente ordené las 150 invitaciones formales para nuestra "fiesta de aniversario". El 19 de octubre de 1991 cayó en un sábado por la noche y alquilamos el Club Frank's Shrine para la celebración.

Casi todos los que invitamos asistieron para compartir la noche con nosotros. A media fiesta Frank se colocó al centro de la pista micrófono en mano para ofrecer una gloriosa interpretación de la balada del cantautor Mac Davis "It's Hard to Be Humble" (Es difícil ser humilde).

A mi esposo le fascinó ser el centro de atención y concluyó con los vítores y, sí, las lágrimas, de todos los que lo apreciaban. Luego dio un breve discurso, agradeciendo a todos el haber asistido y se proclamó el hombre ¡más afortunado del mundo! Con esas palabras, dijo adiós.

Después bailamos un vals. Frank había comenzado a perder el equilibrio y ya no se sentía a gusto bailando con otras mujeres, pero esa noche bailó con todas.

Más tarde, bailando una pieza calmada me encontré con uno de sus médicos.

—¿Cuánto tiempo le queda? —pregunté en voz baja.

—Es imposible de predecir, Melva, se le ve más fuerte.

—¿Cuánto tiempo? —le pregunté de nuevo, y hubo silencio. Terminamos de bailar y me acompañó hasta mi mesa—. Seis meses... tal vez más —finalmente contestó.

—Gracias —le susurré.

El resto de la noche voló como una visión, con Frank pasando de un grupo a otro, platicando con todos y recreándose con todas las historias que se narraban a sus expensas. Al acercarse la noche a su fin, se colocó en la puerta para desearle a todos y cada uno de los invitados las buenas noches, al principio de pie, después sentado, pero siempre sonriendo.

Tres meses y tres días después, estaba sentada temblando en el frío mientras sus hermanos de logia realizaban ritos masónicos. Me aferré a la bandera impecablemente doblada mientras los fuertes brazos de un amigo me condujeron a la limosina que esperaba.

Casi un año después, almorcé con una nueva amiga. Habló sobre un velorio al que había asistido la noche anterior.

—¡Que maravillosa manera de decir adiós! —observó, obviamente desacostumbrada a tal regocijo.

La escuché narrar la frivolidad, y pensé que era triste que el querido difunto se hubiera perdido tan bonita noche. Con esto, el sentimiento de culpa de "debería haber hecho más" y "¿por qué no pude apoyarlo más?" que había sido mi sudario empezó a desvanecerse. Mi mente se dirigió entonces a la alegría de Frank en su última fiesta.

—¿Y tú, le hiciste velorio a Frank? —me preguntó mi amiga.

—¡Oh, sí! —respondí—. ¡Fue una gran fiesta y él se la pasó como nunca en su vida!

Melva Haggar Dye

El poder del perdón

Si uno es paciente en un momento de enojo, se salvará de cien días de aflicción.

Proverbio chino

En 1974, de regreso de la escuela, mientras caminaba a casa el último día antes de las vacaciones de Navidad, pensaba entusiasmado en las próximas fiestas como sólo un niño de diez años puede soñar. A unas puertas de mi casa en Coral Gables, Florida, se me acercó un hombre y me preguntó si podía ayudarle con la decoración para una fiesta que ofrecería para mi padre. Pensando que era amigo de mi padre acepté acompañarlo.

Lo que no sabía es que este hombre guardaba rencor contra mi familia. Había sido enfermero de un familiar de edad avanzada y se le había despedido por su alcoholismo.

Cuando acepté ir con él, condujo su casa-remolque por una región aislada al norte de Miami, donde se detuvo a un lado de la carretera y me apuñaló en el pecho varias veces con un picahielo. Luego se dirigió al oeste, hacia la región pantanosa de Florida, me llevó entre los matorrales, me disparó en la cabeza y me dejó para me muriera.

Por fortuna, la bala pasó detrás de los ojos y salió por la sien derecha sin causar ningún tipo de daño cerebral. Cuando recuperé el conocimiento seis días después, no sabía que me habían disparado. Me senté al lado de la carretera hasta que me encontró un hombre que se detuvo para ayudarme.

Dos semanas después describí al hombre que me agredió a un dibujante de la policía y mi tío reconoció el retrato hablado del agresor. Detuvieron a mi atacante junto con otros sospechosos, sin embargo, el trauma y la tensión cobraron su cuota: no lo pude identificar. Por desgracia, la policía no pudo obtener ninguna evidencia física que lo ligara al delito, así que nunca hubo cargos en su contra.

El ataque me dejó ciego del ojo izquierdo, pero por lo demás, ileso. Con el amor y el apoyo de mi familia y amigos, regresé a la escuela y reanudé mi vida.

Durante los tres años siguientes, viví con una angustia terrible. Casi todas las noches despertaba asustado, imaginando que oía a alguien entrar por la puerta trasera y terminaba durmiendo al pie de la cama de mis padres.

Luego, a los trece años, todo eso cambió. Una noche, durante un estudio de la Biblia con el grupo juvenil de mi iglesia, comprendí que la providencia y amor de Dios, al conservarme milagrosamente vivo, eran la base de la seguridad de mi vida. En sus manos podía vivir sin temor o ira. Y así lo hice. Terminé la escuela y obtuve el grado de licenciatura y una maestría en teología. Me casé con mi adorada esposa, Leslie, con quien tengo dos hermosas pequeñas, Amanda y Melodee.

En septiembre de 1996, el mayor Charles Sherer del departamento de policía de Coral Gables, que había trabajado en la investigación original de mi caso, llamó para decirme que finalmente el agresor de 77 años había confesado. Ciego por glaucoma, con precaria salud, sin familia o amigos, estaba en una casa-hogar al norte de Miami Beach. Ahí lo visité.

La primera vez que lo fui a ver, me pidió perdón por lo que me hizo y le dije que lo había perdonado. Lo visité varias veces después de eso, y se lo presenté a mi esposa e hijas, ofreciéndole esperanza y alguna semblanza de familia en los días anteriores a su muerte. Siempre se alegraba cuando lo visitaba. Creo que nuestra amistad aligeró su soledad y fue un gran alivio para él después de 22 años de remordimientos.

Sé que el mundo me podrá ver como la víctima de una horrible tragedia, pero yo me considero "víctima" de muchos milagros. El hecho de que esté vivo y no tenga deficiencias mentales desafía a la adversidad. Tengo una amorosa esposa y una hermosa familia. Se me dieron tantas promesas como a cualquiera y grandes oportunidades. He sido bendecido en muchas formas.

Y aunque muchas personas no pueden entender cómo pude perdonarlo, desde mi punto de vista no podía *evitar* perdonarlo. Si hubiera elegido odiarlo todos estos años, o hubiera pasado mi vida buscando venganza, entonces no sería el hombre que soy ahora, el que mi esposa y mis hijas aman.

Chris Carrier
Remitido por Katy McNamara

Feliz cumpleaños

En el juego de la vida, la herencia reparte la mano y la sociedad pone las reglas; pero aun así, uno puede jugar sus propias cartas.

Peter's Almanac

Me he portado realmente bien durante estos últimos cuatro días: queso *cottage* bajo en grasa, ensalada de atún con limón, pollo asado con brócoli (sin mantequilla), toronja en el desayuno... Caramba, casi no resisto las ganas de subirme hoy a la báscula. Me deslizo sin prisa de la cama, me estiro, saboreo de antemano el resultado en la báscula. Me deshago de la bata, me subo ligera sobre la báscula, miro hacia abajo con dudosa confianza. Me pregunto cuántos kilos habré bajado. ¿Uno, dos, tres quizá? Gozando la noticia por anticipado, dejo que mi mirada descienda hasta el aparato debajo de mis pies... ¡No lo puedo creer! ¡Mi confianza está hecha añicos! No sólo no bajé dos kilos, ¡subí medio kilo! Todo fue un engaño, una burla, una traición. La báscula dice que me porté mal; la báscula dice que estoy gorda. Hace cuatro minutos no pensaba así, pero ahora sí. Estoy gorda, estoy mal. Devastada por la condena de la báscula, vuelo a la cama con mi bata como sudario.

Estoy acostumbrada a subirme en la báscula cada mañana y a dejar que el informe de mi peso determine mi estado de ánimo del día. Pero hoy cumplo 34 años, y he estado a dieta preparándome para mi cumpleaños. Hoy quería sentirme bien, ni vieja ni... Pero la báscula me ha juzgado: estoy gorda, estoy mal. De mal humor, regreso a mi cama donde siento, no pienso, los recuerdos.

Recuerdo.

Tengo cuatro años. Mis primas corretean en círculos a mi alrededor, sus detestables y estridentes gritos agreden mis oídos. Supongo que mi tranquilo abuelo las ama igual (aunque no sé por qué), pero también sé que a mí me quiere más. No sé cómo lo sé, pero lo sé. Aunque no las puede oír, todas gritan muy fuerte, y a mí apenas me oye. Mi familia no habla fuerte. Nosotros hablamos quedo en casa, y yo soy la que habla más quedo. Pero abuelito y yo no hablamos mucho; no lo necesitamos. "Abuelito, quiero recoger un poco de ruibarbo rosa" pienso, mirándolo.

—¿Vamos a recoger ruibarbo, Wee Ann? —dice quedo, tomando mi mano, pequeña y regordeta, en la suya, grande y áspera. Abuelito me llama por su versión especial de mi nombre, Willanne, no como mis primas, que me llaman "regordeta". Soy regordeta, como lo muestran las fotografías 30 años después. Pero hoy tengo cuatro años y no me importa si soy "regordeta", porque abuelito me quiere más a mí. No sé cómo lo sé, sólo lo sé, eso es todo.

Recuerdo.

Tengo once años. Estamos de visita en casa de la abuela y mis detestables primas están con un amigo. Mis primas corretean bajo la magnolia en el patio del frente y dan alaridos como tontas. Pero su amigo, un muchacho, ni corre ni grita. Mis primas jubilosas se burlan de él desafiándolo a que me bese. Odio a mis primas. Mis detestables primas todavía me llaman "regordeta", aunque yo ya no esté en edad de recibir ese apodo. Me da tanta pena.

Recuerdo.

Tengo 16 años. Paso sin dificultad la prueba para conducir, tanto la parte práctica como la escrita. Pero la pregunta difícil viene después de "sexo", "color de ojos" y " estatura". La pregunta es: "peso". "¿Cuánto debo decir?, me pregunto. ¿Qué sucede si miento? ¿Tendré que subirme a una báscula? ¿Si miento se encenderá una alarma? ¿Repetirá la empleada mi peso en voz alta para que todo el mundo lo sepa? ¿Me interrogará? ¿Exclamará incrédula: 'Usted pesa cuánto?'" Temblando, decido mentir. Me pregunto cuánto me puedo quitar. Me quito cuatro kilos y medio. Salgo bien parada. No suena la alarma. La empleada ni siquiera levanta una ceja. Actúa como si no le importara, aunque estoy segura de que sí.

Salgo adelante con mi primera mentira de cuatro kilos y medio: eso será lo que me quite siempre. No importa qué tanto pese, desde entonces, siempre resto cuatro kilos y medio antes de poner mi peso por escrito. Y siempre sé, no importa cuánto pese, que si sólo bajo cuatro kilos y medio estaría bien. No importa cuánto pese, "bien" siempre es cuatro kilos y medio menos.

En una tranquila mañana suburbana, recuerdo.

Hace seis años estaba embarazada y me veía como el zepelín de Goodyear. Pero hoy tengo 34 años y no estoy embarazada. Tampoco estoy gorda; ni siquiera regordeta. Pero la báscula acaba de dictar su sentencia y de destruir mi estado de ánimo al indicarme que aumenté medio kilo.

Reflexiono sobre esto: quizás el problema no sea cuánto peso; quizás el problema esté en cómo me siento por lo que peso.

Sin prisa, me levanto de la cama a la que la báscula me arrojó hace un rato. Me pongo la bata y me dirijo al cuarto de baño. Levanto la báscula y deliberadamente la llevo por el corredor, paso por el comedor, por la cocina, hasta el patio lateral donde seis botes vacíos esperan la basura de la próxima semana. Levanto la báscula a la altura de mis hombros, me detengo un momento y entonces arrojo al dictador mecánico dentro del receptáculo de basura que espera. Al hacerlo, recupero el control de mi propia moral.

Nunca más la báscula del cuarto de baño determinará mi estado de ánimo. *Feliz* cumpleaños, me lo merezco.

Willanne Ackerman

Modales

La ex maestra de tercer grado, cansada, se acercó más a la caja en Kmart. Le dolía la pierna izquierda y deseó haberse tomado todas sus píldoras del día: para la presión arterial alta, los mareos y una serie de otros males. "Gracias a Dios me retiré hace años", pensó. "Ya no tengo la energía para enseñar ahora".

Justo antes de formarse en la fila para la caja, divisó a un joven con cuatro niños y su esposa embarazada que lo seguía. La maestra no pudo esquivar el tatuaje en el cuello. "Estuvo en prisión", pensó, y continuó inspeccionándolo. Su playera blanca, cabello rapado y pantalones holgados la llevaron a concluir: "Es miembro de una pandilla".

La maestra trató de dejar pasar al hombre antes que ella.

—Pase usted primero —le ofreció.

—No, usted va primero —insistió él.

—No, a usted lo acompañan más personas —respondió la maestra.

—Debemos respetar a nuestros mayores —replicó el hombre. Y con eso, haciendo un movimiento del brazo, le indicó cortésmente el camino a la dama.

Una ligera sonrisa vaciló en sus labios al pasar rengueando frente a él. La maestra que había en ella decidió que no podía dejar pasar el momento, por lo que se giró y le preguntó:

—¿Quién le enseño esos buenos modales?

—Fue usted, señora Simpson, en tercer grado.

Paul Karrer

Nacida para vivir, nacida para amar

Hace 30 años, la hermana de mi amiga Kelly, Christine, vino al mundo con varias adversidades en su contra. Sus padres se separaron justo antes de que naciera. Su mamá tuvo varias complicaciones con el embarazo y Christine terminó por llegar un par de semanas antes. Por ser prematura, terminó con problemas respiratorios que la obligaron a pasar dos semanas en el pabellón de terapia intensiva. Sin seguro, su mamá tuvo que regresar a trabajar de inmediato, y Kelly y yo nos convertimos en las principales cuidadoras de Christine. Para colmo, a Christine se le diagnosticó el trastorno conocido como enanismo.

Fue obvio desde el momento en que se pudo bambolear y sonreír, que era una niña feliz. Era brillante, se expresaba con claridad, era obstinada y estaba determinada a triunfar a pesar de sus limitaciones físicas. A Christine no le cabía la menor duda de que su vida se desarrollaría exactamente como ella quería. Por lo menos eso es lo que hubiera dicho si uno hubiese podido mantenerla quieta lo suficiente como para que hablara.

Ya de un año, Christine exigía que se le tratara como a cualquiera. Nadie podía decirle que no podía hacer lo mismo que Kelly y yo. No importaba que fuéramos seis años mayores. Cuando Kelly y yo andábamos en bicicleta, Christine insistía en que la jaláramos en su carrito. Si Kelly y yo teníamos que lavar la vajilla, Christine quería que la acomodáramos sobre el aparador y le diéramos una toalla para secar.

Para cuando Christine debía iniciar el jardín de niños, estaba más que preparada. Kelly y yo ya le habíamos enseñado a leer cuando se le obligó a guardar cama después de una cirugía correctiva en una de sus piernas. El primer día de clases, Kelly y yo nos quedamos con la boca abierta cuando le advirtió a su maestra:

—Soy igual a los demás niños, no me vaya a tratar como bebé.

A Christine le encantaba la escuela y lo hacía bastante bien. Era líder por naturaleza y no hubo un voto en contra cuando se le eligió presidenta de clase en el séptimo grado.

A no ser por el hecho de que su mamá a veces tenía que trabajar turnos dobles para poder cubrir las cuentas, Christine tenía una familia normal y feliz.

Sin embargo, cuando cursaba su último año de secundaria, su madre murió. Entonces Christine se mudó con Kelly, quien se había casado dos años antes, y al poco tiempo fue la cuidadora favorita de los gemelos de Kelly. Después de graduarse, Christine encontró trabajo en una panadería y se mudó a un departamento conmigo. Como mi horario de trabajo era irregular, casi no nos veíamos, y fue la primera vez que en verdad vivió sola. ¡Y le encantó!

Entre Christine y nuestro vecino Eric surgió verdadero amor, y a las pocas semanas de que se conocieron comenzaron a salir juntos. Un par de años después, cuando decidieron casarse, tuvieron que afrontar el hecho de que los problemas físicos de Christine nunca le permitirían tener hijos. Pero Christine sabía que sin lugar a dudas ella quería ser madre. Poco después de que ella y Eric se casaron, contrataron a un abogado y trataron de registrarse en tres diferentes agencias para adopción. Cada agencia les dijo, con amabilidad pero firmemente, que con su historial médico y sus limitados recursos era casi imposible la adopción. Obviamente no conocían muy bien a Christine.

Tres semanas después de que la tercera agencia rechazó su solicitud, Christine veía el noticiero de la noche cuando vio un programa sobre niños inadoptables. "Inadoptable" significaba que estos niños estaban o muy enfermos, o demasiado grandes o tenían muchos otros problemas para ser deseados. Cuando la narración se concentró en ciertos niños, Christine escuchó la historia de Illiana, una hermosa pequeña de dos años que había nacido con enanismo y había sido abandonada por sus padres. Christine supo de inmediato que había encontrado a su hija ideal.

Sin embargo, después de investigar más, Christine descubrió que el proceso llevaría varios meses y costaría más dinero del que ella y Eric habían podido ahorrar. Amigos y familiares ofrecieron donativos pero no fue suficiente. Entonces su jefe de la panadería tuvo una idea genial, publicó un pequeño anuncio en el diario local avisando que de las ventas de la siguiente semana de cada uno de sus tres locales, un porcentaje sería para ayudar a Eric y Christine a adoptar a Illiana.

La respuesta fue increíble, las pastelerías se saturaron. Luego una estación de radio local transmitió la historia y encontró un patrocinador para duplicar todos los fondos recabados. Al final de la semana, Eric y Christine tenían lo suficiente como para completar el proceso de adopción, comprar ropa y juguetes e incluso separar algo para la educación de su nueva hija.

Ahora, Illiana es una niña sana y feliz de siete años. Es la mejor ayudante de Christine, y cuando se trata de cuidar al hermanito que adoptaron hace un año, nos ha hecho a un lado a Kelly y a mí.

De tal madre, tal hija.

Eileen Goltz

Modales en la mesa

Las comidas de las Cazuelas Panzonas comenzaron, informalmente, en mi primera Navidad sola. Acababa de terminar un matrimonio de 22 años y sabía que los días de festividades con toda la familia, con todos sus rituales y bienestar, habían terminado para mí. Pero estaba determinada a no sentir pena por mí, así que llamé a cuatro amigas y las invité a una cena informal, nada elegante, sólo un simple compartir la comida con menos trabajo para todas.

La velada fue excelente, las cinco estuvimos tan encantadas con el éxito que decidimos hacer de esa noche de reunión un ritual mensual.

Pronto tuvimos una lista de nueve o diez mujeres, al llegar nuevas amigas al grupo. Algunas eran madres solteras como yo, otras eran casadas, algunas nunca se casaron. ¡Pero todas parecían cocinar muy bien! Años de alimentar a la familia, de cenas formales y de experimentar, habían dado como resultado recetas excepcionales.

Sin embargo, las excelentes comidas eran sólo parte del atractivo. De nuestras comidas surgió la amistad y formamos una comunidad muy unida. Hablábamos de todo: del trabajo, las relaciones, los niños, de enojos y rencores, nuevas tendencias y los últimos chistes. La risa era constante en la mesa, el platillo principal en nuestras comidas. Juntas aprendimos a disolver nuestras frustraciones con sentido del humor.

Nuestras comidas recibieron entonces un nombre oficial. Una noche, una participante del grupo comentó que su hija había recibido un mensaje por teléfono sobre los planes para cenar del grupo: "Mamá, alguna de tu grupo de las cazuelas panzonas, llamada Marga, llamó. Que te reportes".

Nos carcajeamos por lo adecuado del nombre, y éste se quedó.

El grupo de las Cazuelas Panzonas se había reunido cada mes durante cuatro años cuando se me diagnosticó cáncer de mama. Esto no estaba dentro de mis planes. Me enfrentaba a una lucha totalmente nueva. Pero una vez más, estaba decidida a no enfrentarla sola y a no quedarme paralizada de miedo.

Dos semanas antes de la mastectomía, llamé a Susie, una de las amigas del grupo, y le pedí que organizara una de nuestras comidas.

–Necesito una antes de la cirugía. ¿Puedes organizar algo divertido? –le pregunté.

Dos noches antes de la cirugía, dispuse la mesa y abrí la puerta para la primera invitada, Anne. Ella trajo los entremeses, "tumores malignos". Eran unos excelentes champiñones rellenos, que por pequeños se veían muy inocentes. La siguiente en llegar fue Rickie, era enfermera e iba vestida con una bata verde desgastada; llevaba un estetoscopio y plasma, que en realidad era vino tinto. Con cada platillo, el menú explicaba claramente mi destino.

Llegó el platillo principal, pechugas de pollo con salsa grumosa. En seguida llegaron las verduras, pechos de puré de papas con pezones de tomate cereza. La deliciosa ensalada verde se sirvió en dos tazones juntos ribeteados con encaje blanco y adjunta iba una tarjeta que decía: "¡Tu primer sostén Wonder-Bra!"

La *pièce de résistance* fue el postre. En una bandeja temblaban, perfectamente formados, unos pechos de gelatina color durazno con dos cerezas rojas envinadas colocadas en el lugar apropiado. Entre ataques de risa, vislumbré una pequeña uva blanca enterrada hasta el fondo en el izquierdo: mi tumor.

—Tráiganme el cuchillo, la cirugía va a comenzar —anuncié.

Con la mano izquierda por detrás de mi espalda, utilicé un cuchillo de pan para pescar la uva. Luego, con un dramático golpecito, mandé a volar la uva a través de la mesa.

—La operación fue todo un éxito. ¡Hay que suturar, muchachas!

Si alguna vez hubo alguna duda sobre mi macabro sentido del humor respecto a mi penosa experiencia, eso la disipó.

Luego el grupo me obsequió unos pantalones de algodón para que fueran mi vestimenta durante la cirugía, donde escribieron amorosos mensajes y poemas. Mi favorito decía así:

Un pequeño mordisco, un pequeño pellizco.
Baja uno, levanta el otro,
el derecho está bien, el izquierdo mal.
(P. D. ¡Prefiero que mi trasero no se vea!)

Al irme abrazando cada una, supe que no estaba enfrentando mi problema sola.

Sé que habrá quienes no comprendan la irreverencia que mostraron mis amigas del grupo esa noche; algunos incluso pueden sentirse ofendidos por el modo aparentemente frívolo con el que abordé lo que es un asunto de salud crítico para las mujeres. Pero mi vida como mujer sola me ha enseñado que una no puede controlar lo que la vida le da. Una sólo puede decidir cómo lo maneja y quién está con una.

¡Es mi fiesta y puedo reírme si quiero!

Las mujeres de las comidas de las Cazuelas Panzonas me lo enseñaron.

Ahora estoy totalmente recuperada y me mudé a Nuevo México, dejando atrás a esas mujeres llenas de energía. Los cinco años de noches en las que comíamos, reíamos y llegamos a ser una verdadera familia, me dejaron con un sabor a su amistad que nunca podré superar. Aprendí que el divorcio no es la entrada a la soledad y la depresión, sino una puerta abierta a una vida de amor, amistades curativas, plenitud y diversión, en tanto haya una receta y un chiste para compartir.

Adele Frances

Espejo, espejo en la pared

Cuando me veo al espejo veo una sobreviviente.

No pienso en nada más que en vivir.

Bueno, eso no es verdad, porque cuanto más lejos estoy de mi cáncer, permito que más esperanzas y sueños me invadan. Cuando me miraba al espejo durante mi enfermedad, yo no era esa persona calva que me miraba a su vez. No me podía reconocer.

Mi cuerpo me falló, pero mi alma no se iba a escapar.

La gente respondía según me veía.

Odiaba la piedad que veía en sus ojos, tanto como el temor.

El cuerpo retornó a su estado original, y el alma se ha cubierto con las maravillosas capas de la sobrevivencia.

Ahora celebro
los días de cabello rebelde,
cejas espesas,
piernas velludas irritadas por el afeite.

Celebro
los sabores mezclados de la mantequilla de maní con el chocolate,
una limonada dulce a través de un pitillo,
grasosas hamburguesas con tocino.

Celebro
niños que lloran
gritan y discuten,
música palpitante y perros que ladran.

Celebro
hacer planes,
soñar
la esperanza que implica tener un futuro.

Celebro la vida.

Karen Klosterman

8

UNA CUESTIÓN DE PERSPECTIVA

Un puntapié en el trasero es un paso hacia adelante.

Anónimo

Willy el grandote

Si siempre diriges tu cara hacia la luz del sol, nunca verás las sombras.

Helen Keller

Medía más de dos metros y pesaba más de 140 kilos. Corrían los rumores de que había matado a un hombre con las puras manos, con sólo un apretón le había quitado la vida. Era el tipo de reputación que ganaba respeto en la agresiva ciudad donde crecimos. A los quince años, Willy ya era una leyenda.

Willy y yo habíamos jugado juntos desde que usábamos pañales, aunque éramos la pareja más dispareja. Él era un gigante macizo negro y yo era pequeña, pelirroja y regordeta. Los dos trabajábamos en la fábrica de la ciudad, yo en la oficina, Willy en el muelle. Hasta los hombres más duros que trabajaban con Willy le temían.

Él veía que yo llegara segura a casa al salir del trabajo y yo guardaba su secreto de que cada noche, en lugar de vagar por las calles de la ciudad, golpeando gente, se iba a casa y con mucho amor levantaba a su anciana abuela de la silla a la que estaba confinada, la acostaba en su cama y le leía hasta que caía dormida. Por la mañana, le peinaba el delgado cabello gris, la vestía con los hermosos camisones que le compraba con el dinero que ganaba en la compañía de conservas y la colocaba de nuevo en la silla.

Willy había perdido a sus padres debido a las drogas, y ahora sólo quedaban ellos dos. Él la cuidaba y ella era su razón de ser honesto. Por supuesto, no había un mínimo de verdad en los rumores, pero Willy nunca los desmintió. Sólo dejaba que cada quien creyera lo que quisiera, y aunque todos lo daban por perdido como otro maleante más de la calle, nadie lo molestaba.

Un día, en la clase de civilización occidental, nuestro maestro leyó en voz alta un extracto de *El príncipe* de Maquiavelo: "Como el amor y el temor no pueden existir juntos, si tenemos que escoger entre ambos, es mucho más seguro ser temido que ser amado". Miré a Willy y le guiñé el ojo.

—Ese eres tú —le susurré. Sólo sonrió.

Al siguiente día me demoré unos minutos más de lo usual en la escuela y Willy se fue sin mí. Justo a la vuelta de la compañía de conservas, los camiones de bomberos estaban estacionados y un denso manto de humo cubría el cielo. Un niño pequeño yacía envuelto en una camisa de franela a cuadros rojos y negros que me era familiar, sostenido por una mujer que lloraba. Hablaba con uno de los bomberos y un reportero del noticiero nocturno.

—Este tipo grandote escuchó al niño llorar, entró directo y nos sacó —dijo con lágrimas de alegría—. Envolvió al bebé con su camisa, y cuando escuchó las sirenas, corrió por la calle.

—¿Sabe su nombre? —preguntó el reportero.

—Sí, creo que sí —replicó la mujer—. Dijo que era Maquiavelo.

Esa noche, el periódico publicó la noticia ofreciendo una recompensa a quien proporcionara información sobre la identidad del buen samaritano. Nadie se presentó.

Nancy Bouchard

Sólo estoy jugando

Cuando construyo cosas en el cuarto de los cubos,
por favor no digas que "sólo estoy jugando",
dado que, como ves, aprendo mientras juego,
sobre equilibrio y formas.

Cuando me visto elegante,
pongo la mesa y cuido a los bebés,
no pienses que "sólo estoy jugando",
dado que, como ves, aprendo mientras juego,
ya que algún día podría tener hijos.

Cuando me veas con la pintura hasta los codos,
o parado ante un atril, o modelando y esculpiendo la arcilla,
por favor no quiero oírte decir que "sólo está jugando",
dado que, como ves, aprendo mientras juego.
Me estoy expresando y siendo creativo,
ya que algún día podría ser artista o inventor.

Cuando me veas sentado en una silla
"leyendo" ante una audiencia imaginaria,
por favor no te rías y pienses que "sólo estoy jugando",
dado que, como ves, aprendo mientras juego,
ya que algún día podría ser maestro.

Cuando me veas buscando insectos entre la maleza,
o guardando en mis bolsillos cosas que encuentro,

no lo hagas parecer como que "sólo estoy jugando",
dado que, como ves, aprendo mientras juego,
ya que algún día podría ser científico.

Cuando me veas concentrado en un rompecabezas,
o con algún "juguete" en mi escuela,
por favor no pienses que pierdo el tiempo en "juegos"
dado que, como ves, aprendo mientras juego,
estoy aprendiendo a resolver problemas y a concentrarme,
ya que algún día podría ser comerciante.

Cuando me veas cocinando o probando la comida,
por favor no pienses que es porque me gusta, que es sólo un "juego".
Estoy aprendiendo a seguir instrucciones y a ver las diferencias,
ya que algún día podría ser chef.

Cuando veas que aprendo a saltar, brincar, correr y mover el cuerpo,
por favor no digas que "sólo estoy jugando",
dado que, como ves, aprendo mientras juego,
aprendo cómo funciona mi cuerpo,
ya que algún día podría ser médico, enfermera o atleta.

Cuando me preguntes qué hice hoy en la escuela,
y te responda: "estuve jugando",
por favor no me malinterpretes,
dado que, como ves, aprendo mientras juego,
estoy aprendiendo a disfrutar y triunfar en el trabajo,
me estoy preparando para el mañana,
hoy, soy un niño y mi trabajo es jugar.

Anita Wadley

El cántaro agrietado

Un aguador en la India servía a su amo acarreando agua desde el río hasta su casa. Acarreaba el agua en dos cántaros que colgaban en uno y otro extremos de una vara que equilibraba sobre los hombros.

Uno de los cántaros tenía una grieta; el otro estaba perfecto. El cántaro perfecto siempre llegaba con la porción completa de agua del río, mientras que el cántaro agrietado siempre llegaba a casa del amo sólo con la mitad.

Durante dos años completos esto continuó igual, todos los días el aguador entregaba en la casa del amo una medida de agua completa y otra a la mitad. Naturalmente el cántaro lleno estaba orgulloso de su servicio, era perfecto para el fin para el que había sido hecho. Pero el cántaro agrietado era infeliz; se avergonzaba por su imperfección, sufría por ser sólo capaz de realizar a medias aquello para lo cual había sido hecho.

Después de una eternidad, de lo que consideraba ser una amarga anomalía, el cántaro agrietado le habló al aguador un día.

—Estoy tan avergonzado de mí —profirió—. Quiero disculparme contigo.

—¿Pero por qué? —preguntó el aguador.

—Durante estos dos últimos años —respondió el cántaro—, esta grieta en mi costado dejó filtrar agua a lo largo de todo el camino hacia la casa del amo, y sólo he podido suministrar la mitad de mi carga. Tú realizas todos los días el trabajo de llevarme desde el río hasta la casa del amo, pero a causa de mi defecto, no recibes todo el valor de tu esfuerzo —suspiró el cántaro, angustiado.

Amable, el aguador le respondió al desolado cántaro:

—Hoy, cuando volvamos a casa del amo, por favor observa las adorables flores a lo largo del camino.

Cuando los tres regresaron colina arriba, el viejo cántaro agrietado observó las encantadoras flores silvestres: el sol resplandecía sobre sus caras fulgurantes, la brisa inclinaba sus cabezas. Pero aun así, al final del sendero, el cántaro defectuoso se sintió mal porque de nuevo había dejado filtrar la mitad de su carga y, una vez más, se disculpó con el aguador por su falla.

Pero el aguador le dijo al cántaro:

—¿No viste que las flores están sólo de tu lado del sendero? Como desde el principio reconocí tu "defecto", sembré semillas de flores de tu lado, y todos los días, de regreso del río, tú las has regado. Así puedo recolectar estas hermosas flores para adornar la mesa de nuestro amo. Si no fueras como eres, el amo no habría tenido estas hermosuras como adorno en su hogar.

Willy McNamara

Una bandada de gansos

Oliver Wendel Holmes asistió una vez a una reunión en la que fue el más bajo de estatura.

—Doctor Holmes —declaró con sarcasmo un amigo—, debo pensar que se ha de sentir bastante pequeño entre nosotros, los grandes.

—Sí —replicó Holmes—, me siento como una moneda de diez centavos entre muchos peniques.

Anónimo

Ayer observé una formidable bandada de gansos que pasó volando en dirección al sur a través de una de esas panorámicas puestas de sol que por un instante colorean todo el cielo. Los vi mientras estaba recostado contra la estatua del león que está frente al Instituto de Arte de Chicago, desde donde observaba a la gente que caminaba de prisa por la avenida Michigan haciendo sus compras de Navidad. Cuando bajé la vista, noté que una pordiosera, parada a corta distancia, también había observado a los gansos. Nuestros ojos se encontraron y sonreímos, reconociendo en silencio el hecho de que habíamos compartido un espectáculo maravilloso, un símbolo del misterio de la lucha por sobrevivir. Al alejarse la dama, arrastrando los pies, la escuché hablar consigo misma. Sus palabras: "Dios me consiente demasiado", me sorprendieron.

¿Se estaba burlando esta mujer, esta pelagatos de la calle? No. Creo que el espectáculo de estos gansos había atenuado, por poco que haya sido, la dura realidad de su propia lucha. Comprendí más tarde que momentos como este la alentaban; era su manera de sobrevivir a la indignidad de la calle. Su sonrisa era real.

El espectáculo de los gansos fue su regalo de Navidad. Era la prueba de que Dios existe. Era todo lo que necesitaba.

La envidio.

Fred Lloyd Cochran

Un paseo en trineo

Un día, a principios de diciembre, despertamos para descubrir que acababa de nevar una nieve perfecta.

—Por favor, mamá, ¿podemos ir a deslizarnos en trineo después de desayunar? —me suplicó Erica, mi hija de once años. ¿Quién se podía resistir? Así que nos arropamos y nos dirigimos hacia el dique en el campo de golf de Lincoln Park, la única colina en nuestro pueblo, asentado en la llanura.

Cuando llegamos, la colina estaba atestada de gente. Encontramos un lugar disponible cerca de un hombre alto y delgado y su hijo de tres años. El niño ya estaba acostado de panza en su trineo, esperando el empujón.

—¡Anda, papi! ¡Apúrate! —gritaba.

El hombre me miró.

—¿Está bien si nos adelantamos? —preguntó.

—Por supuesto —respondí—. Parece que su hijo está listo para salir.

Con eso, le dio un fuerte empujón y ¡salió volando! Pero no fue sólo el niño el que voló, el padre corrió detrás de él a toda velocidad.

—Debe tener miedo de que su hijo atropelle a alguien —me dirigí a Erica—. Es mejor que nosotras también seamos cuidadosas.

Con eso, empujamos nuestro trineo y nos deslizamos colina abajo a toda velocidad, mientras la nieve golpeaba nuestros rostros. Tuvimos que saltar del trineo para evitar el golpe contra un inmenso olmo cerca del río y terminamos tiradas de espaldas, muertas de risa.

—¡Excelente descenso! —exclamé.

—¡Pero qué camino tan largo para subir! —observó Erica.

Efectivamente lo era. En nuestra penosa marcha hacia la cumbre, noté que el hombre delgado seguía tirando del trineo con su hijo todavía arriba, de regreso a la cima.

—¡Que servicio! —manifestó Erica—. ¿Harías lo mismo por mí?

Yo ya iba sin aliento.

—¡De ningún modo, muchachita! ¡Sigue caminando!

Para cuando alcanzamos la cima, el pequeño estaba listo para empezar de nuevo.

—¡Vamos, vamos, vamos, papi! —le pidió. Una vez más, el padre lo empujó con toda su energía, lo persiguió colina abajo y luego tiró de ambos, niño y trineo, de regreso hacia arriba.

Esta situación se repitió durante más de una hora. Aunque Erica subía por sí misma, yo estaba exhausta. Para entonces, la muchedumbre en la colina había disminuido al irse la gente a sus casas para almorzar. Finalmente el número de personas se redujo al hombre y su hijo, a Erica y a mí y a un puñado de otros más.

"Ese hombre no puede estar pensando todavía que el niño va a chocar contra alguien", pensé. "Con toda seguridad, aunque el niño es pequeño, de cuando en cuando podría tirar de su propio trineo por la colina." Pero el hombre nunca se cansó y se le veía radiante y alegre.

Llegó el momento en que no pude resistirlo más. Lo miré y le dije:

—¡Qué energía tan tremenda tiene usted!

El hombre me miró y sonrió.

—Tiene parálisis cerebral —manifestó como algo natural—. No puede caminar.

Me quedé sin habla. Entonces me percaté de que mientras estuvimos en la colina, en ningún momento vi al niño levantarse del trineo. Todo parecía tan feliz, tan normal, que nunca se me ocurrió que el niño pudiera ser discapacitado.

Aunque no me enteré del nombre del señor, a la semana

siguiente relaté la historia en mi columna periodística. Ya fuera él o alguien que lo conocía, debió haberlo reconocido, porque poco después recibí esta carta:

Querida señora Silverman:

La energía que gasté ese día en la colina no es nada en comparación con lo que hace mi hijo cada día. Para mí, él es un verdadero héroe y espero algún día ser la mitad del hombre que él ya llegó a ser.

Robin L. Silverman

La colina

Uno no puede dirigir el viento... pero sí puede ajustar las velas.

Anónimo

Mucho después de la media noche, horas antes del amanecer
salto de la cama y me visto con ropa interior de lana.
Atisbando por la ventana, veo que la nieve ha empezado a caer.
Me pongo mi overol y corro de prisa por el corredor.
Me apresuro hacia el ropero, agarro mi bata vieja,
me la acomodo sobre los hombros y abrocho el botón.
Introduzco los dedos dentro de los agujeros que les corresponden en mis guantes desgastados,
introduzco los pies dentro de las botas que por suerte todavía puedo usar.
Tan rápido como me es posible, me lanzo directo a la puerta.
Detrás de mí arrastro un trineo ya viejo.
El viento ruge y aúlla, la nieve vuela a mi alrededor.
La que ha caído, ya cubre el suelo por completo.
Atrapadas en lo profundo, sólo mis huellas se pueden ver,
voy directo a la pradera, a la colina que me espera.
Unos pasos más, alcanzo mi objetivo, al igual que en el pasado,
seré la primera en deslizarme por esta colina, seré la última también.

Respirando en el frío aire de la noche, soy testigo de la primera nevada del año.
Tal vez este sea mi lugar favorito de todos los paisajes que conozco.
Bien agarrada en un mundo de silencio, me empujo con los pies.
El viento levanta mi cabello, la nieve golpea contra mis dientes.
Viajo cada vez con mayor rapidez, y lucho por no ladearme.
Estirando las piernas húmedas por la nieve, me inclino de costado a costado.
Qué gran deleite este amanecer me ha dado.
Igual que todos los años anteriores, cuando sólo estamos esta colina y yo.
Ahora, si me esfuerzo y apresuro, puedo darme otra vuelta.
El sol pronto saldrá, el día habrá comenzado.
Pero antes de que eso suceda tengo que estar de regreso en la cama.
Porque qué van a pensar los niños...
...si saben que la abuela usó el trineo.

Betty J. Reid

El punto intermedio

No mires hacia atrás a menos que intentes ir por ese camino.

Marc Holm

Observo a mi hija por el espejo retrovisor. "¿Qué pensará Denise", me pregunto, "cuando nos ve a los cuatro, dos parejas de padres, cada uno de una raza diferente? ¿Qué es lo que ve cuando nos mira desde el asiento de atrás? ¿Le significa algo que su padre sea blanco y su madrastra descendiente de chinos?" En unos momentos más, verá a su madre, que es filipina, y a su padrastro, que es afroamericano.

Considero que eso no significa tanto para ella como le significaría a un científico social, o quizá incluso a un político. Para ella, nosotros sólo somos cuatro adultos que estamos a cargo de educarla y de garantizarle su seguridad.

La autopista entre Monterey y Salinas ya me es muy familiar. Conozco cada curva, cada bache y el tiempo que dura cada luz roja a lo largo del camino. La recorro cada semana. Una vez, hace muchos años, vi el odómetro de mi auto y me pregunté si nuestro punto de encuentro estaría de verdad exactamente a la mitad del camino entre la casa de mi ex esposa y la mía. ¿Conduzco un poco más de lo que debería?

—Denise —manifiesta mi segunda esposa—, la próxima semana, cuando termine la escuela, ¿te vas conmigo a mi oficina y me ayudas? Tengo mucha correspondencia que tú puedes enviar; muchos sobres para llenar, ¿está bien?

—¡Perfecto! No puedo esperar.

Mi esposa podría decirle a Denise que la necesita para que la ayude en casi cualquier cosa en su oficina y su respuesta sería siempre la misma. La niña sólo quiere estar junto a su madrastra. Sin necesidad de esfuerzos se entendieron bien desde el primer día.

—¿Denise, empacaste tu equipo de karate? Mamá te llevará a tu clase el próximo sábado y yo te recogeré ahí.

—Está empacado, papá.

Su maletín y su mochila están llenos para la semana que pasará con su mamá y su padrastro. Una semana con una pareja de padres, la siguiente con la otra. La misma escuela. Los horarios, muy bien sincronizados. El mismo lugar de encuentro en el mismo parque durante los últimos cinco años.

Salgo de la autopista. Ahí están. Me estaciono junto a su auto y todos descendemos. La madre de Denise y yo nos vemos con algo más que sólo una mirada. Nos aceptamos mutuamente. Cada uno ve en el otro a alguien que no conoció mientras estuvimos casados, aunque suponíamos que así era. Hace mucho desapareció la ira y las amenazas de impedir que el otro viera a nuestra hija. Vemos a alguien a quien hemos perdonado, alguien de quien nos queremos dejar de vengar y con quien todavía no nos sentimos cómodos. Pero lo más importante es que vemos a alguien con quien hemos aprendido a trabajar por el bien de nuestra hija.

Saco la maleta de Denise mientras ella, mi esposa y mi ex esposa le hacen fiestas a la media hermana de Denise, de unos dos años de edad. Entrego la maleta de Denise a su padrastro. Nos inclinamos y decimos "hola". No tenemos mucho en común, aunque sí un cierto respeto. Yo lo respeto por ser un buen padre y padrastro. Estoy totalmente consciente de que este hombre está a cargo de la seguridad de mi hija exactamente la mitad del año.

Finalmente, comprendo que se necesita ser más hombre para aceptar la situación que sentirse intimidado por ella.

—¿Ya empieza a caminar? —le pregunta mi esposa a la mamá de Denise, refiriéndose a la bebé.

—Va de tumbo en tumbo desde el sofá a la silla donde me siento, cayéndose todo el camino —más risas.

Me acerco, le pellizco la mejilla a la bebé como se espera, y luego me retiro y observo, preguntándome si debería sorprenderme. El padrastro de Denise es afroamericano. Su madrastra es de ascendencia china. Su madre es filipina y yo soy blanco. "Esto en realidad no importa", me digo, pero sé lo mucho que en verdad importa. Cuatro razas diferentes. Cuatro diferentes personalidades y temperamentos. Lo más que tenemos en común es una niña que educar.

Denise se despide con un beso de su madrastra. Se dicen "te amo" y "nos vemos la próxima semana". Se me acerca y me da un beso de despedida.

Estoy muy orgulloso de mi hija; es testimonio de la adaptabilidad de los niños. Conoce la rutina de memoria. Siempre está empacando una mochila o una maleta y con frecuencia olvida cosas en la otra casa, un libro para la escuela, el teléfono de una amiga o su clarinete. Nadie se queja, mucho menos ella. Al siguiente día recibirá lo que necesita. Uno de sus cuatro padres recorrerá la distancia para entregárselo. Recuerdo la obra de su escuela, a la que todos asistimos algunas semanas antes. Cuando se cerraron las cortinas, salió radiante, ansiosa por ver a sus dos parejas de padres sentados a la misma mesa. De pronto titubeó, preguntándose a cuál pareja abrazaría primero. Una mirada de alivio surgió luego en su rostro. Sabía que no importaba. Abrazaría a la otra pareja unos segundos después.

Se suben a su auto y nosotros nos subimos al nuestro. Al encender el motor, coloco mi mano sobre el hombro de mi esposa y le pregunto si es en verdad muy difícil. Comprende muy bien lo que le pregunto.

—No, no lo es —responde—, no lo es en absoluto —tiene razón, pienso. No es tan difícil si uno conoce sus prioridades y sabe cómo amar.

Los seguimos para salir del parque y pienso en todos los niños que no saben dónde está uno o sus dos padres, que reciben, a lo sumo, una tarjeta una o dos veces al año. Pienso en todas esas desagradables peleas por la custodia, y no puedo evitar preguntarme qué podrían encontrar esos padres en guerra si sólo profundizaran un poco más en su interior. Pienso en la amiga de Denise que durmió en casa hace algunos meses y que no ha visto a su padre en años y no parece importarle.

Justo antes de llegar a la autopista, Denise se voltea y se despide con la mano por la ventanilla trasera. Nos lanza un beso y le lanzamos uno de regreso. Luego vuelve a voltear y habla con su mamá y su padrastro. Me pregunto si pensará en nosotros la siguiente semana, aunque no importa, porque cuando nos demos cuenta, ya estaremos recorriendo este mismo camino de nuevo.

Todavía hay tanto por delante: la adolescencia, los novios, fracasos, rechazos y triunfo. Le esperan todavía tantos tumbos y golpes. Tantas experiencias por vivir. Me pregunto cuánto tiempo podremos seguir dándole seguridad en la vida. Sé que es una pregunta redundante ya que le damos todo lo que podemos, y sólo podemos proporcionarle lo mejor justo ahora. Paso a paso, día con día.

Cuando llegamos a la autopista, pongo mi direccional para dar vuelta a la izquierda, hacia Monterey, y ellos ponen la suya para dar vuelta a la derecha, hacia Salinas. Cuando acelero, veo mi odómetro y me pregunto si es en verdad el punto intermedio. ¿Conduzco más de lo que debería? De pronto miro de nuevo la carretera, porque sé que en realidad no importa.

Dennis J. Alexander

Platico conmigo

[NOTA DEL EDITOR: *Phil Colburn es una viuda de 95 años de edad. Escribe poesía para conservar su mente clara, un poema al mes para el periódico de su iglesia.*]

Últimamente hablo mucho conmigo
sobre las cosas que hago.
Encuentro que con bastante frecuencia necesito
un sermón reflexivo.

"Echa esos hombros para atrás", me digo,
cuando empiezo mi trayecto por el pasillo.
Los echo para atrás y comienzo mi recorrido;
esperando no caerme un día.

Me digo, cuando despierto
y el dolor es en verdad muy fuerte:
"recuerda que muchos tienen más dolor
del que tú nunca has tenido".

Es realmente molesto
no entender lo que me dicen
y me pregunto si respondí
alguna estupidez.

Entonces me digo que recuerde
que las respuestas estúpidas no son nuevas.
A veces, cuando todavía oía bien,
también respondía alguna estupidez.

Ya necesito anteojos para leer
por lo que me digo:
"agradece que puedas leer,
muchos ni siquiera pueden ver".

Me digo que debo hacer ejercicio
aunque prefiero sentarme y leer
pero si quiero conservarme fuerte
debo hacer lo que me digo.

Todavía puedo caminar, ver y oír
aunque no como solía.
Considero que me ayuda mucho
cada vez que hablo conmigo.

Phil Colburn

Ilusiones que obstaculizan

Disfrutamos el calor porque hemos sentido frío. Apreciamos la luz porque hemos estado en la oscuridad. Por lo mismo, podemos experimentar alegría porque hemos conocido el dolor.

David L. Weatherford

Piernas. Corremos, esquiamos, escalamos montañas y nadamos sin pensar mucho en ellas.

Mi esposo Scott utilizó sus piernas para ganar becas en la universidad para practicar esquí y para escalar hasta la cima del monte Grand Tetons, en Jackson Hole, Wyoming. Luego, de improviso, durante un abril desacostumbradamente caluroso, se le encontró a Scott un tumor en la columna vertebral. Se nos dijo que la muerte o parálisis podría ser el resultado final.

Nuestros hijos, Chase, Jillian y Hayden, estaban entre los siete y dos años de edad. Ellos en realidad no entendieron todo lo "malo" que sucedía, por lo que fueron sus mejores maestros y quienes lo animaron más cuando Scott descubrió que su vida continuaría, aunque paralizado de la caja torácica para abajo.

Los adultos a veces se estancan añorando las cosas que ya se han ido. Yo pensaba en los campamentos que ya nunca haríamos, las montañas que Scott nunca escalaría y la nieve fresca que nunca esquiaría con sus hijos.

Chase, Jillian y Hayden estaban demasiado ocupados viviendo la vida como para retraerse por lo que su papá no pudiera hacer. Se paraban sobre los pedales de su silla de ruedas y gritaban con regocijo mientras él los paseaba a toda velocidad por los silenciosos corredores del hospital.

Los médicos dijeron que preparáramos a Scott para una vida en silla de ruedas porque si pensaba que volvería a caminar, y no lo lograba, se deprimiría. Los hijos no escucharon a los médicos; estimularon a su papá a que "tratara de levantarse". Yo me preocupaba de que Scott se cayera; los niños se rieron con él cuando se cayó y rodó por el pasto. Yo lloré pero ellos lo animaron a que lo "volviera a intentar".

En medio de todos estos cambios en nuestra vida, tomé un curso de dibujo en una universidad local. Durante una semana el instructor nos indicó que no podíamos pintar cosas, que sólo podíamos pintar los espacios entre las cosas. Un día, sentada bajo un pino gigante dibujando los espacios entre las ramas, comencé a ver el mundo como Scott y los niños lo veían. Ya no vi las ramas como obstáculos que podían evitar que una silla de ruedas viajara a través del prado, vi todos los espacios que permitirían a las sillas de ruedas, a la gente e incluso a los animales pequeños pasar. Cuando no me concentré en las ramas o en los obstáculos de la vida, obtuve un nuevo concepto de todos los espacios. Es extraño que, pinte uno los espacios o las ramas, el cuadro se ve casi igual; es la manera como uno lo ve lo que es diferente.

Cuando me uní a mi familia en la búsqueda de "espacios", se me abrió un mundo nuevo. No era lo mismo, a veces nos sentíamos frustrados, pero siempre era gratificante porque estábamos unidos. Al ir probando todas estas nuevas aventuras, Scott empezó a levantarse y luego a caminar con la ayuda de un bastón. Todavía no siente la parte inferior del cuerpo y las piernas, no puede correr o andar en bicicleta, pero disfruta muchas nuevas experiencias.

Aprendimos que uno no necesita sentir sus piernas para volar un papalote, jugar un juego de mesa, plantar un árbol, flotar en el lago de una montaña o asistir a un programa escolar. Las piernas no se necesitan para abrazar, curar una herida o platicar con alguien cuando se tiene una pesadilla.

Hay personas que ven obstáculos en el camino; Scott nos ha enseñado que los obstáculos son sólo desviaciones. Algunas personas ven ramas; Scott y los hijos ven amplios espacios abiertos con suficiente lugar para todo el amor y esperanza que un corazón puede abrigar.

Heidi Marotz

Mi nuevo par de ruedas

Ahí está usted, y veo su mirada
pensando: "Pobre mujer, confinada a esa silla".
Pero no estoy triste, estoy muy contenta porque
no he olvidado cómo era antes.

Usted diría: "¿Qué tal un paseo por el zoológico?
Una caminata por el parque le caerá bien".
Yo pensaría que al día siguiente estaría hecha una ruina,
desde mis adoloridos pies hasta mi atormentado cuello.

Usted querría ir de compras por toda la ciudad,
yo pensaría que ahí no me podría sentar.
Para usted toma un instante ir a la tienda,
para mí la experiencia habría sido un martirio.

Ahora puedo ir a donde me plazca,
me es fácil hacer compras en el centro comercial,
hacer todo lo que debo,
incluso salir y divertirme un poco.

Así que, ¿quiere saber cómo se siente en verdad,
estar sentada aquí entre estas ruedas?
¿Puede recordar aquella lejana época
cuando tuvo su primer auto?

Bueno, eso es lo que yo siento con estas ruedas,
ellas no me retienen, me dan libertad.
Así que no me tenga lástima,
para mí, estas no son ruedas, son mis alas.

Darlene Uggen

¿Qué debo temer?

No hay nada en la vida que se deba temer. Sólo hay que entender.

Marie Curie

Yo vivía en el perpetuo temor de perder las cosas que poseía, o de nunca tener las que deseaba adquirir.

¿Y si pierdo el cabello?

¿Y si nunca poseo una casa grande?

¿Y si engordo, pierdo la figura o el atractivo?

¿Y si pierdo mi trabajo?

¿Y si quedo inválido y no puedo jugar pelota con mi hijo?

¿Y si envejezco y me debilito y ya no tengo nada que ofrecer a mi gente?

Pero la vida enseña a quienes escuchan, y ahora sé que:

Si pierdo el cabello, seré el mejor calvo que pueda ser, y estaré agradecido de que mi cabeza todavía pueda generar ideas, aunque folículos no.

Una casa no hace feliz a una persona. El corazón infeliz no encontrará su dicha en una casa más grande. Sin embargo, el corazón alegre hace que cualquier hogar sea feliz.

Si dedico más tiempo a desarrollar mis dimensiones emocional, mental y espiritual, en lugar de concentrarme sólo en mi físico, seré más bello cada día que pase.

Si no puedo trabajar por dinero, trabajaré para el Señor, y sus beneficios serán incomparables.

Si físicamente estoy incapacitado para enseñarle a mi hijo a lanzar una curva, tendré más tiempo para enseñarle cómo manejar las curvas que lanza la vida, y esto le será más útil.

Y si el envejecimiento me roba mi fuerza, mi agudeza mental y mi energía física, ofreceré a mi gente la fuerza de mis convicciones, la profundidad de mi amor y la energía espiritual de un alma que ha sido cuidadosamente moldeada por las duras aristas de una larga vida.

No importa qué pérdidas o sueños frustrados me depare el destino, enfrentaré cada reto con dignidad y resolución, porque Dios me ha dado muchos dones, y por cada uno que pierda, encontraré diez más que nunca habría cultivado si mi vida siempre fluyera sin dificultad.

Y así, cuando ya no pueda bailar, cantaré con alegría; cuando no tenga la fuerza para cantar, silbaré con dicha; cuando mi respiración sea leve y superficial, escucharé atento y gritaré amor con el corazón; y cuando la brillante luz se aproxime, rezaré en silencio hasta que ya no pueda hacerlo más.

Entonces será el momento de partir hacia el Señor. ¿Por lo tanto, qué debo temer?

David L. Weatherford

9

SABIDURÍA ECLÉCTICA

Oigo y olvido.
Veo y recuerdo.
Hago y comprendo.

Proverbio chino

¿Qué tiene tu papá?

¿Alguna vez alguien dijo: "Es importante dedicar menos tiempo a cómo nos vemos y más tiempo a cómo vemos"? Si no, alguien debiera decirlo.

Carmen Richardson Rutlen

Estaba yo en secundaria cuando tomé conciencia de que mi padre tenía un defecto de nacimiento. Tenía labio leporino y fisura palatina, pero para mí se veía igual, como lo recuerdo desde el día que nací. Puedo recordar una vez, siendo todavía pequeña, que le pregunté, tras darle el beso de las buenas noches, si mi nariz se achataría después de toda una vida de besos. Me aseguró que no sería así, pero recuerdo una chispa en sus ojos. Estoy segura de que estaba maravillado por la hija que lo amaba tanto, que pensaba que sus besos, no 33 operaciones, habían reconstruido su cara.

Mi padre era amable, paciente, sensato y amoroso. Era mi héroe y fue mi primer amor. Nunca conoció una sola persona en la cual no pudiera encontrar algo bueno. Sabía el nombre de pila de los conserjes, secretarias y ejecutivos, aunque creo que prefería a los conserjes. Siempre les preguntaba por la familia, quién pensaban que ganaría la serie mundial y cómo los trataba la vida. Le importaban lo suficiente como para escuchar sus comentarios y recordar sus respuestas.

Papá nunca permitió que su deformación rigiera su vida. Cuando se le consideró demasiado desagradable para el trabajo de ventas, tomó una bicicleta, hizo entregas y creó su propia ruta. Cuando el ejército no le permitió enlistarse, asistió como voluntario. Incluso una vez invitó a salir a una concursante de Miss Estados Unidos. "Si uno no pregunta, nunca sabrá", me dijo después. Rara vez hablaba por teléfono porque a la gente se le dificultaba entenderlo. Cuando lo conocían en persona, con su actitud positiva y su sonrisa inmediata, la gente no parecía darle importancia a su defecto. Se casó con una mujer hermosa y tuvieron siete hijos sanos que siempre pensaron que el sol y la luna emergían de su rostro.

Sin embargo, cuando me hice "adolescente sofisticada", no podía tolerar estar en la misma habitación con este hombre que por una década soportó que yo lo observara afeitarse cada mañana. Mis amigos eran elegantes, populares y andaban a la moda, mi papá era viejo y anticuado.

Una noche llegué a casa con el auto lleno de amigos. Nos detuvimos para tomar bocadillos a la medianoche. Mi padre se levantó de la cama y saludó a mis amigos, les sirvió refrescos e hizo rositas de maíz. Una de mis amigas me separó del grupo y preguntó:

—¿Qué tiene tu papá?

De pronto, mi vista cruzó la habitación y lo vi por primera vez con ojos imparciales. Me sobresalté. ¡Mi papá era un monstruo! Hice que todos se retiraran de inmediato y los llevé a sus casas. Me sentí tan ridícula. ¿Cómo no lo vi nunca antes?

Más tarde, esa misma noche, lloré, no porque me hubiera dado cuenta de que mi padre era diferente, sino porque comprendí el tipo de persona tan patética y superficial en la que me estaba transformando. Aquí estaba la persona más dulce y amorosa que pudiera uno encontrar, y lo había juzgado por su aspecto.

Esa noche aprendí que cuando uno ama a alguien a plenitud y luego lo ve a través de los ojos de la ignorancia, el temor o el desprecio, empieza a comprender las insondables profundidades del prejuicio. Vi a mi padre como lo hacían los extraños, como alguien diferente, deforme y anormal, sin recordar que era un buen hombre que amaba a su esposa, a sus hijos y a sus semejantes. Tenía alegrías y penas y ya había vivido una vida entera en que la gente lo juzgaba por su apariencia. Me sentí agradecida de haberlo conocido primero, antes de que otros me mostraran sus defectos.

Papá ya se fue. Empatía, compasión y preocupación por mis semejantes son el legado que me dejó. Los más grandes regalos que un padre puede heredar a un hijo son: la capacidad de amar a otros sin considerar su clase social, raza, religión o discapacidad; el don del optimismo y la convicción de perseverar con alegría. El elevado objetivo de ser tan amorosa en mi vida que reciba suficientes besos como para que mi nariz se achate.

Carol Darnell

Cíclope nos robó el corazón

La belleza está en el corazón del espectador.

Al Bernstein

—¿Por qué eligen estas vacas siempre este clima tan frío para tener a sus becerros? —la profunda voz de Bill denunciaba angustia más que disgusto mientras Scott y yo corríamos a su lado hacia el establo. Era medianoche, y la temperatura en Singing Valley había descendido a cinco grados bajo cero.

Valentine era una vaca Holstein gigantesca, con un mes de retraso. Estaba demasiado hinchada, pesaba unos 1500 kilos y nos preocupaba. Durante tres horas vimos al afligido animal olfateando y escarbando la paja al ir progresando su trabajo de parto. Finalmente cayó al piso, y con un poco de ayuda, dio a luz a un novillo de 63.5 kilos, el doble del tamaño normal, y color caramelo. Entonces corrimos de regreso al calor de nuestras propias camas por lo que restaba de la noche.

Antes del amanecer bajé al establo para asegurarme de que el becerro se hubiera levantado y comido. Pude escuchar que mamaba con fuerza en el último rincón del establo. Entonces mi pie tropezó con algo duro enterrado bajo la paja. Un penetrante chillido impregnó la oscuridad.

Corrí para dejar entrar un poco de luz. No estaba preparada para lo que yacía frente a mí, un becerro negro espantoso, gemelo del hermoso novillo, pero grotescamente deforme.

Mientras luchaba por levantarse, me asombró su enorme cabeza y la terrible joroba que surgía de su espalda. Sus cortas y regordetas patas estaban torcidas y las pezuñas deformes. El becerro temblaba.

Abrumada de compasión, caí de rodillas y me acerqué para tocarlo. El animalillo berreaba de forma lastimera y lamía mis dedos buscando leche. Giré al becerro un poco para verle la cara. Mi corazón se detuvo. El becerro tenía un solo ojo. ¿Cómo podía la naturaleza ser tan brutal?

No sé por qué no lo matamos. Su gemelo le temía. Su madre lo rechazaba. Cuando trataba de alimentarse, Valentine lo pateaba en la cara, luego le daba con los cuernos en los costados hasta que lo tiraba. Cada vez, lastimado y sangrando, esta cosita espantosa se paraba tambaleante y lo intentaba de nuevo. Decidido a alimentarse, observaba a su madre desde alejados rincones de su pesebre y corral. Esperaba a que se echara a descansar y entonces se amamantaba aferrándose como marinero a punto de ahogarse.

Al principio, nuestros hijos pensaron que el becerro era horrendo, pero sus sentimientos cambiaron al verlo luchar por su vida.

—Es tan amigable —comentó Scott—. Se bambolea hasta la reja cuando llegamos con la comida y no deja de molestarnos hasta que le rascamos la cabeza.

Una tarde, nuestra hija Jennifer contó que en su clase de inglés habían leído *La odisea,* de Homero.

—Hay una historia sobre un gigante, llamado Cíclope, que tenía un solo ojo —añadió—. ¿No sería ese un nombre perfecto?

Así surgió Cíclope. Durante los meses que siguieron, el becerro de aspecto extraño se convirtió en otra "mascota de rancho". Los niños jugaban con él y le daban cubos de azúcar o comida dulce. En agradecimiento, él les lamía la mano o una sonrosada mejilla.

—Mira, mamá —gritaba una voz de niño—. ¡Cíclope me ama!

Observamos que también era el favorito de otros animales que deambulaban por el corral. En invierno, a menudo encontrábamos algún gato acurrucado contra su joroba buscando calor; en verano, los pollos y los perros lo buscaban para que les hiciera sombra.

Su mejor amigo fue un pollo llamado Omelette. Durante su primer encuentro, Cíclope dormitaba y Omelette no llegaba a la semana de edad. Comenzó por picotear las gotas de sudor que escurrían de la brillante nariz negra bovina. Cíclope resopló con fuerza e hizo volar al pollo. Omelette, audaz, regresó una y otra vez, saltando finalmente sobre la cara de Cíclope y picoteando por su camino hasta donde se encontraban los increíbles cuernos del animal.

En lugar de crecer hacia arriba y hacia afuera, los cuernos de Cíclope parecían haberse desplomado para formar un montículo enredado, creando así un paraíso para piojos y moscas, la plaga de todo ganado. La maraña de sus cuernos formaba una barrera perfecta contra los troncos y postes contra los que se frotaba, desesperado en busca de alivio de los tortuosos insectos.

Omelette descubrió al instante el banquete debajo de esos cuernos. Al final del verano no era raro ver a Omelette, ahora un gallo en todo su esplendor, parado sobre la corona córnea de Cíclope picoteando por horas las alimañas que ahí se ocultaban.

Para entonces, los de su misma especie seguían despreciando a Cíclope. Durante los dos primeros años de su vida, ni una sola vaca, becerro o toro toleró su presencia.

Para cuando Cíclope llegó a los tres años, comía casi una tonelada de pastura al mes, y había crecido hasta pesar 770 kilos. Tratábamos de evitar toda conversación respecto a lo inútil que era para el rancho, ya que Bill criaba toros Hereford de pedigrí. ¿Por qué desperdiciar tiempo y dinero para mantener vivo a este trágico error de la naturaleza?

La primavera trajo la temporada de reproducción. Los toros fueron asignados a diferentes pastizales con vacas de linajes específicos. Asimismo, Bill planeaba inseminar artificialmente a veinte vaquillas, las que dejó en su propio pastizal.

La parte que requiere más tiempo y que es más frustrante de la inseminación artificial es detectar con exactitud el momento en que las vacas entran en celo. Se pierden horas en observar señales de comportamiento que indican si las vacas están listas para la inseminación.

Cíclope ya no tenía libertad para vagar porque el rebaño de toros podría considerarlo una amenaza. Encerrado en un corral, desesperado de soledad, caminaba, pateaba, rugía a voz en cuello hasta que su chillante voz se transformaba en un susurro.

Después de varios meses, Bill comenzó a desanimarse del programa de inseminación. De veinte vaquillas, sólo de dos pudimos estar seguros que habían entrado en celo. De pronto, vimos que Cíclope había dejado de caminar y que miraba añorante por sobre la barda de su corral a una de las vaquillas. Durante horas se llamaban el uno al otro, ella en su suave tono alto, él en su falsete.

—Me pregunto —dijo Bill—, si esa pobre cosa sabe algo que nosotros no.

—Que lo suelten y ya veremos —respondió Scott. Las deformaciones de Cíclope lo habían dejado estéril—. Después de todo, no puede reproducirse. ¿Qué daño puede hacer?

Abrimos la reja.

Las fosas nasales de Cíclope se ensancharon, resopló con fuerza y se lanzó hacia el pastizal sobre sus cortas patas torcidas. Las vaquillas se dispersaron como hojas al viento, pero él encontró el objeto de su deseo. Él chilló. Ella se congeló. Él se le acercó con cautela y levantó la cabeza para acariciarle el cuello con su hocico aterciopelado hasta que ella le permitió descansar su cabeza contra su hombro. Él no pudo hacer más, pero nosotros supimos que ella estaba lista para procrear.

Durante los dos años siguientes, Cíclope se transformó en nuestro "detector de celo" al encontrarnos las vaquillas listas para procrear. Ese primer año tuvimos un índice de concepción de 98 por ciento, y de 100 por ciento al siguiente. Nuestro toro doméstico ya no era inútil, ni un solitario.

Cíclope tenía sólo cuatro años y medio cuando murió. Lo encontramos bajo su árbol de sombra favorito. Su corazón simplemente dejó de latir. Al deslizar mis dedos sobre su cuello, se me hizo un nudo en la garganta. Los niños también lucharon por contener las lágrimas.

De pronto comprendí que nuestro extraordinario toro había despertado algo en todos nosotros, una mayor comprensión y simpatía más profunda por los menos afortunados que sus semejantes.

Cíclope fue diferente sólo en lo exterior. En su interior tuvo la misma pasión por la vida que anima a todas las criaturas de Dios. Él nos amó y nosotros a él.

Penny Porter

Un acto de fe

Lo que la oruga piensa que es el fin del mundo... la mariposa sabe que es sólo el principio.

Anónimo

Cuando mi hijo Luke era pequeño, le gustaba sentarse en mi regazo y ver televisión. A veces señalaba lo que pensaba que pertenecía al mundo real, accidentes de autos, incendios, Joe Montana, astronautas, y lo que no. Big Bird, por ejemplo, pertenecía al mundo de la fantasía. Pero también los dinosaurios.

Luke no lograba comprender por qué se consideraba reales a los dinosaurios si ya no existían en ningún lado. Mi explicación de que alguna vez vivieron pero que todos habían muerto hacía mucho tiempo, lo dejó perplejo y molesto.

Un día Maumau, su bisabuela, le mandó el dibujo de un gato con una nota sugiriéndole que lo coloreara.

Terminó este proyecto el mismo día que lo recibió y entonces se trepó en mi silla para mostrármelo. El gato era rojo, azul y verde.

—Nunca había visto un gato tan colorido —exclamé.

—Claro que no —respondió—. Es mío y de Maumau —como si eso de algún modo explicara las cosas. Se me acurrucó y encendí el televisor para ver una retrospectiva de la vida de John Kennedy.

Cuando apareció una fotografía del joven Kennedy junto al timón de un velero pequeño, Luke preguntó:

—¿Quién es ese hombre?

—Es John Kennedy. Fue presidente de Estados Unidos.

—¿Dónde está?

—Ahora está muerto.

Luke me miró a la cara para ver si estaba bromeando.

—¿Está todo muerto?

—Sí.

Hubo un corto silencio. Entonces preguntó:

—¿Están muertos sus pies?

—Sí.

—¿Está muerta su cabeza?

—Sí.

Esta última pregunta fue seguida de una larga y reflexiva pausa. Entonces dijo Luke finalmente:

—Bueno, la verdad es que habla muy bien.

Aunque traté de no reír, no lo pude evitar; en parte porque parecía hablar muy bien, esto es, para una persona muerta, y en parte por la gran seriedad con la que Luke había examinado el problema.

Después del incidente de Kennedy, Luke pareció obsesionado con el problema que presentaba la muerte. A partir de entonces, casi cada paseo por el bosque se convirtió en una búsqueda de algo muerto, un ratón de campo, un mapache o quizás un pájaro. Se ponía en cuclillas sobre el hallazgo y a veces hacía historias sobre lo que el animal había estado haciendo cuando murió. A veces hasta hacíamos un pequeño funeral.

Me preocupaba, claro. El concepto de muerte era demasiado complicado para que un niño de tres años lo comprendiera.

Un día encontramos en el bosque un mechón leonado de piel de conejo. Luke lo enrolló alrededor de una varita de sasafrás.

—Este era el conejo Pedro —declaró—. Iba a casa cuando una zorra se lo comió. Ahora está en una zorra.

—Pero el conejo Pedro vive en el mundo de la fantasía —respondí—, y esta era una liebre de verdad.

—Ya lo sé, contestó—. Sólo estaba viendo —creo que lo que quiso decir es que estaba inventando una historia que de algún modo hiciera que las cosas resultaran de tal modo que las pudiera comprender.

Le expliqué que la mayoría de la gente pensaba que sólo su cuerpo moría, que uno tenía otra parte, llamada espíritu, que sobrevivía. Que eso no se sabía con seguridad, le señalé, pero que si uno creía algo, allá muy dentro, en su interior, aunque no lo pudiera comprobar, eso se llamaba fe y eso le ayudaba a uno a comprender muchas cosas.

Esto produjo asombro.

—¿Uno está dividido en dos partes? —preguntó.

—No exactamente —comprendí que me esperaban dificultades. Sus dudas sobre estas nuevas ideas duraron alrededor de una semana. En otro de nuestros paseos, le mostré un capullo de mariposa que había albergado una crisálida. Le dije que una oruga había hilado ese capullo y que luego había emergido como una criatura totalmente diferente, una mariposa. Le fue fácil aceptar eso porque había visto cómo ocurre en un programa sobre la naturaleza.

Comentó:

—Pero uno puede ver a la mariposa verdadera. Va a lugares. La puedes tocar. Si tú estás muerto, la gente sólo te puede ver en la tele.

—Es cierto —contesté—. Pero uno puede ver a personas muertas en la cabeza, en la imaginación.

Eso lo hizo pensar un buen rato, hasta que finalmente preguntó cómo era eso posible. Le dije que cerrara los ojos e imaginara a alguien que no estuviera con nosotros. Su amigo Charlie, por ejemplo.

—¿Puedes imaginar a Charlie?

Gritó con deleite:

—¡No! ¡No! ¡Pero lo puedo escuchar!

—Bueno, es como eso. Las personas que no están contigo en el momento, de algún modo van contigo en tanto las recuerdes.

—Pero yo puedo jugar con Charlie.

—Sí.

—Y yo no puedo ir a jugar con el conejo porque está muerto.

—Sí, es correcto.

La preocupación de Luke continuó algunos días más. Pronto su atención cambió a su próxima fiesta de cumpleaños, y no volvió a hablar sobre su profunda preocupación sobre la muerte.

Cerca de un año y medio después, murió Maumau. La costumbre de nuestra familia sureña es velar a nuestros parientes en casa, por lo que la madre de mi padre tuvo así su velorio. Cuando Luke insistió en que se le permitiera asistir, mi esposa y yo pensamos que sería una buena idea.

La casa de Maumau se llenó de visitas, comida y charla. Ella había vivido una larga y rica vida, así que no hubo ese tipo de desdichados lamentos que prevalece en muertes tempranas o inesperadas. La gente recordaba su alegría, su sorprendente fortaleza personal, su humor y amabilidad.

Dejamos que Luke anduviera por donde quisiera, habló con parientes, comió, recibió elogios y jugó con sus primos. Después, ya casi al último momento, me pidió que lo llevara a la habitación donde estaba tendida Maumau.

Lo tomé de la mano y lo coloqué junto al féretro de su bisabuela. Era demasiado pequeño para ver otra cosa que no fueran flores, así que lo levanté y lo sostuve sobre mi cadera. Le echó un largo vistazo y dijo después:

—Está bien, papá.

Lo bajé y salimos de la habitación por el largo corredor hacia la cocina. Antes de llegar ahí me hizo entrar a un cuartito en donde mi abuela solía prensar flores y bordar. Me miró solemne y susurró:

—Papá, esa no es Maumau.

—¿Qué quieres decir?

—No es —repitió—. Ella no está ahí.

—Entonces, ¿dónde está? —pregunté.

—Conversando en algún lugar.

—¿Por qué piensas eso? —me arrodillé y coloqué mi mano sobre su hombro.

—Sólo lo sé. Eso es todo. Sólo lo sé —hubo una larga pausa mientras nos miramos el uno al otro. Finalmente respiró profundo y profirió con más seriedad de la que hasta ahora había visto en él:

—¿Es eso fe?

—Sí, hijo.

—Bueno, entonces así es como lo sé. Eso es lo que sentí.

Lo vi con admiración y alegría, al comprender que acababa de encontrar una de las más poderosas fuentes del corazón, una guía diferente a la de su madre o a la mía. Había encontrado una forma de comprensión que estaría con él para el resto de su vida, incluso en el valle de las sombras.

De pronto me sentí profundamente aliviado y agradecido de un modo que no había previsto cuando ese día comenzó. Vi a Luke que me sonreía, entonces, tomados de la mano, seguimos caminando por el pasillo para buscar algo de comer y para narrar, tal vez, una historia de los dos.

Walter W. Meade

El globo de Benny

Benny tenía 70 años cuando inesperadamente murió de cáncer, en Wilmette, Illinois. Como su nieta de diez años, Rachel, nunca tuvo la oportunidad de despedirse, lloró días enteros. Pero al recibir en una fiesta de cumpleaños un globo rojo grande, regresó a casa con una idea, una carta para su abuelo Benny, enviada por correo aéreo al cielo en su globo.

La madre de Rachel no tuvo corazón para negarse y vio con lágrimas en los ojos cómo el frágil globo se fue abriendo paso entre los árboles al borde del jardín y desapareció.

Dos meses después, Rachel recibió esta carta con sello postal de un pueblo a 960 kilómetros de distancia, en Pennsylvania:

Querida Rachel:

Tu carta para tu abuelo Benny le llegó y te lo agradece de verdad. Por favor comprende que las cosas materiales no pueden quedarse en el cielo, así que enviaron el globo de regreso a la Tierra, ellos sólo pueden guardar pensamientos, recuerdos, amor y cosas como esas en el cielo.

Rachel, cada vez que piensas en tu abuelo Benny, él lo sabe, y lo tienes a tu alcance con un gran amor por ti.

Sinceramente,
Bob Anderson (también abuelo).

Michael Cody

Uno, Dos, Tres

Érase una viejita, viejita, viejita, viejita
y un niño de tres años y medio;
y el modo como jugaban
era hermoso de ver.

Ella no podía correr y saltar,
y el niño tampoco podía;
porque era pequeño y delgado,
con una rodillita delgada y torcida.

Estaban sentados en el dorado crepúsculo,
afuera, bajo un arce;
y el juego que jugaban se lo narraré,
como a mí me lo narraron.

Jugaban al juego de las escondidillas,
aunque nunca se haya imaginado que pueda ser
con una viejita, viejita, viejita, viejita
y un niño con la rodilla torcida.

El niño inclinaba la cabeza hacia adelante,
hacia su única rodilla sana,
y adivinaba dónde se escondía ella,
al contar ¡Uno, Dos, Tres!

"¡Estás en el clóset chino!",
gritaba y reía con alegría,

no estaba en el clóset chino;
pero aún le quedaban Dos y Tres.

"¡Estás arriba en la habitación de papá,
en el cofre con la llave rara y vieja!"
Y ella respondía: "Estás caliente y más caliente;
pero no estás muy bien", decía.

"No puede ser el armario
donde estaban las cosas de mamá,
así que tiene que ser el guardarropa, abuela".
Y la encontró con su Tres.

Entonces ella se cubrió la cara con los dedos,
arrugados, blancos y diminutos,
y adivinó dónde se escondía el niño,
con un Uno y un Dos y un Tres.

Y nunca se movieron de sus lugares,
ahí, bajo el árbol de arce,
esta viejita, viejita, viejita, viejita
y el niño con la rodillita lisiada;
esta adorada, adorada, adorada viejita
y el niño de tres años y medio.

Henry Cuyler Bunner
Enviado por Laura McNamara

Las manos de mamá

Qué tanto adelanta uno en la vida depende de que sea tierno con los jóvenes, comprensivo con los viejos, compasivo con los que se esfuerzan y tolerante con los débiles y los poderosos. Porque un día en la vida uno habrá sido todo esto.

George Washington Carver

Como adolescentes, vivimos en un mundo diferente al de nuestras madres, un mundo en el que las madres se encuentran en la periferia. Claro que casi todo el mundo tiene una; son una molestia inevitable.

Ahora que me acerco a ese punto, cuando yo soy la que tiene una hija adolescente, veo a mi madre con ojos diferentes. A veces quisiera detener los años e impedir que siga envejeciendo, que siga siendo repetitiva.

Estamos sentadas a la mesa de mi cocina mientras el sol dibuja un mosaico de luz sobre el piso de losa. Mi hija Anna está sentada junto a mi madre.

—¿A qué hora llegará Rick? —pregunta mi madre, refiriéndose a mi esposo.

—No sé, mamá —respondo paciente—. Estará aquí para cenar.

Suspiro y me levanto de la mesa. Es por lo menos la décima vez en diez minutos que me repite esa misma pregunta.

Mientras mi madre y mi hija juegan Monopolio, yo preparo una ensalada.

—No le pongas cebolla —advierte mamá—. Sabes cómo odia papá las cebollas.

—Sí, mamá —respondo, guardando las cebollas de nuevo en el refrigerador.

Lavo una zanahoria y la corto en trocitos. Corto la zanahoria con más fuerza de la necesaria. Cae una rebanada al piso.

—No pongas cebollas en la ensalada —me recuerda—. Sabes cómo papá odia las cebollas.

Esta vez no puedo responder.

Sólo sigo cortando. Picando. Despedazando. Si sólo pudiera cortar los años. Triturar la edad del rostro y las manos de mi madre. Regresar a mis días de secundaria, cuando mamá pasaba de una habitación a otra, dejando huella de la fragancia que estuviera usando en ese momento.

Mi madre fue hermosa. Todavía lo es. En realidad, mi madre sigue siendo todo lo que fue, sólo un poco olvidadiza. Trato de convencerme que eso es todo, y que si se concentrara, no sería tan repetitiva. No hay nada malo con ella, no con mi madre.

Corto el extremo de un pepino y lo froto contra el fruto para quitarle lo amargo. El jugo blanco mana por los lados. ¿No sería agradable que todas las situaciones desagradables se pudieran remediar con esa facilidad? Cortar y frotar. Este es un truco que aprendí de mamá, al igual que mil cosas más: cocinar, planchar, salir con muchachos, reír, pensar. Aprendí a crecer y a seguir siendo joven. Aprendí el arte de escoger entre las emociones.

Y aprendí que cuando mamá estaba cerca no había por qué tener miedo.

¿Así que por qué tengo miedo ahora?

Estudio las manos de mi madre. Sus uñas ya no se ven de color rojo brillante, ahora es un rosa pálido, casi no hay color. Y al mirarlas, me doy cuenta que ya no estoy viendo esas manos, sino que estoy sintiendo cómo moldean mi juventud. Manos que empacaron miles de almuerzos y limpiaron millones de lágrimas de mis mejillas. Manos que dieron confianza a cada día de mi vida.

Me doy vuelta y dejo caer el pepino en el tazón. Entonces comprendo. Mis manos ya son como las de mamá.

Manos que han cocinado comidas que nadie ingirió, que han conducido cientos de kilómetros, que han apretado los dedos asustados de mi propia hija el primer día de clases y le han secado lágrimas del rostro.

Me alegro. Puedo sentir el beso de buenas noches de mi madre, verificar que la ventana esté cerrada, y luego soplarme otro beso desde la entrada. Entonces me intuyo como mi mamá, soplando ese mismo beso a Anna desde una palma de mano similar.

Afuera todo es silencio. Las sombras caen entre los árboles, perfiladas como piezas de rompecabezas.

Algún día mi hija estará en mi lugar, y yo descansaré donde mi madre está ahora sentada.

¿Recordaré entonces cómo se siente ser madre e hija a la vez? ¿Haré la misma pregunta más de una vez?

Camino y me siento entre mi madre y su nieta.

—¿Dónde está Rick? —pregunta mi madre, descansando su mano cerca de la mía sobre la mesa. El espacio entre nosotras es más pequeño que cuando yo era adolescente, apenas perceptible.

Y en ese instante sé que ella recuerda. Puede ser un tanto repetitiva. Pero recuerda.

—Ya va a llegar —respondo con una sonrisa.

Mi madre me devuelve la sonrisa, una de esas muecas en las que un hoyuelo en la mejilla modifica su rostro, haciendo que se parezca al de mi hija.

Luego se relaja de los hombros, toma los dados y tira.

Janie Emaus

El juego

—¿Todavía me amas? –pregunté.

–No lo sé –Ralph desvió la mirada.

Era un juego que jugamos una y otra vez a lo largo de nuestros 30 años de vida matrimonial. Pero esta vez algo en su voz me alarmó. Sus ojos no sonreían cuando respondió:

–No lo sé –no era así como jugábamos el juego. Se suponía que diría: "Oh, no lo sé", de modo burlón y luego preguntaría: "¿Tú todavía me amas?"

Y yo respondería acercándomele deliberadamente provocativa: "Mmm, déjame ver", luego me encogería de hombros con pesar y exclamaría: "Creo que no".

Entonces, con malicia, arqueando las cejas anunciaría: "Qué importa ...yo tampoco te amo. Creo que me buscaré otra". Y con la cabeza en alto y el pecho henchido se marcharía.

"¡No te atrevas a buscar otra!" Agitaría yo el puño y correría tras él. Se volvería con un sobresalto y chocando contra mí buscaría mis labios del modo más persuasivo y declararía: "Mmm, creo que estaba equivocado. Creo que te sigo amando después de todo".

Así era como siempre jugábamos el juego. Pero esta vez, al proferir Ralph las palabras "no lo sé", hubo un silencio que me incomodó.

De pronto, sintiéndome tan vacía como el sonido de mi voz, respiré profundo y prohibiéndome temblar, repetí la pregunta:

—¿Todavía me amas? —las palabras ahora parecían extrañas en mi boca.

Después de un instante interminable, Ralph respondió con voz baja, rasposa:

—Creo que no.

Un cuervo pasó como relámpago negro a través del cielo, su sombra rozaba la tierra. Me quedé helada, como en el limbo, donde no hay decisiones ni acciones, donde no hay sentimientos. Supuse que sería un mecanismo de defensa, un acto reflejo. Como una nada me tambaleé en la nada. "Ármate de valor y díselo a los muchachos", una voz interna provocó a mi inconsciente. ¿Qué dirían?

Estaba parada frente a la ventana dándole la espalda a John cuando entró en la habitación.

—Tu padre y yo nos vamos a divorciar.

Sentí, más que ver, el movimiento de sorpresa de John.

—¿Por qué?

—Tu padre ya no me ama y yo no puedo vivir sin amor. Quiero decir que no puedo vivir con alguien que... quiero decir... —oh, Dios, no debo llorar—. ¿Sabes a lo que me refiero? —volteé hacia él.

Las líneas de preocupación en los ojos de John ocultaron su juventud. Se me acercó y me abrazó.

—Lo siento, mamá, siempre estaré aquí contigo —mi mente nublada apenas registró su comprensión y sus bondadosas palabras.

Peter ocultó sus sentimientos con tranquilidad engañosa. Solía ser maestro en esto. Mis defensas empezaron a desplomarse, desconcertada respecto a los sentimientos que estaría escondiendo.

Bobbie se puso rígida y no supo qué decir. Comprendí. Ella estaba muy apegada a su padre. Sin embargo, su incapacidad de mostrar compasión amenazó con hacer añicos mis últimos jirones de control.

Chris, nuestro hijo mayor, no pareció sorprenderse. Después de todo, el divorcio era la norma en la vida actual.

Pero no era la norma con nosotros. Íbamos a envejecer juntos. Ralph y yo. Era parte del juego que siempre habíamos jugado, dos viejos tontos sin remedio todavía enamorados.

Totalmente encorvado y casi sin poder caminar ni hablar, Ralph me diría con temblorosa voz: "Cariño ¿dónde estás? ¡Ven acá, necesito una mujer!" Con mis anteojos en la punta de la nariz, yo bajaría la mirada fingiendo vergüenza y con risa senil respondería: "Tú, viejo sinvergüenza". Luego, con los brazos extendidos nos acercaríamos el uno al otro arrastrando los pies, deleitándonos de antemano. Pero casi ciegos, nos pasaríamos de largo y nos tomaría una eternidad encontrarnos, dos viejos payasos sin dientes y temblorosos, y Ralph con un tic. Pero al final siempre triunfaríamos. Nos tenderíamos lado a lado agotados y consumidos y delirando de felicidad nos prometeríamos: "Así es como será en el final".

¿Cuánto tiempo había pasado desde la última vez que aseguramos nuestro amor de este modo? Últimamente no había habido tiempo. ¿Podría ser que me involucré tanto en el asunto de la fuga de Karen, la hija de mi hermana fallecida, que no tomé conciencia de las necesidades de Ralph?

¿O Ralph simplemente estaba pasando por la andropausia?

Quise que Karen fuera la última en saber lo de nuestro inminente divorcio. ¿Qué diría? Temía que le fuera a afectar. Aunque ya tenía casi 18 años, todavía necesitaba un hogar con estabilidad.

—¿Qué? ¡No te preocupes! Yo me quedo contigo —quizá fue el tono de inesperada despreocupación en sus palabras, simples y directas, lo que me sacó de mi capullo.

Karen, la que por tanto tiempo había sido nuestra alma confundida, perdida, atormentada, fue la que, a la hora de mi más grande dolor, me sacó de mi profunda desesperación. Entonces comencé a percibir la vida sin Ralph como algo posible.

No mucho después, sin embargo, en un día de octubre,

cuando en el valle cayó una repentina tormenta, Ralph regresó temprano a casa.

—Si aún quieres que veamos al consejero —manifestó—, me parece bien. Tal vez tuviste razón. Quizá deberíamos hacer otro intento.

Confundida por lo inesperado, pregunté:

—¿Qué te hizo cambiar de opinión?

Y Ralph respondió en tono sombrío:

—Ayer fui a ver un departamento —hizo una pausa y me dio la espalda—. Un departamento muy bonito, pero de pronto comprendí —se volvió para darme la cara—, que tú no estarías ahí cuando llegara a casa.

Me quedé boquiabierta y respiré de alivio; mientras recogía los fragmentos de mi corazón, comencé a visualizar la posibilidad de, una vez más, jugar nuestro juego.

Christa Holder Ocker

Pícaros ocasos

[NOTA DEL EDITOR: *La autora escribió esta carta a su hermano en 1941. Antes anotó: "Esta carta te parecerá algo extraña, y sin duda lo es. Tal vez te sonaría mejor si te lo pudiera decir frente a frente, pero no puedo. Así que tendrás que recibirlo en una carta. Ten la bondad de recordar que tu hermana Milly siempre fue considerada un tanto peculiar, aunque totalmente inofensiva".*]

Querido Chuck:

Me es difícil escribir cartas de felicitación. Se dicen cosas convencionales y apropiadas y hay formas igual de convencionales y apropiadas de decirlo: "¡Felicidades!" "mis mejores deseos para que sean felices", "la mayor aventura de la vida", etc. Todas estas cosas son ciertas, pero están un poco trilladas y se han dicho tantas veces que prácticamente han perdido su sentido.

Hay otras cosas que también son ciertas (¡aunque se considera inapropiado hablar de ellas!). Te rebelarás algunas veces, te desagradará sentirte atado y te arrepentirás de haber perdido tu libertad. Bien, no te arrepientas; nunca te arrepientas de nada. Aunque no puedo afirmar que exista un fatalismo como el oriental, ni tampoco la antigua creencia puritana de la predestinación, sigo pensando en que a la larga las cosas se equilibran. En el matrimonio tendrás mucha diversión y mucho sufrimiento; soltero tendrías mucha diversión y mucha soledad.

Sin dudas te rebelarás algunas veces, aunque ahora estás seguro de que no será así. Un día estarás en el trabajo cerca de la hora de salidá y sin tener mucho qué hacer.

Te preguntarás cómo demonios lograrás juntar el pago del auto y el recibo de la cuenta de gas que llegó la noche anterior; además de eso, Gretchen hizo compromiso para jugar cartas con gente estirada que te aburre a morir. Enciendes un Wings (ahora fumas Wings en lugar de Philip Morris) y te asomas por la ventana: yo siempre veo un barco zarpando hacia un extraño y maravilloso lugar para mí desconocido; tú, siendo de una generación más joven, tal vez escuchas el rugido de un avión o ves un destello de alas entre las nubes.

El sol se comienza a poner, un descarado y pícaro ocaso, y como si fuera una maliciosa mujer te saluda en mangas escarlata y oro. "Ven conmigo, te mostraré lo que es diversión, aventura y emoción. Al diablo con el pago del auto. Yo te puedo consumir y te puedo exponer a privaciones y darte una vida infernal; pero te prometo que no te aburrirás. Ven, antes de que seas viejo y soso y panzón, ¡entonces ya no te querré!"

No prestas oído a la maliciosa mujer; eres demasiado buen marido para eso, pero entre dientes suspiras: "Iría, por Dios que iría si no estuviera casado. Me iría de este lugar directo a los muelles y tomaría un trabajo en el primer carguero de vapor que me quisiera llevar; quizá lo haga". Pero claro que no hablas en serio porque eres un Carr y nosotros no nos salimos del redil. Te vas a tu casa y ves que tu césped está mucho mejor que el del vecino (pues sí, él es un haragán); y la rosa trepadora que sembraste para cubrir el medidor de gas, va creciendo cual debe. Entras y ahí está Gretchen, con todo el cabello despeinado, el maquillaje sudado y harina en la mejilla, pero es adorable. Hace calor y ha estado horneando galletas de mantequilla de maní, las que te gustan. La besas con fervor especial porque la amas y porque te sientes un poco culpable por haber escuchado a ese pícaro ocaso.

Te diriges a la sala y tomas el periódico. Lees las tiras cómicas y te quitas un zapato; lees los deportes y echas fuera el otro. Comienzas con las noticias cuando Gretchen te llama desde la cocina (está pelando papas) "Cariño, todavía da tiempo de regar el césped antes de que la cena esté lista. ¿No crees que deberías hacerlo ahora? Después no tendremos tiempo", recuerdas ese condenado juego de cartas y refunfuñas, pero riegas el césped.

El ocaso está todavía ahí, desvaneciéndose, pero todavía con picardía, ya no te hace señas sino se mofa de ti con un rayo escarlata de perversa alegría. Y tienes la agudeza de mofarte de él porque tuviste tu sueño. Además, el filete está casi listo, lo puedes olfatear y huele bastante bien en comparación con las promesas vacías de un pícaro ocaso.

Y Gretchen también tiene sus sueños, no lo olvides. En realidad no le gusta mucho cocinar, detesta usar medias baratas y no le gusta fumar Wings como a ti tampoco. ¡Oh, sí! Ella también sueña después del ocaso; ¿si no por qué crees que hizo esas galletas en un día de tanto calor?

Estos sueños son buenos, y si tienes suerte siempre los tendrás porque cuando se detengan, ¡entonces es que ya eres viejo! Estos sueños son tuyos, tus propios pensamientos privados, y no es engañar guardarte un poco de ti mismo. Pero lo mejor del matrimonio es compartir. Compartir planes, responsabilidades y recuerdos, claro está, eso todos lo sabemos. Pero compartir también algo más, pláticas y pequeñas bromas íntimas que para otros no resultarían divertidas, y miradas y la sección de caricaturas del periódico, en la cama, el domingo por la mañana. Jan Struther, en *Mrs. Miniver,* dice que "lo más importante en el matrimonio no es una casa ni los niños o un remedio contra el pecado, sino simplemente estar ahí siempre para capturar una mirada". Y hablar, también eso es importante. Tal vez ahora no parezca así, cuando los besos son mucho más excitantes, pero créeme, es importante. No parlotear, todo el mundo puede parlotear, sino poder hablar, hablar de verdad, a la par, sin vergüenza o limitación, eso es real, importante y duradero. No he mencionado el sexo, ¿verdad? Y aunque el sexo no es todo en el matrimonio, como muchos jóvenes parecen pensar, es una parte muy real, definitiva e importante del matrimonio. Y un acoplamiento sexual perfecto, o incluso bueno, entre dos personas, no se da nada más porque sí o surge por instinto (aunque las historias románticas y películas así lo quieran mostrar), se tiene que aprender: por medio de la paciencia, la consideración y el desinterés, y vale la pena hacerlo.

¿Te he presentado un cuadro muy negro? ¡No es así exactamente! El matrimonio es como toda la vida, un fondo gris matizado con manchas de colores; alegres amarillos y rojos apasionados; la tranquilidad y serenidad de los azules y verdes y, ocasionalmente un sombrío púrpura. Y eso es mejor. Un mundo de un continuo púrpura y rojo nos volvería locos.

Así termina la primera lección, ¡de seguro no te da gusto!

Milly VanDerpool

Dos hermanos

Una vez, en una tierra muy lejana, vivían dos jóvenes, como muchos de los que usted pueda conocer en la actualidad...

Los dos hermanos eran agradables, pero indisciplinados, con un rasgo salvaje en su ser. Sus travesuras se transformaron en algo serio cuando comenzaron a robar ovejas a los granjeros de la comarca, un delito grave en aquel lugar de pastoreo, hace tanto tiempo y tan lejos. Andando el tiempo, los ladrones fueron capturados y los granjeros de aquel paraje decidieron su destino: Los dos hermanos serían marcados en la frente con las letras *ST* por "ladrón de ovejas" (*sheep thief*, en inglés). Llevarían esta marca por siempre.

Uno de los hermanos se avergonzó tanto de esta marca, que huyó; nunca se volvió a saber nada de él.

El otro hermano, lleno de remordimiento y reconciliado con su destino, optó por quedarse y tratar de enmendar el daño que había ocasionado a los lugareños. Al principio, los aldeanos se mostraron escépticos y no quisieron tener nada con él. Pero este hermano estaba decidido a reparar todas sus ofensas.

Cuando se presentaba una enfermedad, el ladrón de ovejas iba a cuidar al enfermo con un caldo y un mimo. Cuántas veces hubo trabajo que se tenía que realizar, el ladrón de ovejas iba a ayudar con sus manos dispuestas. No había diferencia si la persona era rica o pobre, el ladrón de ovejas estaba ahí para ayudar. Nunca aceptó pago alguno por sus buenas acciones y vivió su vida por los demás.

Muchos años después, un viajero pasó por la aldea. Sentado en un café al lado del camino, mientras comía su almuerzo, el viajero vio a un anciano con una extraña marca en la frente sentado por ahí. El extraño observó que todos los aldeanos que pasaban cerca del anciano se detenían con una palabra amable o para expresar sus respetos; los niños dejaban de jugar para dar y recibir un cálido abrazo.

Curioso, el extraño preguntó al dueño del café:

—¿Qué significa esa extraña marca en la frente del viejo?

—No sé. Sucedió hace tanto tiempo... —contestó el dueño del café. Luego, haciendo una breve pausa para la reflexión, continuó—: ... creo que significa "santo".*

Willanne Ackerman

* En inglés santo se abrevia "St.".

¿Más sopa de pollo?

Muchos de los relatos y poemas que acaba de leer en este libro fueron propuestos por lectores como usted después de que leyeron volúmenes anteriores de *Sopa de pollo para el alma.* Dado que cada año planeamos publicar cinco o seis libros de *Sopa de pollo para el alma,* lo invitamos también a contribuir con un relato para alguno de estos futuros volúmenes.

Los relatos pueden ser hasta de 1,200 palabras en inglés y deben ser edificantes o comunicar inspiración. Puede enviar una obra original o algo que haya recortado del periódico de su localidad, de una revista, de un boletín de iglesia o de la revista de actividades de una empresa. También puede ser esa cita favorita que colocó en la puerta de su refrigera-dor o una experiencia personal que lo conmovió profunda-mente.

Para obtener una copia de nuestra guía para propuestas y una lista de los futuros *Sopas de pollo,* por favor escriba, envíe un fax o visite una de nuestras páginas en la red.

Chicken Soup for the *(especifique la edición)* Soul
P.O. Box 30880 • Santa Barbara, CA 93130
fax: 805-563-2945
página Web: *www.chickensoup.com*

También puede visitar la página de *Sopa de pollo para el alma (Chicken Soup for the Soul)* en America Online tecleando la palabra clave: *chickensoup.*

Sólo envíenos una copia de sus relatos o de otras piezas, indicando la edición, a alguna de las direcciones antes mencionadas.

Nos aseguraremos de que usted y el autor reciban el crédito por su propuesta.

Para informes sobre conferencias, otros libros, audiocintas, talleres y programas de capacitación, por favor comuníquese directamente con cualquiera de los autores.

Apoyo para nuestros semejantes

Por cada *Sopa de pollo para el alma* publicado, seleccionamos a una o más instituciones de caridad para donarle una porción de las utilidades generadas. Entre las instituciones que hemos apoyado están las siguientes: National Arbor Day Foundation, Breast Cancer Research Foundation, Habitat for Humanity y Feed the Children.

Donaremos una porción de las utilidades de *Sopa de pollo para el alma inquebrantable* a las Olimpiadas Especiales y a The Juvenile Diabetes Foundation.

Olimpiadas Especiales proporciona durante todo el año y en forma gratuita entrenamiento deportivo y competencias para todas las personas de ocho años en adelante con retraso mental. En la actualidad hay más de un millón de atletas participando en sus programas alrededor del mundo.

Olimpiadas Especiales ayuda a las personas con retraso mental a que encuentren y satisfagan el papel específico que les corresponde en el círculo de la vida. Además respeta las cualidades singulares que cada vida particular trae a este mundo. Su organización hace posible que sus atletas desarrollen sus talentos y habilidades para que puedan experimentar las diarias alegrías que para mucha gente son algo natural. ¿Y no es eso realmente de lo que se trata la vida?

Special Olympics, Inc.
1325 G Street NW, Suite 500
Washington, DC 20005
teléfono: 202-628-3630
fax: 202-824-0200
www.specialolympics.org

The Juvenile Diabetes Foundation (JDF) es una organización de salud, no lucrativa y voluntaria, con organizaciones locales y afiliados por todo el mundo. El objetivo principal de la JDF es apoyar y proporcionar fondos para la investigación y hallazgo de una cura para la diabetes y sus complicaciones. La JDF proporciona más dinero directamente para la investigación de la diabetes que cualquier otra institución privada de salud en el mundo.

La organización asigna subvenciones para experimentación en la investigación clínica y de laboratorio, y patrocina diversos programas para investigadores tanto inexpertos como expertos para el desarrollo profesional y capacitación para la experimentación.

La JDF también patrocina talleres y conferencias internacionales para investigadores biomédicos. Cada organización local ofrece grupos de apoyo y otras actividades para familias afectadas por la diabetes.

Para más información escriba a:

Juvenile Diabetes Foundation International
120 Wall Street
New York, NY 10005-4001
teléfono: 800-JDF-CURE
fax: 212-785-9500

¿Quién es Jack Canfield?

Jack Canfield es autor de grandes éxitos editoriales con 27 libros publicados, que incluyen nueve éxitos del *New York Times.* En 1998, *USA Today* declaró que Jack Canfield y su socio escritor, Mark Victor Hansen, habían vendido más libros durante el año anterior que cualquier otro autor en Estados Unidos. Jack y Mark también publican una columna periodística de *Sopa de pollo para el alma* a través de King Features y tienen una columna semanal en la revista *Woman's World.*

Jack es autor y narrador de varios programas en cintas de video y audio que se venden con gran éxito, entre ellas *Self-Esteem and Peak Performance, How to Build High Self-Esteem* y *The STAR Program.* Es un experto a quien se le consulta con regularidad para transmisiones de radio y televisión, y ha publicado un total de 27 libros, todos éxitos editoriales dentro de su categoría, incluyendo 22 libros de *Sopa de pollo para el alma* y *El factor Aladino* (Editorial EDIVISIÓN), *Heart at Work, 100 Ways to Build Self-Concept in the Classroom* y *Dare to Win.*

Jack ofrece conferencias y discursos de apertura a unos 75 grupos cada año. Entre sus clientes se encuentran escuelas y distritos escolares en los cincuenta estados de la Unión Americana, más de cien asociaciones educativas, entre las que se incluyen la American School Counselors Association, Californians for a Drug Free Youth y clientes corporativos como AT&T, Campbell Soup, Clairol, Domino's Pizza, GE, New England Telephone, Re/Max, Sunkist, Supercuts y Virgin Records.

Jack dirige un programa anual de siete días llamado Training of Trainers en las áreas de autoestima y desempeño máximo en todas las áreas de la vida, el cual atrae a educadores, consejeros, capacitadores de padres, capacitadores corporativos, oradores profesionales, ministros, trabajadores con jóvenes y otras personas interesadas.

Para ponerse en contacto con Jack y obtener mayor información sobre sus libros, cintas y programas de capacitación, o para contratarlo para una conferencia diríjase por favor a:

The Canfield Training Group
P.O. Box 30880 • Santa Barbara, CA 93130
teléfono: 805-563-2935 • fax: 805-563-2945
Para enviar un correo electrónico o visitar su página Web:
www.chickensoup.com

¿Quién es Mark Victor Hansen?

Mark Victor Hansen es un orador profesional que durante más de dos décadas ha efectuado más de cuatro mil presentaciones para más de dos millones de personas en 32 países. Sus temas abarcan estrategias y excelencia en ventas, desarrollo y capacitación personal, y cómo triplicar el ingreso y duplicar el tiempo libre.

Mark ha dedicado su vida a la misión de lograr establecer una diferencia profunda y positiva en las vidas de los seres humanos. A lo largo de su carrera ha inspirado a cientos de miles de personas para crearse un futuro más poderoso y con objetivos definidos, al mismo tiempo que fomenta la venta de artículos y servicios valorados en billones.

Mark es un escritor fecundo y autor de *Future Diary, How to Achieve Total Prosperity* y *The Miracle of Tithing*. Es coautor de la serie *Sopa de pollo para el alma, Dare to Win* y *El factor Aladino* (todos con Jack Canfield) y *The Master Motivator* (con Joe Batten).

Mark también ha producido una biblioteca completa de programas en cintas de video y audio para el mejoramiento personal, que han permitido a sus oyentes reconocer sus propias habilidades innatas y utilizarlas en su vida personal y en sus negocios. Su mensaje lo ha convertido en una personalidad popular en radio y televisión, y se ha presentado en ABC, NBC, CBS, HBO, PBS, CNN, "Prime Time Country", "Crook & Chase" y TNN News. Asimismo, ha aparecido en la portada de numerosas revistas, entre ellas, *Success, Entrepreneur* y *Changes.*

Mark es un gran hombre, con un corazón y un espíritu igual de grandes, y representa una fuente de inspiración para todo aquel que busca mejorar.

Para más información sobre Mark comunicarse a:

P.O. Box 7665 • Newport Beach, CA 92658
teléfono: 949-759-9304 ó 800-433-2314
fax: 949-722-6912
Para enviar un correo electrónico o visitar su página Web:
www.chickensoup.com
http://www.markvictorhansen.com

¿Quién es Heather McNamara?

Lo que comenzó para Heather como un trabajo independiente de medio tiempo en 1995, se convirtió en 1996 en uno de tiempo completo como directora editorial de las empresas de *Sopa de pollo para el alma.*

"Me siento muy afortunada de tener un trabajo que proporciona alegría a tanta gente", manifiesta Heather. Su amor por la literatura nació gracias a su maestra de tercer grado, la señora Lutsinger, quien les leía a los niños todos los días después del almuerzo.

En la actualidad, Heather tiene su hogar en una comarca rural en las afueras de San Fernando Valley, donde disfruta de la vista panorámica de todo el valle, de su jardín y sus cuatro perros, todos extraviados y adoptados por ella. Su perro más viejo fue abandonado en un almacén de chatarra y sigue patrullando su jardín a pesar de que "está ciego de un ojo y no oye muy bien, aunque su olfato todavía es bueno", dice Heather.

La idea para *Sopa de pollo para el alma inquebrantable* surgió de la retroalimentación de los muchos lectores de Sopas para quienes el capítulo "Cómo vencer los obstáculos" siempre ha sido su favorito.

"Por fortuna yo nunca me he enfrentado a los muchos tipos de obstáculos que a otros se les presentan", manifiesta Heather. "Recopilar estos relatos me ha hecho reflexionar en las bendiciones de mi vida: un padre que me ama, una madre que me consiente, una abuela que me inspira, y tres hermanos que me hacen reír. Lo mejor de todo", continúa Heather, "es que considero a mi hermano y a mis hermanas entre mis mejores amigos".

"Estas historias ponen mi propia vida en perspectiva". Recuerda muchas conversaciones con William Rush, un colaborador del libro, mientras charlaban a través de la computadora. Lo que Heather escuchaba era el sonido del palo que Rush utiliza en la cabeza, al teclear cada palabra entrecortada en su computadora, hasta que finalmente se formaba una oración y era enviada en la característica voz metálica de la computadora. Afirma que el día que llamó a William para informarle que su relato sería publicado en *Sopa de pollo para el alma inquebrantable* "no escuché el 'tap', 'tap', 'tap' familiar. Sólo un efusivo grito de increíble alegría". Es la única vez que escuchó la voz de William, la cual le produjo escalofrío.

Puede localizar a Heather en:

Self-Esteem Seminars
P.O. Box 30880
Santa Barbara, CA 93130
teléfono: 818-833-1954

Colaboradores

Muchos de los relatos que aparecen en esta edición fueron tomados de fuentes publicadas con anterioridad, como libros, revistas y periódicos. Estas fuentes reciben reconocimiento en la sección de permisos. No obstante, la mayoría de los relatos fueron escritos por cómicos, comediantes, conferencistas profesionales y capacitadores de talleres. Si usted desea ponerse en contacto con ellos para obtener información sobre sus libros, cintas de audio o video, seminarios y talleres, puede localizarlos en las direcciones y números telefónicos que a continuación proporcionamos.

El resto de los relatos fueron una aportación de lectores de nuestros libros anteriores de *Sopa de pollo para el alma,* que respondieron a nuestra solicitud de relatos. También incluimos información sobre ellos.

Willanne Ackerman, madre de cuatro hijos, escribió "Feliz cumpleaños" para una clase de redacción a su regreso a la universidad después de quince años de interrupción. En la actualidad enseña inglés en una escuela secundaria pública al sur de California, en donde motiva a sus alumnos a examinar sus propias vidas y valores a través de la escritura. "A menudo, un momento de '¡ajá!' llega después de que uno ve algo que escribió en papel. Aquí es donde", añade, "los estudiantes descubren verdades importantes sobre la vida y sobre ellos mismos".

Dennis J. Alexander es maestro de secundaria en Seaside, California, donde vive con su esposa e hija. Ha viajado y enseñado en las Filipinas, Corea, Nueva Inglaterra y California. Creció en Milwaukee, Wisconsin, y se graduó en Estudios Internacionales en la Universidad de Wisconsin y en el Instituto Monterey. Dennis ha escrito relatos cortos y en la actualidad trabaja en una autobiografía familiar y en una novela. Puede localizarlo por medio de The Millennium Publishing Group, Tenth St. Monterey, CA.

Carol Barre vive con su esposo Jim y un perro salchicha, Frodo, en una casa-remolque, y emigra del trabajo hasta un parque para acampar en los Cayos de Florida para pasar el verano cerca de su madre en Carolina del Norte. La escritura, el ejercicio físico y los programas de "doce pasos" le abrieron el camino para aceptarse a sí misma. "Escribo para comprenderme a mí misma y a veces parece que puede ser útil para alguien más".

Karyl Chastain Beal ha sido maestra de quinto grado por unos 25 años y de esos, los últimos diez ha sido una prometedora escritora. En recuerdo a su hija Arlyn, está trabajando para ayudar a otros padres cuyos hijos murieron (por suicidio u otras causas), a través de grupos de apoyo por correo electrónico. Le gustaría extender esta misión para que otros sepan más sobre el suicidio, con la perspectiva de que una nueva conciencia demande la identificación de las raíces y las soluciones para un creciente problema. Visite la página Web en memoria de Arlyn en *www.virtual-memorials.com.* Puede localizar a Karyl vía correo electrónico en *103040.2452@compuserve.com* o en *arlynsmother@hotmail.com* o por correo en P.O. Box 417, Pavo, GA 31778.

Rachel Berry es escritora independiente y poetisa. Está escribiendo una novela para adultos y en la actualidad negocia la publicación de una novela juvenil. Casada, madre de cuatro hijos, es ganadora del certamen del Valentine's Day de la revista *Byline Magazine,* y se le han publicado historias cortas en *Tidewater, Parent Magazine* y *Shallow End E-zine Magazine.*

The Best of Bits & Pieces. Derechos reservados ©1994 Arthur F. Lenehan, editor. The Economics Press, Inc., 12 Daniel Road, Fairfield, NJ 07004. Llame al 800-526-2554 y de todo el mundo al 1-973-227-1224. Puede enviar un fax a The Economics Press al 973-227-9742 o un correo electrónico a *info@epinc.com* o por Internet en *www.epinc.com.* Por favor llame directamente a The Economics Press, Inc., para comprar este libro, para información sobre una suscripción o para recibir un ejemplar gratis de la revista de bolsillo mensual, *Bits & Pieces,* la revista que inspira al mundo.

Deborah Tyler Blais se entretiene jugando con su nueva gatita, Karma, descansando en la playa, montando atrás de la Harley de su esposo Gary y, por supuesto, ¡escribiendo! Agradecida por los regalos y lecciones que le concedió su cáncer, Debbie sigue compartiendo sus experiencias con otros mientras termina su primer libro, *Living Your Bliss.* Cualquiera que se haya conmovido con su relato será bien recibido si le escribe unas líneas a: 1419 Madison St., Hollywood, FL 33020 o a *debbieb688@ aol.com.*

Terry Boisot y su esposo Bruce tienen dos hijos, Michelle y Ben. La vida de sus hijos y el apoyo de su esposo inspiraron a Terry para abogar por la gente con discapacidades del desarrollo. Ha dedicado su vida a educar a la gente en su comunidad y en el estado de California respecto al valor de crear comunidades que esperan, reciban con bondad y apoyen a las personas con habilidades distintas. Este breve relato, "Ben", es sólo uno de toda una vida de relatos que han renovado su espíritu y seguirán haciéndolo, y que conservan viva su visión de que el mundo un día abrazará a toda la gente en la corriente de la vida.

Jean Bole, enfermera titulada, licenciada en artes, con certificado en rehabilitación restaurativa, instructora certificada CAN y con certificado como educadora en el manejo de la tensión. En la actualidad está involucrada con la Governors State University's Wellness Conference en un esfuerzo por educar a la comunidad en cuanto a la salud del cuerpo y la mente. Está casada, es madre y ama las muñecas. Jean es escritora y poetisa con varios trabajos publicados. Se le puede localizar escribiendo a P.O. Box 512, Valparaiso, IN 46383.

Nancy Bouchard vive en Nueva Inglaterra con su esposo y tres hijos. Actualmente trabaja como coordinadora de relaciones públicas en una escuela privada, asimismo hace periodismo independiente y realiza otros servicios escribiendo desde su casa. Para obtener su libro de publicación propia con historias cortas y poesía, o para entrar en contacto con Nancy, llame al 978-975-1590.

Henry Cuyler Bunner (1855-1896) fue un escritor y editor norteamericano cuyas contribuciones literarias y liderazgo editorial ayudaron a animar los primeros ejemplares de *Puck,* las primeras tiras cómicas semanales en Norteamérica. Bunner se destacó en la redacción de versos ligeros, tomos de poesía y parodias. Bunner murió en Nutley, Nueva Jersey, el 11 de mayo de 1896.

Darrell J. Burnett, Ph.D., es psicólogo clínico y deportivo, padre, conferencista a escala nacional, autor, consultor y entrenador voluntario en ligas juveniles. Ha ejercido de manera independiente en el sur de California por más de 20 años, trabajando con jóvenes problemáticos y sus familias, especializándose en paternidad positiva. Se le puede localizar en Funagain Press, P.O. Box 7223, Laguna Niguel, CA teléfonos 92607-7223, 800-493-5943 o por fax al 949-495-8204. Correo electrónico: *djburnet@pacbell.net.* Página Web: *www.djburnett.com*

John Callahan. Tal vez la primera vez que oyó hablar de él fue como "ese caricaturista paralítico", algo que no viene al caso. John Callahan es un caricaturista divertido hasta la histeria, sin importar a qué discapacidades se tenga que sobreponer. La autobiografía de John, *Don't Worry, He Won't Get Far on Foot!* fue un éxito editorial en la lista del New York Times. TriStar Pictures compró en fecha reciente los derechos de filmación del libro para Robin Williams. Se puede poner en contacto con John o Deborah Levin en Levin Represents al 310-92-5146.

Chris Carrier predica a estudiantes y con frecuencia les habla de la misericordia de Dios en su vida. Tiene una maestría en teología del Seminario Teológico Bautista del Suroeste. Chris y su esposa Leslie viven en San Marcos, Texas, con sus hijos Amanda, Melodee y Preston.

Lila Jones Cathey, hija de T.R. y May Jones, de McAdoo, Texas, es propietaria de Hill County Leather. Está casada con George Cathey y tiene tres hijos, Susan Hallam, Laurie Perkins y David Cathey. Lila se ha dedicado toda la vida a ayudar a retrasados mentales y fue la abogada defensora de un joven con síndrome de Down hace 20 años. Lila ha escrito varios artículos de interés humano que han sido publicados en periódicos de Austin y Bronwood, Texas. Puede localizarla en 108 Parkview Terrace, Bronwood, TX 76801 o llamarle al 915-643-2299.

Fred Lloyd Cochran ha sido escritor y editor de ciencia durante los últimos 40 años. Además de esto, vivió una aventura de

12 años como jefe de redacción y editor del periódico semanal más antiguo de California, *The Mountain Messenger* (fundado en 1853). En su tiempo libre escribió películas documentales. En la actualidad vive en el Parque Nacional San Bernardino, donde está terminando una novela histórica sobre la insensatez de los programas de investigación nuclear en Estados Unidos. Se le puede localizar en P.O. Box 2350, Crestline, CA 92325.

Michael Cody, general de brigada retirado, es educador, animador y orador reconocido internacionalmente. Mike se especializa en liderazgo, motivación, administración, comunicaciones y en seminarios históricos relacionados con las guerras con los indios y con medallas al mérito. Se le puede localizar en 1716 Singletary NE, Albuquerque, NM 87112, o llamando al 505-293-3729, o por correo electrónico al *mcabq@aol.com.*

Phil Colburn tiene 99 años y vive en una casa hogar para ancianos desde la muerte de su esposo en 1994. Compartieron 74 felices años juntos, así como tres hijos: gemelos varones y una hija. Las ideas para los poemas le surgen a menudo por las noches y tiene que levantarse para escribirlas o se le olvidan.

Carol Darnell nació en Lubbock, Texas, es orgullosa esposa y madre de tres hijos: Nicole, Kyle y Kevin. Ha estado casada por 20 años. Es maestra de gimnasia preescolar en Corona, California. Su artículo fue escrito como un amoroso tributo a su padre, Lawrence Anderson, quien falleció en 1989. En la actualidad escribe un libro humorístico sobre la paternidad, además de realizar actuaciones cómicas individuales. Se le puede localizar en el 909-279-9792.

Julane DeBoer, junto con su esposo Mark educa en la actualidad a seis niños en Zeeland, Michigan. Mark se mantiene ocupado como subdirector del D&W Food Center. Julane se ocupa en ser mamá y estudiante universitaria de tiempo completo. Ambos están en verdad agradecidos con Dios por participar en el milagro de Luke.

Christopher de Vinck es escritor de Pompton Plains, Nueva Jersey.

Melva Haggar Dye ha trabajado en periódicos, impresión comercial y las artes gráficas por más de 30 años. Se casó de nuevo, vive en Houston, Texas, y trabaja con su esposo, fundador y presidente de Print Marketing Concepts, Inc., compañía editora de revistas de televisión para periódicos de todo Estados Unidos. Ella y su esposo son ávidos coleccionistas de arte. A Melva también le gusta hacer muñecas de porcelana, la cerámica y el golf, además de escribir. En la actualidad está por terminar su primera novela.

Janie Emaus es madre de dos inigualables hijos, esposa de un hombre muy amoroso e hija de los más maravillosos padres del mundo. Su historia está dedicada a su madre, Sylvia. Sus historias han sido publicadas en numerosas revistas y periódicos y ha escrito dos novelas para niños, así como videos educativos. Se le puede localizar por fax al 818-710-0353.

Mavis Burton Ferguson nació en mayo de 1916 en la pequeña aldea de Berlin, Georgia. Creció dentro de una estricta familia cristiana en medio de un ambiente de prejuicios raciales sureños que influyeron en sus primeras impresiones del mundo. Mavis conoció a su esposo, Mac, cuando obtenía su licenciatura en artes en la Universidad Stetson. Poco después de casarse, Mac fue llamado para servir en la Segunda Guerra Mundial, y de ahí en adelante siguió ejerciendo la carrera de oficial en las Fuerzas Arivadas. La historia de Mavis se basa en uno de los viajes de servicio que llevó a la familia Ferguson alrededor del mundo. A través de esta experiencia le fue posible eliminar su ceguera racial y ver la magnitud de "la Regla de Oro" que enseña la Biblia.

Adele Frances es consejera de carrera, ayuda a la gente a encontrar el valor para seguir su verdadero camino profesional y a sacarle jugo a la vida. Escritora independiente con aspiraciones y una media docena de artículos y ensayos publicados, Adela se mudó en fecha reciente de Nueva Jersey a Nuevo México. Está aprendiendo a escribir a diario sin desatender su carrera. Ofrece estímulo a todos los escritores novatos con el mismo sueño. Su consejo: "Todavía no dejes tu trabajo diario". Se le puede localizar en su dirección electrónica: *adelefran@hubwest.com.*

Eileen Goltz nació y creció en el área de Chicago. Asistió a la Universidad de Indiana y obtuvo su grado de licenciatura en artes por medio del programa de educación abierta. Este programa le permitió desarrollar una especialidad no acostumbrada en la estructura de la universidad. Durante su último año de estudios asistió a la escuela de cocina Cordon Bleu, en París, y se graduó con el certificado elemental. En fecha reciente terminó un libro de cocina que Feldheim Publishing publicó en el verano de 1999.

Arthur Gordon estudió en la Universidad de Yale. Fue becario Rhodes en Oxford, Inglaterra, y sirvió como oficial de la Fuerza Aérea estadounidense en la Segunda Guerra Mundial. Después pasó varios años en la ciudad de Nueva York en los cuerpos administrativos de reconocidas revistas. Fue director editorial de *Guideposts* y sus artículos e historias han aparecido en *The Saturday Evening Post, Colliers, Redbook* y *Selecciones del Reader's Digest.* Autor del éxito editorial *A Touch of Wonder,* es escritor independiente y vive en Savannah, Georgia.

Cynthia M. Hamond es escritora independiente, sus éxitos más galardonados han sido sus colaboraciones para los libros de *Sopa de pollo.* Ella y su esposo Bruce viven en un pequeño pueblo junto al río Mississippi en donde han criado cinco hijos. Sus padres, cuya historia está en este libro, viven en su misma calle. Le gustan sus visitas a la escuela y contestar el correo de sus lectores. Se le puede localizar en 1021 W. River St. Monticello, MN 55362 o en *candbh@aol.com.*

Charles A. Hart vive en Seattle con su esposa de 32 años. Tienen dos hijos adultos, el mayor es autista, al igual que el hermano del autor, de 72 años, y dos hijos de su primo hermano. Charles es autor de varias publicaciones y ha ganado premios por sus escritos.

Magi Hart se recibió de enfermera en la escuela Mt. Saint Mary's. Tiene licenciaturas en servicios humanos, filosofía, estudios de políticas futuras y psicología. Escribe boletines de noticias sobre política, procedimientos legales y material educativo. Como consejera de grupos de apoyo para el manejo del SIDA en South Bay, Los Ángeles, escribió artículos para el boletín de noticias *South Bay Alive.* Entre esfuerzo y esfuerzo por publicar, visitó algunos sitios del mundo, como China, Japón, India, Tibet, Italia, Rusia y México. Continúa escribiendo material educativo y experimentando con "medios publicitarios creativos".

Joyce Harvey es conferencista de temas que motivan e inspiran, instructora, coordinadora y escritora. Ha dirigido numerosas sesiones de capacitación en ventas, liderazgo, fortalecimiento y desarrollo personal. Joyce perdió a su único hijo en octubre de 1995. Ayuda a un grupo local de apoyo, FOCUS, para familias que han perdido algún hijo. Espere la publicación de los libros de Joyce (ambos todavía en manuscrito): *Swan Lessons,* el relato de su dolor, y *I'm Fine – I'm with the Angels,* un libro ilustrado para niños sobre la muerte y el morir. A Joyce se le puede localizar en P.O. Box 196, Lambertville, MI 48144-09163 o por fax al 734-854-3942 o por correo electrónico en *swanlesson@aol.com.*

Deborah E. Hill ha sentido desde la secundaria un gran entusiasmo por escribir. Escribió "Aislamiento sensorial" durante un periodo muy difícil de su vida, cuando se le separó de su familia y de esas cosas que aprecia más. Su alegría más grande en la vida es su hijo Travis.

Margaret (Meg) Hill escribe artículos, relatos cortos y libros para adultos jóvenes. Sus títulos más recientes son *Coping with Family Expectations* (Rosen, 1990) y *So What Do I Do About Me?* (Teacher Ideas Press, Libraries Unlimited, Englewood, Colorado, 1993). Kirk es el pseudónimo que utiliza cuando escribe desde el punto de vista de un adolescente.

Bill Holton cuenta con el amable permiso de compartir su hogar con tres exigentes, aunque adorables, gatos siameses y con su exigente, aunque adorable esposa, Tara. Bill es escritor independiente de Richmond, Virginia. Cuando no está buscando febrilmente contratos con editores de revistas, se dedica a soñar en retirarse a los Cayos de Florida donde concentrará su inagotable energía en pescar. Se le puede localizar en *bholton@reporters.net.*

Bob Hoppenstedt es el autor de *Coaching from the Heart, Knights of the Sun* y coautor de *Peak Performance.* Además de escribir, Bob ha sido entrenador de más de 80 equipos a nivel de secundaria y universidad, con más de 2,000 victorias en competencias. Bob fue seleccionado para *Quién es quién de los maestros estadounidenses,* fue finalista del certamen El Entrenador más Afectuoso de *USA Today* y fue nominado para el Salón de la Fama de los entrenadores de tenis de secundaria de Illinois. Bob enseña y entrena en la actualidad en la secundaria Wheaton North y en el Colegio DuPage en Glen Ellyn, Illinois.

Irvine Johnston es ministro ordenado de la Iglesia Unida de Canadá. Sus relatos con mensaje han sido un sello para su ministerio hacia todas las edades. A Irvine se le puede localizar en R.R. 1, Napanee, Ontario, Canadá K7R 3K6.

Paul Karrer ha publicado más de 50 artículos y relatos breves. Su relato "Vuelo con bebés", publicado en *Una 4a. ración de sopa de pollo para el alma,* alcanzó más de 300,000 copias. Ha enseñado en Samoa Occidental, Corea, Inglaterra, Connecticut y actualmente enseña en California. Se le puede encontrar en 457 Archer St., Monterey, CA., y por correo electrónico se le localiza en *pkarrer123@yahoo.com.*

Marilyn King ha participado en dos Olimpiadas (Munich 1972 y Montreal 1976) en el agotador pentatlón (100 metros con obstáculos, lanzamiento de disco, salto de altura, salto de longitud y 800 metros planos). Sus 20 años de carrera atlética incluyen cinco títulos nacionales y un récord mundial. Su historia la lanzó a explorar el campo del desempeño humano excepcional. Su aventura conjunta ruso-americana, llamada el Equipo de la Paz, produjo dos invitaciones para hablar ante Naciones Unidas. Se le menciona con regularidad en artículos y libros, como en *Dream Makers,* de Michelle Hunt y *Spirit of Champions,* de Lyle Nelson y Thorn Baclon, en fecha reciente apareció en *News Hour,* con Jim Lehrer.

Emily Perl Kingsley es madre, conferencista y escritora profesional con trece premios Emmy por los guiones y canciones que ha escrito para *Plaza Sésamo.* Es frecuente oradora sobre el tema de los derechos de los discapacitados y participa en un comité para mejorar el modo como se presenta a los discapacitados en los medios publicitarios. Ella y su hijo Jason, con síndrome de Down, se han presentado en *Oprah, Good Morning America* y *All My Children.*

Karen Klosterman es esposa, lleva 25 años casada con Pete, y es madre de dos hijas, Molly y Margo. Es maestra de artes del lenguaje en secundaria, en Piqua, Ohio, y sobreviviente de cáncer. Fue maestra en los años setenta, ama de casa en los años ochenta y regresó al salón de clase en los años noventa. Karen obtuvo su maestría en educación en 1996 de la Universidad de Dayton. Su escrito fue presentado como parte del Proyecto de Redacción Ohio 1998 para la Universidad de Miami.

Paula Bachleda Koskey escribió originalmente "Querido Jesse" para su hijo cuando se graduó de secundaria, y después tuvo el privilegio de verlo graduarse de la universidad. A Paula, escritora independiente, le gusta leer, caminar, bailar y comer chocolate, pero su mayor alegría es estar con sus hijos Jesse, HopeAnn y Luke. Se le puede enviar correspondencia a 1173 Cambridge, Berkley, MI 48072.

Tom Krause es conferencista motivacional, maestro, entrenador y fundador de Positive People Presentations. Se dirige a adolescentes, a grupos educativos y a cualquier organización que se ocupe de asuntos de adolescentes. Asimismo, trabaja con organizaciones de negocios en el campo de la motivación y reducción de la tensión. Se le puede localizar en: 4355 S. National #2206, Springfield, MO 65810, llamando al 417-883-6753, o por correo electrónico a *justmetrk@aol.com.*

Linda LaRocque ha escrito narraciones cortas para *Guideposts* y *Signs of The Times.* Su primer libro está actualmente en revisión en una editorial. Esta autora de cinco obras teatrales, premiada, pugna por que cada obra sea una forma de ministerio. Escribe desde su hogar en South Heaven, Michigan.

Patricia Lorenz es escritora y conferencista de reconocimiento internacional que inspira en el "arte de vivir". Es autora de *Stuff That Matters for Single Parents* y *A Hug a Day for Single Parents.* Patricia, colaboradora frecuente de los libros *Sopa de pollo para el alma,* también ha publicado más de 400 artículos en revistas como *Selecciones del Reader's Digest, Guideposts, Working Mother, Woman's World* y *Single Parent Family.* Se le puede localizar en 7457 S. Pennsylvania Avenue, Oak Creek, WI 53154.

Heidi Marotz vive en Idaho Falls, Idaho, con su esposo Scott y sus hijos Chase, Jillian y Hayden. Heidi tiene un negocio de artes gráficas, White Porch Design, y es artista gráfica supervisora de la Escuela de Ballet de Idaho Falls. Le encanta trabajar en su hortaliza y jardín de hierbas. Heidi cree que su relación con Je-sucristo es la luz que ilumina tanto los retos como los festejos de la vida.

John y **Edna Massimilla** escribieron el poema "Un niño muy especial venido del cielo" poco después de que naciera su tercera hija, Ruth, en 1952. Edna, a quien le ha gustado escribir poesía desde la infancia, se propuso como proyecto personal continuar desarrollando este talento en favor de los niños con retraso mental. Su esposo, el reverendo John, dedicó su ministerio a esta causa y se transformó en el capellán de la Institución para Discapacitados de Delaware. Cuando la columnista Ann Landers publicó "Un niño muy especial venido del cielo" en su columna, los Massimilla recibieron miles de cartas de padres y personas afines; a todas les dieron contestación. Durante los últimos años, Edna y John han abierto su hogar como lugar de sosiego para los retrasados mentales. John tiene 87 años y Edna 82. Se supone que ya se deberían haber retirado pero más bien parece que se han "realzado". Se les designó Compositores Laureados para los discapacitados.

Walter W. Meade comenzó a escribir a los catorce años de edad. Su primera historia apareció publicada en la revista *Colliers* cuando tenía 22 años. Escribió historias cortas de ficción para el *Saturday Evening Post, Gentlemen's Quarterly* y algunas otras. Después cambió a historias reales para revistas como *Cosmopolitan, Redbook* y *Selecciones del Reader's Digest.* Posteriormente asumió un puesto en el mundo editorial como editor en jefe de *Cosmopolitan* y después editor en jefe del Club de Libros del *Reader's Digest.* Su último puesto en la industria editorial fue como presidente y editor en jefe de los libros de Avon, un puesto que mantuvo por diez años. En la actualidad Walter está retirado y escribe artículos para *Selecciones del Reader's Digest* así como para otras revistas y publicaciones periódicas. Se le puede contactar en 4561 N. W. 67th Terr., Lauderhill, FL 33319.

Susan McElroy ha amado a los animales toda su vida. Ha trabajado con animales por años como asistente de veterinario, instructora de la Humane Society, entrenadora de perros y encargada de un zoológico. Estableció su hogar en Oregon, en Bright

Star Farm. Se le puede localizar en NewSage Press, P.O. Box 607, Troutdale, OR 97060-0607.

Robert Tate Miller es escritor y sus libros se han publicado internacionalmente. También ha trabajado como escritor y productor de anuncios de televisión. Ha escrito cuatro guiones y varios ensayos sobre sus primeros años de vida en un pequeño pueblo montañés de Carolina del Norte. Se le puede encontrar en 950 Hilgard Ave., Los Angeles, CA 90024.

Jason Morin es vicepresidente de Capitol Erectors y propietario de Healthy Living Enterprises. Jason y su esposa Tracy pidieron prestados 20 mil dólares para hacer un video para la lucha contra la esclerosis múltiple. Se puede adquirir la cinta por Internet en *www.megahits.com/healthy,* o por teléfono al 860-628-9133. El costo de la cinta es de 20 dólares, lo que incluye envío y manejo, y se puede pagar con cheque u orden de pago. "Hacer frente a esta enfermedad me ha hecho una persona más fuerte", manifiesta Morin. "En algún momento tenemos que enfrentar una crisis. La manera como uno la maneje, determina su calidad de vida". Jason Morin tiene dos saludables hijas, Brooke, de cuatro años, y Alexa, de dos. Jason dice: "Mi esposa Tracy ha estado conmigo y tal vez sea la razón de mi bienestar. Muchas gracias, Tracy".

Christa Holder Ocker es la madre de un hijo, lo que ha sido su vocación. Es escritora y marinera; su asignatura actual. Por el momento trabaja en su quinto libro de dibujos. Sus poemas han aparecido en "Authorship" y "Concerto". "Feliz Navidad, amigo mío" apareció en *Sopa de pollo para el alma de los niños.*

Diane Payne vive con su hija de siete años cerca de la frontera con México, es maestra para estudiantes que requieren educación especial en la escuela primaria local. Su obra ha sido publicada en numerosas revistas y tiene una novela que editará Red Hen Press.

Mindy Pollack-Fusi escribe sobre el tema del cuidado de la salud y vive en Bedford, Massachussets con su esposo, dos hijas, dos perros, un gato y un conejo domesticado.

Penny Porter es madre de seis hijos y abuela de siete. Fue maestra y administradora escolar. Galardonada por su obra, Penny Porter es una colaboradora frecuente de *Selecciones del Reader's*

Digest. Sus trabajos también han sido publicados en una amplia gama de revistas nacionales y es autora de tres libros. Su inspiración está enraizada en el amor de la familia y los valores humanos, lo que los niños de hoy requieren con desesperación.

Betty J. Reid reside en Ellicott City, Maryland, con su esposo e hijo. Además de escribir poesía, le gusta leer, coleccionar antigüedades y viajar con la familia. A menudo, su familia y amigos son quienes han inspirado su poesía.

Victoria Robinson vive en un pequeño pueblo de Texas con su esposo, Asa. Es ama de casa y ha escrito poesía y narraciones cortas durante toda su vida para estampar los sucesos de su vida en papel. Tiene dos hijos y cuatro nietos. Ahora que sus hijos son adultos, se ha instalado para hacer lo que ama: ¡escribir! Ver su obra publicada ¡es un sueño hecho realidad! A Victoria se le puede localizar en 235 Port Rd., Angleton, TX 77515, correo electrónico *victoria@computron.net* o al teléfono 409-848-3530.

William L. Rush es un periodista independiente asentado en Lincoln, Nebraska y defensor de los derechos de los discapacitados. Ha escrito un libro *Journey out of Silence,* y numerosos artículos. Por haber nacido con parálisis cerebral, no puede hablar, caminar o utilizar sus manos. Rush disfruta ser miembro de la Primera Iglesia Bautista, la compañía de su prometida Chris Robinson, ir a nadar, jugar ajedrez y ver películas. Chris y William se casaron en octubre de 1999. Para información adicional visite su página en Internet: *http://www.4w.com/billrush/.*

Carmen Richardson Rutlen decidió que era tiempo de soñar en voz alta. Escribir es su sueño. Está trabajando en su primer libro *Dancing Naked...in Fuzzy Red Slippers.* Se le puede encontrar en Richardson Rutlen Advertising, 236 N. Santa Cruz Ave., Ste. 206, Los Gatos, CA 95030 o llamando al 408-658-1808.

Ruchoma Shain es la octogenaria autora de *Shining Lights* (donde apareció originalmente "Tzippie"), *Dearest Children, Reaching the Stars, All for the Best* y *All for the Boss,* todos publicados por Feldheim Publishers. Con alegría e inconmovible fe en la divina providencia, la señora Shain ha compartido con su creciente número de lectores devotos las lecciones que ha aprendido gracias a su rica y variada vida. Sus libros están disponibles en *www.feldheim.com* o al teléfono 800-237-7149.

Alan D. Shultz vive con su esposa, Deb, y sus tres hijos en una granja rural en Indiana. Es columnista de periódicos y escritor. Alan dirige talleres sobre cómo preservar las historias familiares escribiéndolas. Lo denomina el lado creativo de la genealogía. Se le puede encontrar en 5852 W. 1000 N, Delphi, IN 46923 o por correo electrónico: *shultz@carlnet. org.*

Robin L. Silverman es escritora, conferencista sobre temas inspiradores y consultora especializada en potencial humano. Es fundadora de los talleres y conferencias *Creativisions* que han enseñado a miles de hombres, mujeres y estudiantes a utilizar el poder creativo de su pensamiento intencional. Es autora del galardonado libro infantil *A Bosnian Family,* la historia de refugiados de la guerra en la ex Yugoslavia. Es asimismo autora de dos cintas en audio: *Love from Home* y *Relaxation for Busy People.* Robin vive en Grand Forks, ND, con su esposo Steve, dos hijas y su perra collie, Lady.

Anne Stortz es vendedora retirada, vive en una comunidad para pensionados en Tulsa, Oklahoma. Es viuda, tiene dos hijas y cuatro nietos, y le gusta escuchar diferentes tipos de música, escribir canciones, leer y ver películas viejas.

Darlene Uggen tiene 53 años, es esposa y madre, teje y hace edredones y se acaba de jubilar. "Mi nuevo par de ruedas" fue un poema que le llegó, completamente terminado, a medianoche. Representa los sentimientos de un grupo de personas que conoció por medio de una línea de charla del Internet. Todos padecen el síndrome de Ehlers-Danlos, un trastorno del tejido conectivo que afecta las articulaciones. Este positivo grupo de apoyo la inspiró para escribir este poema. La hija de Darlene, Barbara, padece la enfermedad y encabeza un grupo de apoyo local en Washington.

Milly VanDerpool nació en el condado de Los Ángeles en 1912, y ha vivido ahí toda su vida, excepto durante dos años que vivió en Texas mientras su esposo construía la presa del río Rojo. Viviendo en Texas, nació la menor de sus dos hijas, y su hermano, seis años menor que ella, se casó en el sur de California. Como Milly no pudo asistir a la boda, le escribió a cambio una carta. Muchos años después, en ocasión de la boda de su hija, su hermano le envió una copia de esa carta. Para sorpresa de Milly, la carta fue remitida a *Sopa de pollo para el alma.*

David L. Weatherford, Ph. D., frecuente colaborador de los libros de *Sopa de pollo,* es psicólogo infantil y escritor independiente. Después de 30 años de problemas crónicos de salud (quince años de diálisis renal), ha aprendido que el amor y la fe proporcionan los cimientos de una voluntad férrea y una alegre valoración de la vida. David piensa que su inspiración para vivir y llevarla bien en la vida proviene de Dios. Considera que mucha de la "ayuda divina" que requiere le llega por medio de su familia (Bill, Jackie, Charlie, Susan, Jason, Jared y Joe Don) y su compañera del alma (Laura Kathleen). Se le puede encontrar en 1658 Doubletree Ln., Nashville, TN 37217 o por correo electrónico a *dwford777@aol.com.*

Erik Weihenmayer es conferencista, escritor y aventurero internacional, es paracaidista acróbata, buzo, ciclista de largas distancias, maratonista, esquiador en nieve, alpinista y escalador en hielo y paredes rocosas. Ha escalado el monte McKinley (6,193 metros), el Kilimanjaro (5,882 metros), el Aconcagua (6,953 metros) y El Capitán, la famosa fachada rocosa de 1,605 metros en el valle de Yosemite. Lo que hace a Erik diferente, más que su espíritu aventurero, es que es ciego, pero nunca ha dejado que eso interfiera con su pasión por una vida emocionante y satisfactoria. Las proezas de Erik le han hecho ganador del premio de ESPN ARETE por el valor en los deportes, del Premio Gene Autry, y de su presentación en el Salón Nacional de la Fama de Lucha. Erik inspira a los lectores a reexaminar su percepción sobre lo que es posible. "Alguien me dijo alguna vez que debería aceptar mis limitaciones, pero siempre he pensado que es mucho más emocionante aceptar mi potencial".

Jeffrey Weinstein es presidente y ejecutivo de alto rango de Certified Federal Credit Union en Los Ángeles, California. También es fundador y director de Keene Alliance Group, una empresa de consultoría en administración que pone en contacto a pequeñas empresas con reconocidos profesionales. Además, Jeffrey preside Kidz'n Motion, una fundación para la investigación médica infantil, y utiliza su tiempo viajando como orador motivacional y de liderazgo-organizacional en escuelas, corporaciones y otras organizaciones diversas. Se le puede contactar en Keene Alliance Group, 23312 W. Montecito Pl., Valencia, CA 91354, llamando al 661-263-6589 o por correo electrónico a *jeffrey.weinstein@keenalliance.com.*

Nikki Willett asiste actualmente a la Universidad de Arizona, haciendo una especialidad en sistemas de información administrativa. Acaba de regresar de celebrar el vigésimo primer cumpleaños de Laura en Texas y quisiera dar las gracias a todos los que han hecho la diferencia. Se le puede localizar en el 602-870-7729.

Bettie B. Youngs, Ph. D., diplomada en educación, es conferencista internacional y consultora que vive en Del Mar, California. Es autora de catorce libros editados en 28 idiomas, entre los que se incluyen el éxito editorial *Values from the Heartland, Gifts of the Heart, Tasteberry Tales* y *Tasteberry Tales for Teens.* Se puede poner en contacto con Bettie escribiendo a 3060 Racetrack View Dr., Del Mar, CA 92014.

Permisos

Queremos agradecer a las siguientes casas editoriales y personas su permiso para imprimir el siguiente material. (Nota: los relatos anónimos, del dominio público o que fueron escritos por Jack Canfield, Mark Victor Hansen o Heather McNamara, no están incluidos en la lista.)

El mejor regalo de mi madre (My Mother's Greatest Gift). Reimpreso con permiso de Marie Ragghianti © 1999 Marie Ragghianti.

El gato más feo del mundo (The Ugliest Cat in the World), El vuelo del cola-roja (The Flight of the Red-Tail), La conexión Ludenschide (The Ludenschide Connection) y *Cíclope nos robó el corazón (Cyclops Stole Our Hearts).* Reimpresos con permiso de Penny Porter. © 1999 Penny Porter.

Soldaditos (Small Soldiers). Reimpreso con permiso de Rachel Berry. © 1999 Rachel Berry.

La travesía que me arrancó del silencio (Journey Out of Silence) y *La señora George (Mrs. George).* Reimpresos con permiso de William L. Rush. © 1999 William L. Rush.

Albert (Albert). Reimpreso con permiso de Magi Hart. © 1999 Magi Hart.

El caballo bailarín (The Racking Horse). Reimpreso con permiso de Rhonda Reese. © 1999 Rhonda Reese.

Los diez puntos de Tina (Tina's Ten Points) y *Oda a los campeones (Ode to the Champions).* Reimpresos con permiso de Tom Krause. © 1999 Tom Krause.

Toca el tambor (Beat the Drum). Reimpreso con permiso de Carol Barre. © 1999 Carol Barre.

La carta (The Letter) Reimpreso con permiso de Bill Holton. © 1999 Bill Holton.

Sólo haz lo que puedas (Just Do What You Can). Reimpreso con permiso de D'ette Corona. © 1999 D'ette Corona.

Arriésguese a ejercitar la imaginación (Dare to Imagine). Reimpreso con permiso de Marilyn King. © 1999 Marilyn King.

La niña que se atrevió a desear (The Little Girl Who Dared to Wish). Reimpreso con permiso de Alan D. Shultz. © 1999 Alan D. Shultz.

Perseverancia (Perseverance). Reimpreso con permiso de Anne Stortz. © 1999 Anne Stortz.

Nunca te des por vencido (Never Give Up). Reimpreso con permiso de Jason Morin. © 1999 Jason Morin.

Cómo ser nuevo y diferente (How to Be New and Different). Reimpreso con permiso de Patricia Lorenz. © 1999 Patricia Lorenz.

Dharma (Dharma). Reimpreso con permiso de Deborah Tyler Blais. © 1999 Deborah Tyler Blais.

Querido Jesse (Dear Jesse). Reimpreso con permiso de Paula Bachleda Koskey. © 1999 Paula Bachleda Koskey.

La otra madre (The Other Mother). Reimpreso con permiso de Diane Payne. © 1999 Diane Payne.

Lavar osos de peluche (Washing Teddy Bears). Reimpreso con permiso de Jean Bole. © 1999 Jean Bole.

Amar tanto (To Love Enough). Reimpreso con permiso de Cynthia M. Hamond. © 1999 Cynthia M. Hamond.

El ángel que jugaba a buscar y traer (The Angel Who Fetched). Reimpreso con permiso de Susan McElroy. © 1999 Susan McElroy.

Ben (Ben). Reimpreso con permiso de Terry Boisot. © 1999 Terry Boisot.

Un niño muy especial venido del cielo (Heaven's Very Special Child). Reimpreso con permiso de Edna Massimilla. © 1999 Edna Massimilla.

Flores de lavanda (Lavender Roses). Reimpreso con permiso de Charles A. Hart. © 1999 Charles A. Hart.

El día que por fin lloré (The Day I Finally Cried). Reimpreso con permiso de Meg Hill. © 1999 Meg Hill.

El sonido de una mano aplaudiendo (The Sound of One Hand Clapping). Extracto de *Holy Sweat* de Tim Hansel © 1989, Word Publishing, Nashville, Tennessee. Todos los derechos reservados.

La alegría de ser útil (The Joy of Usefulness). Extracto de *Home Town Tales.* © 1998 de Phillip Gulley. Usado con permiso de Multnomah Publishers, Inc.

El escritor (The Writer) y *El cántaro agrietado (The Cracked Pot).* Reimpresos con permiso de Willy McNamara. © 1999 Willy McNamara.

Tzippie (Tzippie). Extracto de *Shining Lights: Illuminating Stories of Faith and Inspiration* de Ruchoma Shain. © 1997. Reimpreso con permiso de Feldheim Publishers.

La visita de mamá (Mama's Visit) y *Un tributo al valor (A Tribute to Courage).* Reimpresos con permiso de Victoria Robinson. © 1999 Victoria Robinson.

La cinta amarilla (The Yellow Ribbon). Reimpreso con permiso de Nikki Willett. © 1999 Nikki Willett.

Y, y, y (And, And, And) y *Un paseo en trineo (Sledding).* Reimpresos con permiso de Robin L. Silverman. © 1999 Robin L. Silverman.

El día en la playa (The Day at the Beach). Reimpreso con permiso de Arthur Gordon. © 1999 Arthur Gordon.

Una lección con las imágenes que pintan las nubes (A Lesson in Cloud Recognition). Reimpreso con permiso de Joyce A. Harvey. © 1999 Joyce A. Harvey.

Anhelo sensorial (Sensory Deprivation). Reimpreso con permiso de Deborah E. Hill. © 1999 Deborah E. Hill.

El regalo de cumpleaños (The Birthday Present). Reimpreso con permiso de Mavis Burton Ferguson. © 1999 Mavis Burton Ferguson.

Un tazón de humildad (A Bowl of Humility). Reimpreso con permiso de Linda LaRocque. © 1999 Linda LaRocque.

Viento bajo mis alas (Wind Beneath My Wings). Reimpreso con permiso de Karyl Chastain Beal. © 1999 Karyl Chastain Beal.

Cómo lo asimilé (How I Came to Terms). Reimpreso con permiso de Bill Holton. © 1999 Bill Holton.

Como yo (Like Me). Reimpreso con permiso de Emily Perl Kingsley. © 1999 Emily Perl Kingsley. Un relato de Jennifer Fink sirvió de inspiración para *Como yo.*

La voz de la víctima (The Victim's Voice). Extracto de la revista *People* 26/5/97 de Richard Jerome y Susan Christian. Goulding/ *People Weekly* © 1997 Time Inc.

¿Barreras u obstáculos? (Barriers or Hurdles?). Reimpreso con permiso de Irvine Johnston. © 1999 Irvine Johnston.

Riley (Riley). Reimpreso con permiso de Jeffrey Weinstein. © 1999 Jeffrey Weinstein.

Usted también puede vencer la adversidad y ser un ganador (You Can Beat the Odds and Be a Winner, Too). Tomado de la columna "Dear Abby" de Abigail Van Buren. © UNIVERSAL PRESS SYNDICATE. Reimpreso con permiso. Todos los derechos reservados.

Superman aprende a andar en bicicleta (Superman Learns How to Ride). Reimpreso con permiso de Robert Tate Miller. © 1999 Robert Tate Miller.

El consejo de un padre (A Father's Advice). Reimpreso con permiso de Christopher de Vinck. © 1999 Christopher de Vinck.

Visión desde las alturas (Highsights). Reimpreso con permiso de Erik Weihenmayer. © 1999 Erik Weihenmayer.

Una solicitud creativa (Ask Creatively). Citado en *The Best of Bits and Pieces.* © 1994. The Economics Press, Inc. The Economic Press, Inc., 12 Daniel Rd., Fairfield, NJ 07004-2565. Teléfono: 800-526-2554 o (+1 973) 227-1224 de todo el mundo. Fax: 973-227-9742 o (+1 973) 227-9742 de todo el mundo. Correo electrónico: *info@epinc.com;* Página Web: *www.epinc.com.* Por favor diríjase directamente a The Economic Press para comprar este libro o para información sobre una suscripción o un ejemplar gratuito de *Bits & Pieces,* la revista que motiva al mundo.

Nunca diga: "renuncio" (Never Say Quit). Reimpreso con permiso de Bob Hoppenstedt. © 1999 Bob Hoppenstedt.

Lucha y victoria (Struggle and Victory). Reimpreso con permiso de Lila Jones Cathey. © 1999 Lila Jones Cathey.

Madres de niños discapacitados (Mothers of Disabled Children). Usado con permiso de UNIVERSAL PRESS SYNDICATE. © 1996, condensado de *Forever Erma.* TODOS LOS DERECHOS RESERVADOS.

Ganador del tercer lugar (Third Place Winner). Extractado de *Gifts of the Heart* de Bettie B. Youngs. © 1996. Reimpreso con permiso de la editorial, Health Communications, Inc., Deerfield Beach, FL.

Los retadores del beisbol (Challenger Baseball). Reimpreso con permiso de Darrell J. Burnett. © 1999 Darrell J. Burnett.

No te preocupes, sé feliz (Don't Worry, Be Happy). Reimpreso con permiso de Mindy Pollack-Fusi. © 1999 Mindy Pollack-Fusi.

El velorio (The Wake) Reimpreso con permiso de Melva Haggar Dye. © 1999 Melva Haggar Dye.

El poder del perdón (The Power of Forgiveness) Reimpreso con permiso de Chris Carrier. © 1997 Chris Carrier.

Feliz cumpleaños (Happy Birthday) y *Dos hermanos (Two Brothers).* Reimpresos con permiso de Willanne Ackerman. © 1999 Willanne Ackerman.

Modales (Manners). Reimpreso con permiso de Paul Karrer. © 1999 Paul Karrer.

Nacida para vivir, nacida para amar (Born to Live, Born to Love). Reimpreso con permiso de Eileen Goltz. © 1999 Eileen Goltz.

Modales en la mesa (Table Manners). Reimpreso con permiso de Adele Frances. © 1999 Adele Frances.

Espejo, espejo en la pared (Mirror, Mirror on the Wall). Reimpreso con permiso de Karen Klosterman. © 1999 Karen Klosterman.

Willy el grandote (Big Willy). Reimpreso con permiso de Nancy Bouchard. © 1999 Nancy Bouchard.

Sólo estoy jugando (Just Playing). Reimpreso con permiso de Anita Wadley. © 1999 Anita Wadley.

Una bandada de gansos (A Flight of Geese). Reimpreso con permiso de Fred Lloyd Cochran. © 1999 Fred Lloyd Cochran.

La colina (The Hill). Reimpreso con permiso de Betty J. Reid. © 1999 Betty J. Reid.

El punto intermedio (The Halfway Point). Reimpreso con permiso de Dennis J. Alexander. © 1999 Dennis J. Alexander.

Platico conmigo (I Talk to Me). Reimpreso con permiso de Phil Colburn. © 1999 Phil Colburn.

Ilusiones que obstaculizan (Obstacle Illusions). Reimpreso con permiso de Heidi Marotz. © 1999 Heidi Marotz.

Mi nuevo par de ruedas (My New Set of Wheels). Reimpreso con permiso de Darlene Uggen. © 1999 Darlene Uggen.

¿Qué debo temer? (What Should I Fear?). Reimpreso con permiso de David L. Weatherford. © 1999 David. L. Weatherford.

¿Qué tiene tu papá? (What's Wrong with Your Dad?). Reimpreso con permiso de Carol Darnell. © 1999 Carol Darnell.

Un acto de fe (An Act of Faith). Reimpreso con permiso de Walter W. Meade. © 1998 Walter W. Meade.

El globo de Benny (Benny's Balloon). Reimpreso con permiso de Michael Cody. © 1999 Michael Cody.

Las manos de mamá (Mother's Hands). Reimpreso con permiso de Janie Emaus. © 1999 Janie Emaus.

El juego (The Game). Reimpreso con permiso de Christa Holder Ocker. © 1999 Christa Holder Ocker.

Pícaros ocasos (Hussy Sunsets). Reimpreso con permiso de Milly VanDerpool. © 1999 Milly VanDerpool.

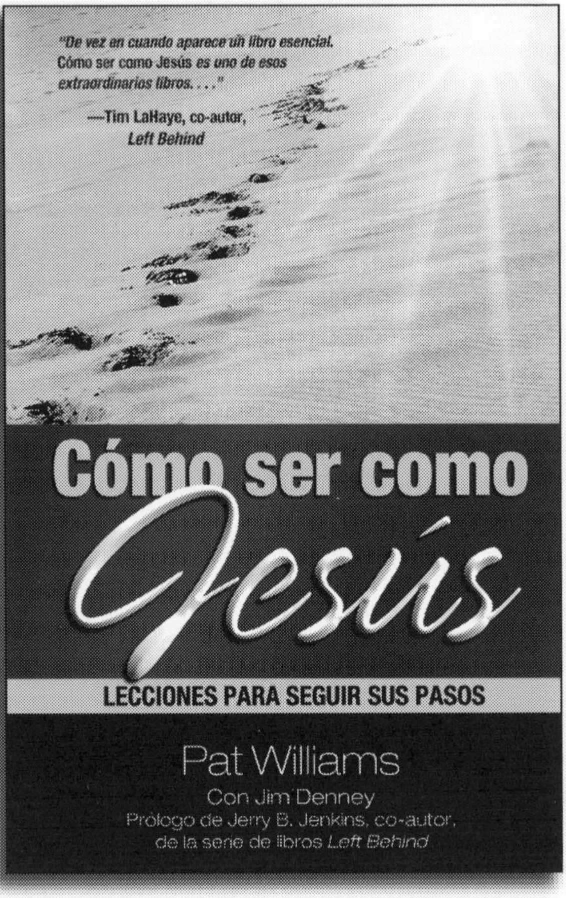

Code #1355 • Paperback • $14.95

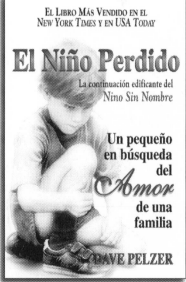

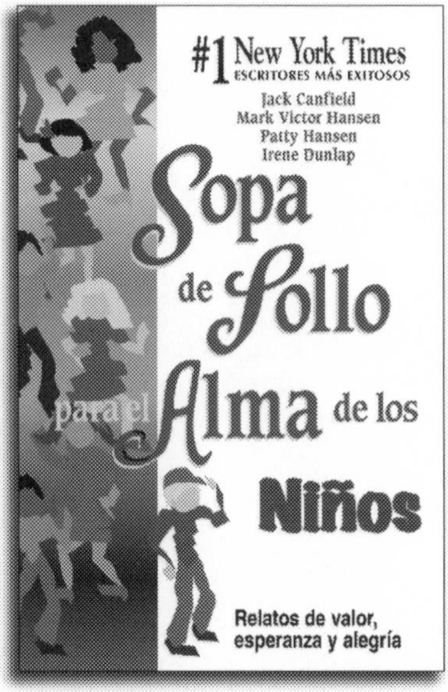

Code #1665 • Paperback • $12.95

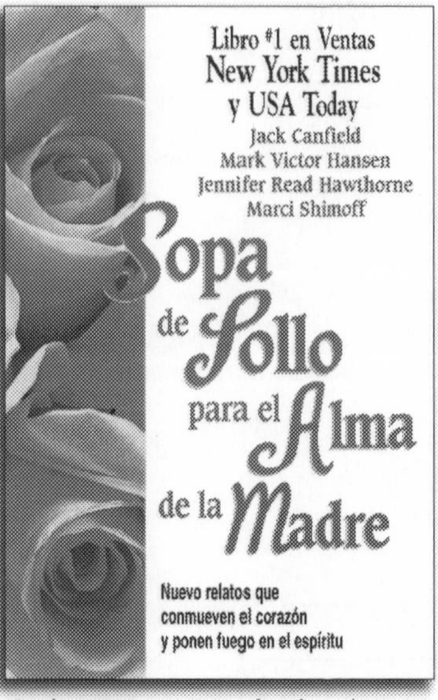

Code #7303 • Paperback • $12.95

Code #1347 • Paperback • $12.95